寶性論

梵本新譯

談錫永◆譯著

《寶性論》為佛教的重要論典，本論建立了「七金剛句」，將佛寶、法寶、僧寶、如來藏、證菩提、功德、事業等這七個主題並列，以佛、法、僧三寶為觀修的因，並以佛及眾生依本具的如來藏為觀修的中心，經過實踐修行的歷程，最後證得佛果菩提，具足一切佛法功德，圓滿濟度眾生的事業。

透過本書作者精湛的分析與釋論，能幫助讀者清晰地掌握修行的脈絡，迅疾趨入究竟的解脫大道。

目錄

Preface

China has a long history of Buddhism since her encounter with it in the 1st century of the Common Era. As for her contribution to Buddhism, mention must first be made to the continuous translation of Buddhist scriptures into Chinese through different dynasties, and their preservation in a form of canon under governmental regulation. The Chinese Buddhist Canon, otherwise known as the Chinese Tripiṭaka, has gradually spread in the surrounding countries such as Korea and Japan in the East and Vietnam in the South, and thus contributed to the forming of a great cultural sphere of East Asian Buddhist tradition. And now it is worldly estimated as one of the most important source materials for modern Buddhist scholarship.

Modern Buddhist scholarship, started by Europeans' enthusiasm for Indian studies or Indology towards the end of the 18th century, is based fundamentally on the method of Philology and keeps importance on the literal understanding of the texts written in the original Indian languages, and therefore often contradicts with traditional hermeneutics. From this point of view, the Chinese canons were accused of their inaccuracy and regarded as less important than the equivalent Tibetan texts which are literally more true to the Sanskrit original. However, both Chinese and Tibetan Buddhist canons have their own merits, for example, many of the Sanskrit original texts that were lost are preserved in the archaic Chinese translations, while the comparative modernity of Tibetan materials preserved the transmission of texts during the later phase of development of Indian Buddhism that were not transmitted into China. We Buddhist scholars should keep equal importance on all kinds of materials kept in various Buddhist traditions.

As for the modern Chinese Buddhist scholarship, we may say that it was not highly developed up to the middle of the last century. In such circumstances, an only exceptional figure as far as we know is Ven. Fazun (法尊), who translated the *Abhisamayālaṃkāra* and some works of Tsong kha pa from Tibetan materials into Chinese during the early 1930s. There were a few others such as Ji Xianlin (季羡林) who studied Inology in Europe and America before the second world war. Circumstances have changed after the war, and now there are many scholars active in the academic Buddhist field, especially in Tun-huang and Turfan studies and on Tibetan Buddhism as well. Master Tam Shek-wing is one of the brilliant figures among them.

Master Tam was initiated in Buddhist studies through entering into the order of rNying ma pa, an esoteric Tibetan Buddhist sect. So he may be called as a "priest scholar" well-versed in Tibetan Buddhist traditions. At the same time, however, he studied Sanskrit language and works of modern foreign scholars on Buddhism as well, and, with deep knowledge on his native Chinese classics and their thought, he started to translate texts in the Tibetan Buddhist canon newly into Chinese. His activity being thus following to Ven. Fazun after fifty years, he may deserve to be called, just as Fazun, a

Tripiṭakācārya, i.e. san-ts'ang fa-shih (三藏法師) of modern times.

The *Pao-hsing-lun* (寶性論) or the *Ratnagotravibhāga*, here translated by Master Tam, is a well-known important text on the Tathāgatagarbha doctrine, studied, discussed, and sometimes criticized among scholars since Obermiller's English translation from Tibetan source appeared in 1930s, especially after 1950 when its Sanskrit original text edited by E.H. Johnston and T. Chowdhury was published. So this new study and translation by Master Tam adds to the scholarship on the *Pao-hsing-lun*, with a unique significance as being translated from Sanskrit into Chinese in a semi-classical style (so the author says), and is to be regarded as a kind of revised Chinese version to be added to the Chinese canon. Another significance of his work is that he translated the text according to the way of interpretation or hermeneutic of the rNying ma tradition which regards the *Ratnagotravibhāga*, or the *Rgyud bla ma* (*Uttaratantra*), as of the ultimate meaning (nītārtha) of the Buddha's teaching against or in contrast to the dGe lugs pa's interpretation that treats it as belonging to the group of incomplete meaning (neyārtha) to lead to the ultimate. For him, who is a distinguished practitioner well trained in the rNying ma esoterism, this rNying ma evaluation of the *Pao-hsing-lun* and the Tathāgatagarbha doctrine in general also represents his firm conviction or belief. This may be his unique standpoint in comparison to usual scholars who assume their standpoint as neutral, keeping philological objectivity. We should estimate his work with this evaluation keeping in mind.

Now we should proceed to examine the translation. Master Tam's translation is mostly quite understandable even for those like me who, though accustomed with classical Chinese, don't know modern Chinese. So we can easily compare it with the old version translated by Ratnamati in the early 6th century. In his earlier translation from Tibetan, he criticizes the old translation as being inclined to interpret the thought from a substantial aspect. For example, he accuses the use of the character t'i (體) such as in 佛體 for buddhatva, 實體 for svabhāva, and instead he suggests to use hsing (性) to replace t'i (體). But this also causes the arousal of the confusion between 佛性 as translation of Sanskrit buddhadhātu or Buddha nature, equivalent to ju-lai-tsang (如來藏), and buddhatva, the essence of the Buddha common to Buddhas and sentient beings, or buddhatā, the state of the Buddha, i.e. enlightenment (佛菩提 in old translation). Rather, the Chinese term t'i (體) has a sense of nature (性) or essential, proper nature, and not necessarily be interpreted as something substantial. For distinction between buddhadhātu as the state of cause and buddhatva as the essence, I wish to recommend to use the term 佛性 only for the former, while for the latter, to use 佛體 as used in the old translation, or to adopt a new term 佛體性 (體性 for -tva) in translation. Anyway, to fix technical terms in translation is desideratum for the readers. As for the term gotra, in Buddha- (or tathāgata-) gotra, the term 種性 seems most suitable, while ratnagotra may be rendered as 寶性 as adopted here (a literally better translation for ratnagotra is 寶山, a jewel mine). (To my understanding, ratnagotra is nothing but tathāgatagarbha, although identified in essence with buddhatva).

Generally speaking, Master Tam's translation is well-arranged in making divisions and sections in accordance with doctrinal contexts, and very kind to the readers in using different font-sizes of letters for the basic verses and commentary verses respectively (this distinction is originally based upon the old Chinese translation, and adopted in my English translation for the first time against the numbering of verses given in the present Sanskrit edition), and using gothic characters for quotations. Of this last point, I wish to indicate a passage in his previously published translation where this principle is missed to be applied where a passage of the *Avataṃsaka sūtra* (or the *Tathāgatotpattisambhava-nirdeśa*) is quoted as the authority for the concept of the Buddha's qualities reserved in all sentient beings. Another point I wish to reach to the notice of the readers is that a passage of quotation (in pp. 90-91 of the previous translation) which the translator thought of as coming from the *Ratnamālāvadāna* (寶鬘喻論) ("*Analogy of entering a castle*"). This quotation is in fact quoted from the *Ratnaketu-paripṛccha*, equivalent Chinese translation being in the *Mahāsaṃnipātasūtra* (大集經) (寶髻菩薩會第十一, Taisho vol. 13, p. 181a) and in the *Mahā-ratnakūṭasūtra* (大寶積經) (寶髻菩薩會第四十七, Taisho vol. 11, p. 668a). The same sutra is again quoted in p. 99 (= Taisho vol. 13, pp. 175c-176a), and the translator mistook it again as from the *Ratnamālāvadāna* with the title 寶鬘喻論.

One more point that readers should pay notice to is the prose commentary passage on verse 96 as illustration to the 9 examples of covering of defilements on the tathāgatagarbha after finished explanation of its essential nature in 10 aspects. Doctrinal point here is that in the former passage the text explained the essential nature (dharmatā) existing "as far as the end of the future" (aparāntasama), i.e., forever constantly, while hereafter the text is going to explain the apparent state of the tathāgatagarbha as having defilements covering over it since the beginningless time (anadisamnidhya) but not associated by nature (asambaddhasvabhāva) and at the same time having associated by nature (asambaddhasvabhāva) with pure characters (śubha dharma).

In spite of the few unsatisfied points mentioned above (which have been corrected in the present edition), I heartily recommend this work to the world of Buddhist scholarship as a pioneering work which will lead the modern Chinese scholarship on Buddhism to a further development.

Jikidō Takasaki
President, Tsurumi University, Yokohama
Professor Emeritus, University of Tokyo

序

佛法自公元一世紀已傳入漢土，源遠流長。若論中國對佛教的貢獻，首要提及的自然是歷代不斷的佛典繙譯，使不少佛家經典，在國家監掌譯事下得以保存。漢傳佛典，或稱為漢譯三藏者，漸次傳播至鄰近的國家，如東方的韓國及日本，以及南方的越南，由是對形成東亞佛學傳統的偉大文化，作出貢獻。如今漢譯佛典為當代佛學研究最重要的研究資料之一。

近代有關佛學的學術研究，始自十八世紀歐洲人對「印度學」(Indology）的熱忱。其治學方法，主要依據「語文學」(Philology)，着重從文字上理解各種印度文寫成的經典，然這樣的理解則與傳統的詮釋相違。由此源自歐洲的佛學研究來看，漢譯佛典的準確性往往遭受批評，且被認為不比相應的藏譯佛典重要，因為西藏的繙譯在譯文上較忠於梵文原文。然而，漢譯與藏譯的佛典實各有所長，例如，不少已佚失的梵本佛典，唯保留於古漢譯本中；西藏比較後期的繙譯，則保留了於印度佛教後期傳入西藏的經論，而這些佛典卻未曾傳入漢土。我們作為佛教學者，應對佛家各宗派所傳的文獻，皆平等視其重要性。

至於漢土近代的佛學研究，可以說直至上世紀中葉，實未曾有長足的發展。在此情況下，我們只知道有一位出類拔萃的法尊法師，於三十年代繙譯了《現觀莊嚴論》(*Abhisamayālaṃkāra*）以及宗喀巴大士（Tsong kha pa）的部分著作；此外，尚有如季羨林等數位在二次世界大戰前於歐美研究「印度學」的學者。戰後，此情況改變了許多，如今不少中國學者皆活躍於佛學界，尤其是對敦煌、吐蕃以及藏傳佛教等課題的研究。談錫永上師正是其中的一位表表者。

談上師對佛學的研究，乃自其對藏傳佛教甯瑪派的修學。由是可說，他是一位精通藏傳佛家宗派的「修行學者」。同時，他亦學習梵文，披讀當代國外學者的研究，且對其自身的中國文化與傳統思想有深刻的認識。談上師近年把西藏佛典繙譯為漢文，此事業遙距法尊法師已五十年；亦正如法尊法師一樣，談上師可堪稱為當代的「三藏法師」(Tripiṭakācārya)。

談上師所譯的《寶性論》(*Ratnagotravibhāga*)，是有關如來藏學說的重要論著。自 Obermiller 於三十年代把它由藏文譯為英文以來，此著名論典即廣為學者研究及討論，有時甚至予以批判，尤以五十年代之後，E.H. Johnston 及 T. Chowdhury 所整理梵文原論的出版為然。談上師此書，是對於《寶性論》研究新添的學術論著。此與其他研究所不同者，乃自梵文本譯為近乎文言體的漢文(如作者所說)，故亦可視其為漢譯經藏中，新添重新整理的漢譯本。談上師此譯的另一特色，是他依甯瑪派的觀點來作詮釋及繙譯，亦即視《寶性論》(即《無上續論》*Uttaratantra*) 為佛陀教法中的了義 (nītārtha) 經論，而與格魯派視此論為不了義 (neyārtha) 的說法大相逕庭。談上師乃一位出眾的甯瑪派學人，此依據自宗觀點來詮釋《寶性論》及如來藏學說，實亦代表了其個人對自宗的堅定信念。相對一般學者僅持客觀的態度來作哲學討論，這或即是談上師治學的獨特之處。我們衡量他的著作時，應當把上來的評價持之於心。

以下我們將討論譯文。談上師的譯筆，即使對於我等只習慣於古漢文而不懂白話文者，亦易讀易解，是故我們可以容易持之與六世紀初勒那摩提（Ratnamati）的舊譯本作比較。談上師於其先前依藏譯本之繙譯中，批評舊譯傾向於詮釋（如來藏）思想為實有的本體，例如，他批評舊譯所用「體」之一字，如把 buddhatva 譯為「佛體」、把 svabhāva 譯為「實體」。由是，他建議繙譯為「性」來代替「體」。然而，這也衍生出同以「佛性」繙譯 buddhadhātu 及 buddhatva 的混淆：前者為「佛性」，即相當於「如來藏」；後者指諸佛及有情皆具有的「佛自性」，亦即 buddhatā，佛的證境（於舊譯則譯為「佛菩提」）。「體」之一字，亦具有「性」或本質之意，不一定詮釋為實有的本體。為分別 buddhadhātu 為因位、buddhatva 為本質，我提議「佛性」一詞只用於前者，而後者則可沿用舊譯的「佛體」，或用一個新的名相：「佛體性」（將 -tva 譯為「體性」）。此等名相如何取捨，則有待讀者。至於 buddha-gotra 或 tathāgata-gotra 中的 gotra 一詞，譯為「種性」實最為洽當，以 ratnagotra 亦可同樣譯為「寶性」故（若直譯 ratnagotra，則以「寶山」為準）。依我所理解，ratnagotra（「寶性」）無非即「如來藏」（tathāgatagarbha），從本質而言，則可說為「佛體性」(buddhatva)。

總括而言，談上師的譯本編排得井然有序，依論義將原文分成各個段落及章節，且將「根本論」與「釋論」以大小不同字體作分別，以方便讀者（此分別乃依據漢文舊譯本，首先用於我的英譯本，而不採取現行梵文整理本的編排）；至於論中所引經文，則以楷體印出。對此最後一點，我想指出（談上師）前譯本頁59-60中有一段引文，漏以楷體刊印，此即《華嚴經》(*Avataṃsakasūtra*)（即《寶王如來出現品》*Tathāgatotpattisambhavanirdeśa*）的經文，以之說明一切有情皆具足諸佛功德。此外，讀者亦應留意前譯頁90至91所引的經文，譯者以為出自《寶鬘喻論》(*Ratnamālāvadāna*)，然此實出自《寶髻菩薩反詰經》(*Ratnaketu-paripṛccha*)，漢文繙譯見於《大集經》(*Mahāsaṃnipāta sūtra*)「寶髻菩薩會第十一」(《大正藏》卷十三，頁181a)，以及《大寶積經》(*Mahā-ratnakūṭasūtra*)「寶髻菩薩會第四十七」(《大正藏》卷十一，頁668a)。同經亦復引於第99頁（即《大正藏》卷十三，頁175c至176a)，而譯者亦同樣誤以為出自《寶鬘喻論》。

還有一點須加注意的，是第一品第96頌的釋論，於說「如來藏十義」之後，以九喻以明如來藏被污染所障的狀態。法義上，前段說法性（dharmatā）盡未來際(aparāntasama）皆「有」，故為恆常；後段則說如來藏自無始以來（anādisāṃnidya）被煩惱所纏，然其自性不（與煩惱）相應（asambaddhasvabhāva)，卻於同時與清淨法

（śubha dharma）相應（sambaddhasvabhāva）。

雖然有上來未愜之處（編按：於今譯本中，譯者對此已加以注意），我仍衷心向佛學界推薦此書，作為帶領當代中國佛學研究往新發展的開拓。

高崎直道
橫浜鶴見大學校長
東京大學退休教授

編按：高崎直道教授這篇序文，是於細讀談錫永上師依藏文翻譯之前漢譯本（1996年，密乘版）後而寫。談上師因其坦率的批評，故決定重新依梵本校譯，亦即全論盡可能依梵文直譯，並加詳明腳註，以說明脈絡，這即是本版的面目。

自序

於1996年，筆者出版了《寶性論新譯》(以下簡稱《新譯》)，此譯主要依據藏譯本而繙，同時參考梵文本，以及高崎直道教授的梵本英譯。由於以藏譯本為主，所以在繙譯用詞上，有時便採用了西藏論師的觀點而意譯。這樣做，未必便與梵文本有差別，因為梵文多複義詞，問題只在於取捨之當與不當。

《新譯》出版後，收到高崎教授一篇序文。此原意為再版時刊用，但因為於序文中，高崎教授對譯筆有坦率的批評，特別是關於第一品第96頌的釋論，他認為譯得與梵本未盡相合，這批評自然引起了筆者的注意，因此將《新譯》與梵本再作比對，由是發現了三數段落的問題。這些問題，都由於偏重藏譯及其詮釋而導致，若嚴格來說，都可訂正，以求盡合梵本的名詞。

所以，今譯的完成，實在應該感謝高崎教授的引發。沒有他的批評，筆者一定不會有據梵本重譯的意樂。至於依他的意見而作修訂之處，亦可一一見於腳註。

不過，高崎教授對於筆者忌諱用「體」這個名相而改用「性」，卻似乎不夠瞭解事情的背景。忌諱「體」，實由於但專談「體用」的學者認為「體」即等於實體，根據這樣的理解，於是便歪曲了如來藏，甚至認為如來藏是外道思想。但事實上，梵文buddhatva一詞，實並無「體」的意思，是故不應如舊漢譯之譯為「佛體」(至於另一個詞，svabhāva，舊漢譯譯為「實體」，那更是不須討論的誤譯)，因此，若筆者加以沿用，便容易令人誤解。

但若將buddhatva譯為「佛性」，的確如高崎教授所說，跟 buddhadhātu 之譯為「佛性」有所混淆，所以在今譯中，已依從他的意見，將前者譯為「佛體性」，後者譯為「佛性」以作區別。希望讀者應認識梵文的原義，不可又將「佛體性」一詞諦實，從而說其有如外道之「梵」。

至於高崎教授於與筆者見面時曾深慨嘆，如今日本極力反對如來藏的兩位年青學者，原來都是他的學生；他來圖麟都跟筆者見面，亦有弄清藏密甯瑪派如來藏學說深義之意。他這番談話，實在亦鼓勵了筆者，決心將如來藏法門公開，因為遠瞻前景，假若如今的年青學者為求出位，以反對如來藏為治學的基本思想，那麼，未來數十年後，漢藏大乘佛教必定受到否定，那就可以說是如來教法的毀滅。

關於本論，也可以說幾句話。

本論為彌勒瑜伽行派的重要論典，即使認為本論為安慧或堅慧所造，非彌勒菩薩的論典，亦應承認安慧或堅慧都是瑜伽行派的傳人。所以，有學者認為本論與瑜伽行派無關，那只是一偏之說。

本論建立「七金剛句」，將佛寶、法寶、僧寶、如來藏（雜垢真如）、證菩提（離垢真如）、功德、事業等七個主題并列，因此有西方學者認為「寶性」並非專指如來藏，而是通指七事，這一點，違反漢藏諸先輩大德的說法。但由於近時漢土學者亦有附和此說，因此亦應該將問題稍作說明。

凡彌勒瑜伽行派的論典，皆立足於觀修，本論亦不例外。七金剛句，以觀修如來藏的中心，在此之前，建立佛、法、僧三寶為觀修的因；在此之後，以證菩提、佛功

---

1 關於七金剛句的關係，已詳說於《如來藏論集》及本書。

德、佛事業為觀修的果。[1]

這樣建立，與《入楞伽經》相順。經說「如來藏藏識」，即說佛內自證智境界自顯現為藏識境界。是故當不說自顯現而只說佛內自證智時，此佛內自證智可名為「法身」，但若說智境自顯現為識境時，則將此智境名為「如來藏」。

凡夫觀修，一定緣識境、起識觀、得識覺。雖然如此，但若依從佛的教導而觀修行持，便可次第由識境入非識境（離識境而未入智境），再由非識境入智境。

所以，佛、法、僧三寶便即是觀修如來藏的因。此即如本論〈序分〉第3偈上半偈之所說——

由佛故有法　由法故有僧
由僧有智因　成就於佛法

行人於離識境時，即心性自解脫（正由於此，始可離識境），同時住入法性，但尚未證佛智。不過，這時行人至少已入初地（以至六地），於初地已名為「觸證真如」，即已現證如來藏，但由於尚受法性障礙（八地以上則受平等性障礙），是故未能稱為「證菩提」。然而住於如來藏境界中（或可說為：住於如來藏智中），久久反覆觀修，終能由非識境而入佛內自證智境，且無間而隨起佛功德、事業。因此後三金剛句所言，亦即觀修如來藏的果。

此即如上引偈之後半偈所言——

證無上菩提　具力等功德
成辦利益業　饒益諸有情

根據這樣的脈絡，顯然「寶性」所指即如來藏，彼為一論的中心，亦即未成佛前一切觀修之所依果。

必須如此理解「寶性」，才能貫通全論，而非支離地去分裂七金剛句。

關於本論，就說到此為止，餘詳見於《如來藏論集》。

現代漢土中觀家與唯識今學家有由誤解而否定如來藏者，儘管中觀家傾向於否定唯識，可是一些唯識學人卻可以同意中觀家的主張，否定彌勒、無著、世親所說的如來藏，由是近四五十年，天台、華嚴的教法都受到質疑，筆者特別希望唯識學人留意到呂澂先生講〈楞伽如來藏章〉時的說法——

> 凡夫說所以成佛之據，如空、乃至自性涅槃，無一不是說如來藏……。

若能珍重呂澂的說法，便自能珍重彌勒以降瑜伽行派諸古德之說如來藏，由是本論便可以受認為彌勒的教法。

至於一些現代中觀家，對宗喀巴的說法亦最好能較全面地去理解，不應偏面理解宗喀巴「太過」、「不及」之說而對如來藏產生成見，更進一步將之否定。試想，若將說如來藏的經論去除，一套《大藏經》還剩下多少篇幅。大乘經典可以全部勾銷，亦未知這些中觀家能安心否？

談錫永

西元二千又五年歲次乙酉，五月初三夜倉卒造成，
是日為內子生朝。

繙譯說明

（1）本論繙譯，依 E.H. Johnston 及 T. Chowdhury 於中亞細亞所發現之本論梵文斷片，及由 Rahulu Sāmkrṭyāyana 在西藏發現之二種梵文抄本。此等資料整理成書，名為：*The Ratnagotravibhāga Mahāyānottaratantraśāstra*. Patna:Bihar Research Society, 1950（簡稱「梵本」）。

（2）本論繙譯主要參考日本學者高崎直道（J. Takasaki）之 *A Study on the Ratnagotravibhāga (Uttaratantra)*. Serie Orientale Roma, vol. 33. Rome: Is. M.E.O., 1966（簡稱「高崎」）。

（3）前譯《寶性論新譯》，依據藏本，今此藏譯本則作為參考。此即——

Theg pa chen po rgyud bla ma'i bstan bcos rnam par bshad pa（奈塘版）

此為西藏後弘期譯師智具慧 (bLo ldan shes rab, 1059-1109) 所譯（簡稱「藏譯」）。

（4）用以對勘者，尚有——

《究竟一乘寶性論》，後魏中印度三藏勒那摩提 (Ratnamati) 譯。

所用者為《大正》本（No.1611）及支那內學院《藏要》本。（簡稱「漢譯」）

（5）譯時亦參考下書——

– E. Obermiller, *The Sublime Science of the Great Vehicle to Salvation*. Reprinted from Acta Orientalia IX (1931). Talent, Oregon: Canon, 1984.

– 高崎直道《宝性論》，（インド古典叢書），京都：講談社，1989。

《分別寶性大乘無上續論》

根本論及釋論◆序分

《分別寶性大乘無上續論》根本論及釋論

序分

嗡（Oṃ）皈依吉祥金剛薩埵❶

【釋論】 1 佛法僧以及〔佛〕性[1]　菩提功德與事業
如是七種金剛句　於此論中皆統攝

「金剛句」（vajrapada）者，乃指〔論中所言之〕「句」（pada）所表根本（sthāna）義理，為喻如「金剛」（vajra）之現證義（adhigamārtha）。此〔現證〕義唯聖者內自證境界（pratyātma-vedanīya）[2]，不可言說，非〔凡夫〕依聞〔法〕與思維而生之〔世俗〕智慧所易曉，一如金剛之難於穿透（prativedha）。說為「句」者，則謂文字之所表達，為道上之證得，所表實為根本義理。

---

1 梵 dhātu，藏 khams，一般意義為「界」，於本論則有特義，應譯為「性」。本譯故將 dhātu 解為「佛性」（buddhadhātu），即指如來藏。高崎直道氏對此有詳細解說，見其收於《印度叢書》之《寶性論》（1989，講談社）。

2「內自證境界」為意譯，以原文謂 pratyātma-vedanīya 而非 pratyātma-gocara。若直譯 pratyātma-vedanīya，應作「內自證之所領受」；此於藏譯本則為 so so rang bshin rig par bya ba，於勒那摩提譯則作「內自證法」。

故「金剛句」一詞，包含義理之難詮如金剛，及〔如實〕表達根本義理之句義。

然則其義理（artha）為何？其文字（vyañjana）又為何耶？

此言有七種義理須知——佛（buddha）、法（dharma）、僧（saṅgha）、〔佛〕性（dhātu）❷、菩提（bodhi）、功德（guṇa）、事業（karman）。如是等即為「義理」；用以說明此七種證得義之字句（akṣara），即為「文字」。❸

說此七金剛句者，具如經云[3]——

> 阿難，所言如來者實不可見，是故眼不能得見；
>
> 阿難，所言法者非可說事，是故耳不能得聞；
>
> 阿難，所言僧者名為無為，是故不可以身心供養禮拜讚嘆。

如是初三金剛句，依《堅固深心品》（*Dṛḍhādhyāśaya-parivarta*）❹而了知。

復次——

> 舍利弗，此甚深義乃是如來智慧境界，亦是如來心所行處。舍利弗，如是深義一切聲聞緣覺智慧所不能知、所不能見，不能觀察，何況一切愚癡凡夫而

3《堅固深心品》（*Dṛḍhādhyāśaya-parivarta*），梵文經題亦作 *Sthirādhyāśaya-parivarta*，無漢譯，藏譯 *Lhag pa'i bsam pa bstan pa'i le'u* 收北京版三十五卷，編號八十九。下同。引文依梵本修訂舊譯。

能測量，〔唯有諸佛如來智慧，乃能觀察知見此義。舍利弗，一切聲聞緣覺所有智慧，〕於此義中唯可仰信〔，不能如實知見觀察。〕舍利弗，甚深義者即是第一義諦；第一義諦者即是眾生界；眾生界者即是如來藏；如來藏者即是法身。[4]

如是即無增損知第四金剛句義，依《不增不減經》（*Anūnatvāpūrṇatvanirdeśa-parivarta*）[5] ❺而了知。

復次——

世尊，言阿耨多羅三藐三菩提者，名涅槃界；世尊，言涅槃界即是法身。

如是第五金剛句義，依《聖勝鬘經》（*Ārya-Śrīmālāsūtra*）[6] ❻而了知。

復云——

舍利弗，如來所說法身義者，為過於恒河沙數諸佛之不離不脫不思議佛法，及諸佛智慧功德。舍

4 依菩提流支譯《不增不減經》（大正 • 十六，no. 668，頁467a）。括號內者，為《寶性論》梵本引文中所無，今依菩提流支譯補入。又，勒那摩提譯未盡合梵本，舊譯此段引文，開首謂「言眾生者，乃是諸佛如來境界」，而梵本、藏譯本及菩提流支譯《不增不減經》，皆作「此甚深義」為如來智慧境界（tathāgata viṣayo hi śāriputrāyam arthas tathāgata-gocaraḥ），直譯可作：「舍利弗，此〔甚深義〕為如來所行境（viṣaya），〔亦為〕如來〔智慧〕境界（gocara）。」依文理，應以勒那摩提譯為誤。

5 《不增不減經》(*Anūnatvāpūrṇatvanirdeśaparivarta*)，一卷，元魏菩提流支譯（收《大正藏》第十六冊），為如來藏系列經典。藏譯無此經，藏中譯師唯據本論轉引經文。

6 《勝鬘經》(*Śrīmālādevīsiṃhanāda-sūtra*)。一卷，劉宋求那跋陀羅譯。全名為《勝鬘師子吼一乘大方便方廣經》（大正 • 第十二卷）。異譯即《大寶積經》之《勝鬘夫人會》，菩提流志譯（大正 • 第十一卷）。

> 利弗，如世間燈，明色及觸不離不脫。又如摩尼寶珠，明色形相不離不脫。舍利弗，法身之義亦復如是，過於恒沙不離不脫不思議佛法如來智慧功德故。[7]

如是即無增減說第六金剛句義，依《不增不減經》❼而了知。

復云——

> 文殊師利，如來不分別，不分別無分別而自然無分別。故所作事業，以無分別故而不可思議，且無作意。

如是七金剛句義，依《入如來德智不思議境界經》（*Tathāgataguṇajñānācintyaviṣayāvatāra-nirdeśa*）[8]❽而了知。

總攝本論體相之七金剛句義，已略就其〔名相〕闡明（uddeśamukha）如上。

2〔七金剛句〕性相之次第

悉依《陀羅尼自在王經》
於〈序分〉中說此初三句
餘四見於〈功德差別分〉

7 此段勒那摩提譯與菩提流支《不增不減經》之譯文幾近完全相同。今依舊譯。

8 漢譯有三：《度諸佛境界智光嚴經》（失譯，大正・十，no. 302）；《佛華嚴入如來德智不思議境界經》（闍那崛多譯，大正・十，no. 303）；《大方廣入如來智德不思議經》（實叉難陀譯，大正・十，no. 304）。

七金剛句性相（lakṣaṇa）之闡明，於《聖陀羅尼自在王經》（*Ārya-Dhāraṇīśvararājasūtra*）中廣說[9]，且依其次第，初三句見於經中〈序分〉（nidāna-parivarta），餘四句見於經中〈菩薩如來功德差別分〉。

云何〈序分〉有初三句？彼經〈序分〉中言——

婆伽婆現證一切法平等性。

彼善轉法輪。

彼善能教化調伏無量諸弟子眾。[10]

此三金剛句，順次〔說佛法僧寶及〕說彼三寶次第生起成就（anupūrva-samutpāda-samudāgama）。餘四句者，說隨順三寶之成就〔三寶〕因（triratnōtpatty-anurūpahetu-samudāgama-nirdeśa）。

以八地菩薩得一切法自在，故經言——「〔聖者〕坐於道場勝妙處，現證一切法平等性。

以九地菩薩於一切法中得為無上最大法師，善知一切有情心，到一切有情根機第一彼岸，能善巧斷除一切有情煩惱習氣（vāsanā）。以此之故，菩薩成無上菩提，復能說深法，故經言——「善轉法輪」。

---

9 《陀羅尼自在王經》(*Dhāraṇīśvararājasūtra*)，漢譯名《大哀經》，西晉竺法護譯，見《大正藏》第十三卷，no. 398；另有部分異譯，收錄於《大集經》(*Mahāsaṃnipātasūtra*) 中，列為前四品，主文即《陀羅尼自在王菩薩品》，北涼曇無讖譯，見《大正藏》第十三卷。另鳩摩羅什譯《自在王菩薩經》，應為異譯，然二者差異處頗多。又，頌言經中〈序分〉，實指《大集經》第一品〈瓔珞品〉（依高崎直道說）。

10 梵：bhagavān sarvadharmasamatābhisaṃbuddhaḥ supravartitadharmacakro 'nantaśiṣyagaṇasuvinītaḥ。法護譯《大哀經》譯此句為「如來所行，成等正覺，轉妙法輪，為極元首，善宣開化」（大正・十三，no. 398，頁409a）。

十地菩薩得住無上法王位後，能於一切佛所作業自然而行，常不休息而善轉法輪，如經言 ——「**善能教化調伏無量諸弟子眾**」。

復以調化無數弟子同得功德，於次後經文乃言 ——

〔佛〕**與大比丘眾俱，復有無量菩薩眾俱。**[11]

以其善調化聲聞眾次第入佛菩提，故經言 ——

令〔聲聞、菩薩〕**具足如是**〔諸佛〕**功德。**[12]

又於說聲聞及菩薩眾功德已，即說佛身自在神力（vṛṣabhitā）不可思議三摩地（samādhi）。成就無垢大寶莊嚴寶殿[13]，大眾於此如來聚雲集，以諸〔聖〕物（dravya）作供養〔，由讚嘆雲雨種種衣、雨種種花、雨種種香〕❾。如是說佛寶功德差別。

經中更說廣大莊嚴法座，於大光明中說法門名字示現功德，如是建立法寶功德差別。

復說諸菩薩三摩地行境及其力用中，交互示現種種功德，如是建立僧寶功德差別。

復次，隨說佛放大光明，授〔諸菩薩摩訶薩〕[14]法王子位，更說與究竟無畏性。由讚嘆如來真實功德，宣說無上大乘基本說[15]，以如實修行彼〔大乘〕故，得無上自在力[16]，

---

11 梵：mahatā bhikṣusaṃghena sārdham, aprameyeṇa ca bodhisattvagaṇena sārdham。

12 梵：evamguṇasamanvāgataiḥ。

13「無垢」，依漢譯。梵為 vipula，意為「廣大」。

14 此依漢譯增補。

15 kathāvastu，有譯為「言依」或「言基本」，今譯為「基本說」。

16 aiśvaya，王者權力，今意譯為「自在力」。又，漢譯缺此句。

於法中證果。

如是別別建立三寶無上功德差別，應如是知。經中〈序分〉已說竟。

於〈序分〉後，經中復說：佛性（buddhadhātu）具足六十種法清淨功德因，以佛性雖然本淨，以有客塵染故，仍須清淨。故《十地經》中，說菩薩於十地次第，喻如沙中淘金。於此〔《陀羅尼自在王》〕經中，說佛事業已，復說不清淨大毗琉璃〔摩尼〕寶為譬喻。言——

> 善男子，譬如善巧寶師，善知清淨大摩尼寶。於摩尼寶山中取寶石已，彼寶石極不清淨，乃用嚴灰水洗，洗已，用髮布揩摩，不以為足，勤未休息。更以礬液洗之，洗已，復用毛氈揩摩，不以為足，勤未休息。復以大藥汁洗，洗已，次後復更持細軟衣，用以揩摩，使離銅鐵礦垢，如是方得說為大毗琉璃摩尼寶。
>
> 善男子，諸佛如來亦復如是，善知諸不淨眾生性，知已，乃為說無常、苦、無我、不淨，為驚怖彼樂世間法眾生，令厭世間，入聲聞法。而佛如來不以為足，勤未休息，次為說空、無分別、離欲諸法，令彼眾生解如來所說真實法。說此不退轉法輪已，佛如來不以為足，勤未休息，更為說清淨能所及諸行法門，謂三輪體空，令眾生入如來界。

如是知清淨種性及如來性（viśuddhigotraṃ tathāgatadhātuṃ）[17]。故經中偈言——

譬如礦中金　不淨即不現

於一切眾生　見佛亦如是[18]

然則，云何六十種法清淨德性？是所謂四種菩薩莊嚴[19]；八種菩薩光明[20]；十六種菩薩摩訶薩大悲[21]；三十二種菩薩行[22]。

〔如上已說佛性義竟。〕

次說佛菩提者，即說示十六種無上菩提大悲心[23]。

---

17 「清淨種性」於舊漢譯作「自性清淨」，實誤，以「自性清淨」之梵文應為prakṛtipariśuddhi故。「如來性」（tathāgatadhātu），或譯「如來界」，即指「如來藏」（tathāgatagarbha）。

18 梵本此處所引為巴利文偈頌——

yathā patthara-cuṇṇamā hi jāta-rūpaṃ na dissati/
parikammeṇa tad diṭṭhaṃ evaṃ loke tathāgatā iti//

19 四種菩薩莊嚴：依《大哀經》，一者戒瓔珞莊嚴；二者三昧瓔珞莊嚴；三者智慧瓔珞莊嚴；四者陀羅尼瓔珞莊嚴。一一莊嚴皆具多種，廣如經說。

20 八種菩薩光明：依上揭經，一者念光；二者意光；三者行光；四者法光；五者智光；六者實光；七者神通光；八者無礙智光。一一光明皆具多種，廣如經說。

21 十六種菩薩大悲：依上揭經，一者除眾生貪著我見；二者除眾生顛倒；三者除眾生憍慢；四者除眾生五蓋；五者拔眾生沈沒；六者除眾生七種慢；七者斷眾生世道惡道；八者令眾生出離惡道；九者令眾生遠離惡友親近善友；十者斷眾生慳貪無明及愛；十一者令眾生知十二因緣法；十二者斷眾生種種薩迦耶見；十三者斷眾生三有；十四者令眾生離魔網；十五者示眾生真實樂因；十六者為眾生開涅槃門。

22 三十二種菩薩行，依上揭經，眾生有三十二種不善業，菩薩為此修集善業，壞眾生如是惡業，如是修善壞惡，即為三十二菩薩行，廣如經說，不贅。

23 十六種無上菩提大悲心。同上揭經，如來為陀羅尼自在王菩薩說佛之大悲，略同菩薩摩訶薩十六種悲心，但較深細，文繁不錄。

更說諸佛如來功德者，即說示所謂十力[24]、四無畏[25]、十八不共法[26]。

復說佛業者，即說示三十二種無上大業[27]。

七金剛句別別之性相，依經已廣說如上。

此七金剛句有何次第（anuśleṣa）？

---

24 十力：一者處非處智力。「處」即合理，「非處」即不合理。如來於世間法及其業報，無論合不合理悉皆遍知。二者業異熟智力。如來於一切眾生過去現在未來業緣果報生處，悉皆遍知。三者靜慮解脱等持等至智力。如來於諸禪定自在無礙，如實遍知深淺次第。四者知諸根勝劣智力。如來遍知諸眾生根器勝劣，得果大小。五者種種勝解智力。如來遍知眾生種種欲樂善惡。六者種種界智力。如來於眾生種種界，如實遍知。七遍趣行智力。如來遍知輪廻涅槃所至處。八知宿命無漏智力。如來遍知過去世種種事。九知天眼無礙智力，知有情生死。十漏盡智力。永斷習氣。

菩薩十力則為：深心力；增上深心力；方便力；智力；願力；行力；乘力；神變力；菩提力；轉法輪力。—— 於本論中，言八九地菩薩證菩提，轉法輪，即據此十力而言。

25 四無畏：一者，一切智無所畏。謂住於正見，具無所畏之自信；二者，一切漏盡智無所畏。謂斷盡煩惱，無外難怖畏；三者説障法無所畏。謂闡示修行障礙之法，對任何非難皆無所畏；四者，説出道無所畏。宣説出離之道而無所畏。—— 此四無畏，前二顯示佛自利之圓德，後二顯示佛利他之圓德。

菩薩四無畏：一者，聞陀羅尼受持演説其義得無所畏；二者，盡知法樂及知眾生根欲性心説法所畏；三者善能問答説法無所畏；四者決疑無所畏。

26 十八不共法：「不共」，謂不共通於聲聞及緣覺二乘，唯佛與菩薩所有之十八種功德。即為 —— 身無失；口無失；念無失；無異想（不起分別）；無不定心；無不知已捨心（如知苦受，即念念覺知苦之生住滅相，平等住而捨之）；欲無減；精進無減；念無減；慧無減；解脱無減；解脱知見無減；一切身業隨智慧行；一切口業隨智慧行；一切意業隨智慧行；智慧知見過去世無閡無障；智慧知見未來世無閡無障；智慧知見現在世無閡無障。

27 三十二種無上大業。具見《大集經・陀羅尼自在王菩薩品》，文繁不錄。

3 由佛故有法　由法故有僧
由僧有智因　成就於佛性[28]
證無上菩提　具力等功德
成辦利益業　饒益諸有情

於論義中〔次第〕說〔七金剛句各品〕關係（śāstrasaṃbandha）竟。

28 此句於梵本頗難索解，所言成就（獲得）者，為 jñānadhātuāptiniṣṭha，直譯為「智、界、究竟成就」，疑此指「身、智、界」，以「身、智、界」三無分別即「佛性」（如來藏）究竟義。故此句姑如是譯。

《正分第一品》

正分——第一品

（梵文題目：*Taṭhāgatagarbhādhikāra*）

甲 三寶建立

第一金剛句：佛寶

【釋論】今說如下根本頌（śloka）義理。

如來教化有情，故有情皈依於佛，由其法性等流淨信[1]，皈依於法乃至皈依於僧。〔三寶〕既以佛為先，故先說佛寶偈頌。

4　既證佛體性[2]　無初中後際
寂靜自覺知　我向作頂禮
證佛體性已　清淨而顯示
為覺他而說　無畏常恆道

1 勒那摩提意譯為「尊敬如來」，梵本實為dharmatāniṣyandādhiprasādena，即「法性等流淨信」。

2 buddhatva，漢譯為「體」，故今人即說如來藏有實本體，有神我色彩。此於藏譯作sangs rgyas nyid；拙前譯之為「佛性」，高崎直道認為此與buddhadhātu混淆，此二字，buddhatva為佛本質，buddhadhātu為一切有情所具之佛性（即如來藏）。故高崎氏建議把buddhatva譯為「佛體性」。今從之，譯buddhatva為「佛體性」、buddhadhātu為「佛性」。至於prakṛti則譯為「本性」；svabhāva譯為「自性」。

佛持無上劍　　及妙金剛杵
劍者表智慧　　杵表慈悲義
截斷諸苦芽　　摧毀相違牆
此牆受覆障　　於諸見稠林

【釋論】〔上偈說佛有自利、利他兩種功德。〕此〔偈頌〕示以何義？——

5　無為無功用　不依他而覺
具智悲與力　自他利俱足

此偈頌略明佛體性（buddhatva），及所攝八種功德。云何為八？即謂——一、無為（asaṃskṛtatva）；二、無功用（anābhogāta）；三、不依他覺（aparapratyayābhisaṃbodhi）；四、智慧（jñāna）；五、慈悲（karuṇā）；六、力用（śakti）；七、成就自利（svārthasaṃpad）；八、成就利他（parāthasaṃpad）。

6　無初中後際　自性即無為
法身常寂靜　是故無功用

7　唯內自證故[3]　不依他而覺
具三覺為智　示覺道為悲

3 pratyāmanadhigama，內自證。

8 智悲起力用 拔苦滅顛倒
初三圓自利 餘三圓利他

說為「**無為**」(asaṃskṛta)者，與有為(saṃskṛta)相對，有為〔落於緣起，〕具生、住、滅；〔無為〕不具此體性，故無初中後際。如是顯示無為法身。

以一切戲論及虛妄分別，皆完全止滅故，是即離作意「**無功用**」(anābhogena)。

「**不依他而覺**」(aparapratyayābhisaṃbodhi)，以內自證智故。此中udaya〔生起〕一詞，意謂「現證正覺」，此有「生起〔現證〕」義[4]。如來本性無為及無功用，現證覺者無功用而常行一切業，有世間即不休息❶。

如是希有及不可思議佛境界，難以聞知，唯由自證其不可言詮，此即謂「自生智」(svayam-jñāna)，不從師受。

既證知已，以有情失壞其智有如生盲，為令其得覺知故，即為彼開示無上道。以佛具無上「**智慧**」、「**慈悲**」，故所示之道，即為無畏體性(abhayatva)之道，其道由於能出世間，能出世間由於不退轉。

以根除苦(duḥkha)與煩惱(kleśa)，是故以劍及金剛杵為喻，喻如來智慧以及大悲，且喻智悲之「**力用**」(śakti)。二者之中，苦之根本，為〔三〕有中名色(nāma-rūpa)種種執着；煩惱根本，為虛妄邪見(abhiniveśa)及疑等，如薩迦耶見(satkāya)。此中名色執着，喻之為苦

4 比較藏譯，此句譯為「odaya ni 'dir mngon par rtogs pa la 'dod kyi skye ba la ni ma yin no」，意謂「此中udaya為現證正覺義，而非生起(utpāda)義」。

芽，以其能生諸苦故，佛之智悲力能截斷苦芽，是故喻其力用為劍。此中煩惱，如疑及諸顛倒見等，唯於見道始能除去，非世智所能認透，故喻之為稠林所覆之圍牆，佛以智悲力摧毀此牆，與金剛杵相似。

如是六種功德，於《入諸佛境界智光明莊嚴經》（*Sarvabuddhaviṣayāvatārajñānālokālaṃkārasūtra*）[5]中廣說，如其次第（ānupūrvī）。經言——

文殊師利，如來應正遍知不生不滅。

如是即顯示佛如是即顯示佛之無為性相。復以九種譬喻說如來之不生不滅義[6]，如謂無垢清淨琉璃（vaiḍūrya）地中，帝釋天子身鏡像現等。經言——

文殊師利，如來應正遍知，清淨法身亦復如是不動、不生心、不戲論、不分別、無分別、不思、無思、不思議、無念、寂滅、寂靜、不生、不滅、不可見、不可聞、不可嗅、不可嘗、不可觸、無諸相、不可覺、不可知。[7]

如是即說種種寂靜相（upaśamaprabheda-pradeśa）。此

---

5 本經有三漢譯：一、《如來莊嚴智慧光明入一切佛境界經》（曇摩流支譯，大正・十二，no. 357）；二、《度一切諸佛境界莊嚴經》（僧伽婆羅等譯，大正・十二，no. 358）；三、《佛說大乘入諸佛境界智光明嚴經》（法護等譯，大正・十二，no. 359）。此與上引《入如來德智不思議境界經》不同。參上來序分註 8。

6 九種譬喻：一者如大琉璃地；二者如摩尼寶；三者如藥林地；四者如大雲；五者如日初出；六者如幻師現種種事；七者如日出須彌四洲；八者如大風；九者如日從大海出。

7 參大正・十二，頁 240c。

謂如來無功用成辦事業，遠離一切戲論及分別。

經中餘分，以譬喻説佛如實自覺知一切法門，即明佛不依他而證覺。蓋一切法門，均為無上菩提真實證悟。

復次，經中説十六種菩提[8]，唯佛所有 ——

> 文殊師利，如來現證如一切法色性，得無上菩提。如來觀察眾生法性（dharmadhātu = 法界）、或不淨（aśuddha）、或不離垢（avimala），或有污（sāgana），如來由是慈悲遍滿，大悲力遍現。

此即説佛具無上智慧與慈悲。言「如一切法色性」者，即謂如上説〔一切法〕無自性；言「得無上菩提」者，即謂佛以無分別智如實證知〔一切法實相〕；言「眾生」者，即謂「正見」、「不定」、「邪見」〔等三〕聚（niyata-aniyata-mithyā-niyata-rāśi）[9]。言「法性」者，即謂如來藏（tathāgatagarbha），與〔佛〕自法性（sva-dharmatā）之本性（prakṛti）無別；言「觀察」者，即謂如來智眼遍了知，以無有障礙故；言「不淨」者，即謂凡夫具煩惱障；言「不離垢」者，即謂聲聞及辟支佛〔非全然清淨〕，彼等亦有所知障。言「有污」者，即謂菩薩仍有習氣；言「慈悲遍滿」[10]者，即謂以種種方便令〔有情〕入成

---

8 十六種菩提：正遍知意清淨；無等（無二）正行；到諸佛等法（而）心無障礙；到不退（轉）法；不捨無邊佛事；安住不可思議（境界）；向無相法；三世平等；身（遍）滿世界；知法無疑一切智身；智慧無量（為）諸大菩薩之所受持；已到諸佛無等禪那；究竟滿足；得解脱智；大慈大悲轉於法輪；究竟無邊有色身。

9 此即謂「三種姓」，見下〈第四金剛句〉。

10「慈悲遍滿」為前人意譯，梵作 vikrīḍitā，意為「遊戲」。遊戲即行為自在，無礙作功德顯現（周遍一切界），由是可引伸為「慈悲遍滿」。

就法門；言「**大悲力遍現**」者，謂〔佛〕於平等性（samayatā）中諸眾生相（nimitta）現證菩提（abhisaṃbuddha），令有情亦能〔如佛〕證悟自法性。

〔佛〕證悟後即以無上智慧慈悲，無休止轉無比法輪。如是以智悲「力用」利益有情。

故如來之六種功德，初三種，謂無為、無功用、不依他覺等，為佛成就「**自利**」功德。次三種，謂無上智慧、大悲、智悲力用等，為佛成就「**利他**」功德。

亦可如是說：其無上智慧，成就自利，能以此證得常住勝義寂靜處故，轉無上大法輪，成就利他，此為智悲及力之示現故。

第二金剛句：法寶

【釋論】依佛寶故有法寶，以此之故，論頌繼說法寶義理——

9　頂禮如日法　非有亦非無
亦復非有無　非非有非無
離言內證法　清淨無垢智
如日破無明　貪瞋癡等障

【釋論】上來偈頌所示義理，茲以偈頌釋之——

10　不思議無二　無分別清淨
顯現及對治　離欲離欲因
滅諦與道諦[11]　體性為法寶

此偈略明法寶所攝八種功德。何等為八？一、不可思議性（acintyatva）；二、無二性（advayatā）；三、無分別性（avikalpatā）；四、清淨（śuddhi）；五、顯現（abhivyaktikaraṇa）；六、對治性（pratipakṣatā）；七、離欲（virāga）；八、離欲因（virāgahetu）。〔此中所謂「離」者，如偈言❶〕——

[11] 梵本僅云「二諦」。

11 所言離欲者 即滅道二諦
二種諦所攝 次第三功德

法寶所攝前六種功德中，初三種：不可思議、無二性、無分別性，為滅諦法，是能離欲。餘三種：清淨、顯現、對治，則為道諦法，能離欲因。

此即謂離欲之〔證法〕為滅諦；如何修行始能離欲，則為道諦。以此二諦合名為清淨法（vyavadana），清淨法二諦性相（vyavadānasatyadvayalakṣaṇa）則名為離欲法（virāgadharma）。[12]偈言——

12 離思量離言 聖者自證智
故不可思議
無二無分別 由是為清淨
其餘三功德 則類如大日

滅諦中之不可思議性，由三因而可了知。云何為三？此謂

一、以其離四句故。四句者：無、有、亦無亦有、非無非有。

二、遠離一切聲音、名字、章句、言説相故。

三、唯由聖者內自證顯示故。

---

12 四諦中，苦、集二諦為雜染法；滅、道二諦則為清淨法。

滅諦中之無二性及無分別性應如何了知？世尊〔於《不增不減經》❷中〕言——

> 舍利弗，如來法身清涼[13]，以不二法故，以無分別法故。

此中所謂「二」者，即是業（karma）與煩惱（kleśa）。所謂「分別」者，即是由非如理作意（ayoniśomanasikāra）為因而令業及煩惱生起。證悟其本性寂滅（prakṛti-nirodha），即知「二」與「分別」無所集起，由是苦即永久不生，此即名苦滅諦。故非有所滅而名苦滅諦。〔《智光莊嚴》〕經言——

> 文殊師利，無有心意識行，不作生滅分別。以一切心意識皆屬顛倒。若心依正見，無明即不生起。以不起無明故，即不起十二有支。以不起十二有支故，即名無生。

又如〔《聖勝鬘經》〕云❸——

> 世尊，非壞法故名為苦滅。所言苦滅者，名無始無作無起無盡，離盡常住。自性清淨，離一切煩惱藏。世尊，過於恆河不離不脫不異不思議佛法，成就說如來法身。世尊，如是如來法身不離煩惱藏，名如來藏。

如是等經中，廣說苦滅諦。

---

13 此句依菩提流支譯。依藏譯，本句為「所謂滅者，即是如來法身」，意指如來法身法爾離煩惱（滅盡煩惱）。譯為「清涼」，亦同此意，但表達方式不同。

證得名為苦滅諦之如來法身，實由見道（darśana marga）及修道（bhāvanā marga）無分別智（avikalpa-jñana）。說謂三種如日相似性，一者，日輪清淨之相似性，以能遠離一切煩惱垢故；二者，日照顯現一切色相之相似性，以能照知一切法故；三者，日光破暗之相似性，以能對治一切與真見（tattva-darśana）相違之障礙故。

所謂「障」（vibandha）者，先攀緣不實事相（abhūtā-vastu-nimitta-ārambaṇa）而成貪瞋癡生起處。此緣隨眠境（anuśaya）與煩惱纏（paryutthāna）。不實者本無自性（svabhāva），然〔凡夫〕執其虛妄相為有。如於貪生起時見可貪相（nimitta）、瞋生起時見可瞋相、癡生起時見無明相。此等有情又復緣貪嗔癡等不真實相而於心識中起虛妄分別。有情既心生分別，貪瞋癡煩惱即起現行。如是，身口意造作貪業、瞋業、癡業。依此等業，乃有輪迴。如是有情依貪瞋癡以取其〔不實〕相、生虛妄見而起諸煩惱；煩惱起故而作諸業；作諸業故而墮輪迴。此種種煩惱、業、輪迴等雜染（saṃkleśa）之生起，皆緣其不知不見一如性[14]❹之故。

此等垢障，須如實觀察，不見其不實之相，亦不取其污染因。以不見如是相與因，即能見真實（bhūta），故如

---

14 一如性（eka-dhātu），藏譯khams gcig，直譯為「一性」，亦可解為「唯一性」，即指有情皆可成佛的佛性，亦即論頌1所說的「佛性」，均指如來藏。

來圓滿證知一切法平等，以平等性故。

由平等性智（samatājñāna）證知一切法平等，不增不減，以虛妄法相不能見其體性及無有之因，而勝義真實則可見有法之實性，如是真實見即能對治一切障。以對治法生處，與諸障不相應（asaṃgati）及不和合（asamavadhāna）故。

此於見道及修道所起之無分別智，為成就〔如來〕法身之因，於《般若波羅蜜多經》（*Prajñāpāramitāsūtra*）中已廣說。❺

第三金剛句：僧寶

【釋論】依大乘法寶，故有不退轉菩薩僧寶。由是於說〔法寶〕後，更有一偈說〔僧寶〕——

13 敬禮正知者　由本明淨心
見煩惱無實
由是而了知　周遍諸有情
極無我寂靜
觀見等覺性　遍於一切處
其智無障礙
彼以智慧眼　於清淨中見
無量有情眾

【釋論】上來偈頌示何義耶？〔釋偈言〕——

14 由內身知見　如實見清淨
不退轉智者　具無上功德

此頌略說僧寶，即登不退轉位菩提薩埵[15]，具無上功

15 不退轉菩提薩埵：菩薩修道，以所悟功德能入不退位，登此位者即為不退轉菩薩。不退有三：位不退、行不退、念不退。依瑜伽行派今學家的說法，入十住位，成就唯識觀，為位不退；既入初地，成就真唯識觀，為行不退；八地以上，得無功用智，念念入真如海，為念不退。故菩薩初登地，釋論已說之為不退轉菩薩。若依中觀宗，則唯八地以上始不退轉。

德。以其由出世間智而見清淨。此有二種性相，如實性（yathāvadbhāvikatā）及如量性（yāvadbhāvikatā）[16]❶。偈言——

15 知世間寂靜 故能如實見
本淨故能證 煩惱本來無[17]

偈頌中說如實性，即證知遍世間人我法我極無我性，是即「**如實性**」。由是而得了知（avagama），非滅人法，以其自性本初即畢竟寂靜故。此有二因：一者，見心本性明淨；二者，見本初即滅盡煩惱染。

以此二因，故說心本性明淨，以煩惱染故，故難知其實相。故於無漏界中，無第二心相續，唯有善不善心相合為一（ekacara）。

故如〔《勝鬘》〕經言❷——

> 世尊，剎那善心非煩惱所染，剎那不善心亦非煩惱所染。煩惱不觸心，心不觸煩惱。云何不觸法而得染心？世尊，然有煩惱，有煩惱染心，自性清淨心而有染者，難可了知。

如是經中廣說如實見，其所以難知，則可詳於經中所說。

---

16 如實性（yathāvadbhāvikata）、如量性（yavadbhāvikata），真諦譯為「如理」、「如量」；玄奘譯為「如所有性」、「盡所有性」。此處為照顧下來行文方便，故略依真諦而如是譯。

17 「本來無」依勒那摩提舊譯，梵文原為 ādikṣaya（於藏譯則作 gdod nas zad），意為「本初即滅盡」。

偈言❸——

16 由於如量性 彼見諸有情
具一切種智[18] 此即為如量

此謂「如量性」，即謂見一切有情皆具如來藏，即畜生亦具。此由出世間智（lokottara-prajñā）而知，盡一切所知故。菩薩登初地，即現證法界遍一切處（sarvatraga）之〔真實〕義，見如量性。

故偈言❹——

17 以內自證智 證本來如是
無漏界清淨 無著復無礙

如是內自證本來如是，即證如實性及如量性，是謂了知出世間道。此唯聖者內自證，不共餘者。菩薩摩訶薩之出世間清淨證智，所以勝於餘者（聲聞、辟支佛）之證智（itara-prādeśika-jñāna）者有二，云何為二？無著（asaṅga）、無礙（apratihata）。「無著」者，謂如實見有情本來清淨境界，故〔菩薩之〕境界無染著；「無礙」者，謂如量見無量所知事（jñeya-vastu），故其境界無障礙。偈言——

18 梵：sarvajñā-dharmatā，即「一切種智法性」，字數限制未能譯全。《大智度論》說三種智：一者、一切智，即了知一切法總相之智，此乃聲聞、辟支佛之所證。二者、道種智（或稱道相智），即了知一切法別相之智，此乃菩薩之所證。三者、一切種智（或稱一切相智），即通達一切法總相、別相之智，此即佛智。以證道種智即能離諸法差別，故能證眾生平等寂靜清淨性。此「一切種智法性」即論中偈 1 所說之「佛性」，亦即如來藏。

18 由證見清淨　無上如佛智
不退位聖者　諸有情依怙

此偈言登不退轉地菩薩知見之清淨性，說為「無上」，以其近似如來知見之無上清淨（upaniṣadgatatvāt）[19]。或以即在初登不退轉地菩薩，亦勝餘菩薩僅於布施、持戒等菩薩之功德。以此之故，不退轉菩薩以其清淨，是故堪為一切有情〔天龍八部、聲聞、辟支佛等〕[20]作皈依處。

上來說菩薩為僧眾而未說聲聞，以聲聞非是皈依處故。

〔偈言❺——

境界諸功德　證智及涅槃
諸地淨無垢　滿足大慈悲

生於如來家　具足自在通
果勝最無上　是勝歸依義

此偈明何義？略說。菩薩有十種勝義過諸聲聞、辟支佛故。何等為十？—— 一、觀勝；二、功德勝；三、證智勝；四、涅槃勝；五、地勝；六、清淨勝；七、平等心勝；八、生勝；九、神力勝；十、果勝。

19 漢譯及藏譯，皆譯為：以其為見無上如來清淨性之勝因（此處但撮其義而引），梵本則無「因」義。

20 括弧內字，依漢譯補入。

「**觀勝**」者，謂觀真如境界，是名觀勝，偈言境界故。

「**功德勝**」者，菩薩修行無厭足，不同二乘少欲等，是名功德勝，偈言功德故。

「**證智勝**」者，證二種無我，是名證智勝，偈言證智故。

「**涅槃勝**」者，教化眾生故，是名涅槃勝，偈言涅槃故。

「**地勝**」者，所謂十地等，是名地勝，偈言諸地故。

「**清淨勝**」者，菩薩遠離智障，是名清淨勝，偈言淨無垢故。

「**平等心勝**」者，菩薩大悲遍覆，是名平等心勝，偈言滿足大慈悲故。

「**生勝**」者，諸菩薩生無生故，是名生勝，偈言生於如來家故。

「**神力勝**」者，謂三昧自在神通等力勝，是名神力勝，偈言具足三昧自在通故。

「**果勝**」者，究竟無上菩提故，是名果勝，偈言果勝最無上故。〕

是故無有智者，既知菩薩與聲聞之功德差別，尚揚棄猶如初月之菩薩，而禮拜聲聞。彼菩薩為證無上菩提，積廣大福智二種資糧（puṇya-jñāna-saṃbhāra）而智悲如滿月，照耀無量有情商旅[21]相續，令趣如滿月之如來；而彼

21 梵作 gaṇa，商旅；漢譯為「稠林」(gahaṇa)。又，saṃtāna，相續，唯專指身相續，故前人有意譯之為「宿習」者，即引伸為身相續所具之宿業習氣。

聲聞，僅具少智，唯照自身，故喻之為星。故雖初發心菩薩，已勝聲聞聖者，以其雖修持無漏禁戒，而不利益養育他人。

以此說菩薩具十力等功德。如云❻——

若為自身修持戒　不具悲心即惡戒
以淨戒財養自身　不能說為清淨戒
具大悲心利有情　所持之戒始真實
利生如地水火風　此為淨戒餘非是

總說三寶皈依處

【釋論】[22] 依何意趣、為何等人，世尊說此三皈依處（śaraṇa-traya）？偈言——

19 導師教法及弟子　三者功德攝三乘
復為三種信皈依　故說三者為三寶

〔此言依三種功德及六種信眾故說三寶。三種功德者，即導師、導師之教法、導師之弟子等功德。六種信眾，即大乘、中乘、小乘、佛、法、僧等之信眾。〕❶

初，說「**佛為皈依處，其為兩足尊**」此即建立導師（śāstṛ）之功德。有等願證佛性（buddhabhāva）[23]，入菩薩乘，及彼矢志對佛陀作最上供養者，是皆建立為其皈依處。

次，說「**法為皈依處，以最上離欲**」，此建立導師教法（śāsana）之功德。有等入辟支佛乘，自悟因緣深法，矢志對教法作最上供養者，是皆建立導師開示之法為其皈依處。

更次，說「**僧為皈依處，以為最勝眾**」，此建立導師弟子（śiṣya）之功德。有等信受導師所說法，入聲聞乘，精進於由他者聞得之聲〔教法〕，矢志對僧眾作最上供養者，是皆建立導師之弟子為其皈依處。

---

22 本章全章為釋論，故無根本論頌。即19至22皆為釋頌。

23 buddhabhāva，舊譯「佛菩提」可解作「佛性」、「佛成就」等。

如是略說三種旨趣及六種信眾，佛依世俗說三皈依及其差別[24]。此蓋欲令有情能別別入三乘道。復說偈言——

20 以可捨及欺法故　以無有及怖畏故
如是二種法及僧　究竟非勝皈依處

上偈言，法有二種。一所說法（deśanādharma）、二所證法（adhigamadharma）。「所說法」者，謂如來所說〔十二部〕經（sūtra）及名字章句身等。此等法喻之為筏，以證法登彼岸已，筏便可捨故。「所證法」者，依因果有二種差別，謂滅與道。道為證法所依，滅即證法所證。如是滅道二法皆具有為性相；既具有為性相，即是欺法（mṛṣāmoṣadharmin）；既屬欺法即非真諦（asatya）；非真諦者無常；無常即不堪皈依。

又若依彼聲聞道所證滅諦，唯滅煩惱及苦，猶如燈滅，如是即無所有（abhāva）。若無所有者，云何堪為所皈依處。

僧者，謂三乘行人。彼等有學（śaikṣa）常有怖畏[25]，常求皈依於佛而求出離世間，仍有所執（sakaraṇīya）而未圓成無上正等正覺。云何彼等尚有怖畏？以阿羅漢雖盡有漏，而未斷一切煩惱習氣，彼於一切有為行相極怖畏心常現於前。何以故？阿羅漢雖已斷後有（punarbhava），然仍

---

24 導師功德，攝大乘及佛信眾；教法功德，攝中乘及法信眾；弟子功德，攝小乘及僧信眾。此即三皈依差別——三種功德攝六種信眾。

25 依藏譯，則謂菩薩、緣覺、聲聞三乘行人皆有怖畏。舊譯則云「三乘中則聲聞僧常有怖畏」，非是。此蓋因下引《勝鬘經》僅言阿羅漢之怖畏而致誤。

未斷盡習氣，故仍恒時（satata-samitaṃ）於行相中有恐怖之想生起，猶如面對執劍之屠夫（vadhakapuruṣa）。以是之故，彼等〔阿羅漢〕未能證得究竟樂之出離。然皈依處〔自身〕不更尋求〔他之〕皈依處。此如無皈依處之有情，有彼彼怖畏故求出離；阿羅漢亦同樣有彼怖畏，受此恐怖故依如來為皈依處。[26]

彼若因具怖畏而求皈依，不免欲求遠離怖畏。彼欲遠離者為求根除怖畏，是即為有學（śaikṣa），有所作（sakaraṇīya）而向上求證勝群地（ārṣabha-sthāna），即求證無上正等正覺。是故僧寶僅堪少分皈依（tadaṅga-śaraṇa），非為有情究竟皈依處（paryantakāla-śaraṇa）。如是說法僧寶未是究竟。偈言——

21 世間皈依處唯一　究竟皈依唯向佛
牟尼已具法身故　僧眾依之為究竟[27]

此言，前已說牟尼（Muni）不生不滅，如清淨二諦，證離欲法之身[28]，故三乘僧眾唯求證法身之清淨始為究竟。〔是故一切有情更無其餘依怙及皈依處[29]，〕依於勝義唯有如來應正等覺，始是不滅皈依處、常恒皈依處、堅固皈依處，於此無依無怙世間，盡未來際。如是如來應正等覺常恒、堅固、寂靜、不變之唯一皈依，於《聖勝鬘經》

26 此段說阿羅漢具有怖畏，檃括《勝鬘經》中一段經文所說，參大正・十二，no. 353，頁221a。
27 niṣṭha意為「終極」、「究竟」。即謂僧眾以成佛為最終目標。
28 漢譯為「諸佛如來不生不滅，寂靜不二離垢法身故」；藏譯同梵本。
29 此依漢譯補入。

中廣說。

〔然則以何義理故，佛、法、僧說名為寶？偈言〕——

22 稀有且無垢　具力世莊嚴
無上及不變　是為其寶性

略言之，三最勝且至珍貴者，為佛、法、僧，此具足六種寶石之相似性。六種者——

一者世間稀有之相似性。有情若不具善根，即百千萬劫不能際遇故。

二者無垢之相似性。以離一切垢。[30]

三者具威神力之相似性。如具足六通及餘不可思議威神自在故。

四者世間莊嚴之相似性。以能作一切有情嚴飾世間因故。

五者最勝之相似性。如〔真寶之〕勝相似寶石，出世間法〔最勝〕故。

六者於毀譽〔等世間八風〕不動之相似性。以其無為之自性故。

30 此依漢譯，梵本 sarvācāra（一切行）；藏譯係將梵字訂為 sarvākāra，故譯為「一切種」。

乙 成就建立
總說四不思議境界

【釋論】上來說三寶已。論偈說何所依而有此三寶，何者為此世間出世間清淨生處（yoni）[31]。偈頌言❶——

23 有雜垢真如　及離垢真如
無垢佛功德　以及佛事業
見勝義境界　生清淨三寶

【釋論】此偈明何義耶？偈言——

24 如是三寶性　一切見之界[32]
四不可思議　次第四種因

「雜垢真如」（samalā tathatā）者[33]，謂真如雜諸污染，此為〔佛〕性（dhātu）未離煩惱殼之名[34]，亦即如來藏。

31 yoni，直譯則為「胎門」。

32 paramārthadarśṁ 直譯為「勝義見」。高崎直道謂此處應解作「一切見」（sarvadarśin），亦即「一切智」（sarvajña）。漢譯為「諸佛」，是為意譯。

33 即有垢真如（samalā tathata）。

34 建立三寶之四種界，釋為一因三緣。雜垢之如來藏為因，離垢佛法身、佛無量功德、佛常作事業三者為緣。故藏譯於此處，添「此為因」。
論中明說如來藏等一因三緣為「性」（dhatū），即未視之為實法——實有的本體。蓋無論龍樹或彌勒，皆認為dhatū無實體性。故有時可以視為與「境界」同義。足知藏密甯瑪派所傳之「大中觀」（大圓滿見），僅視如來藏為境界（自顯現為識境之智境），此實為印度論師所傳之義。今人印順法師判印度佛學之如來藏系為「真常唯心」，實有未妥，印傳法義從未見有將如來藏立為一真常實體。
高崎直道譯dhatū為「本性」（英譯為essence），說等同「佛性」，即得「因」義。

「**離垢真如**」（nirmalā tathatā）者[35]，此為〔上說〕性之名，當其於佛地轉依（āśrayaparivṛtti）之性相（lakṣaṇa），即謂如來法身（tathāgata-dharmakāya）。

「**無垢佛功德**」（vimala-buddha-guṇa）者，此為轉依如來法身性相，如十力等佛之出世間功德。

「**佛事業**」（jina-kriyā）[36]者，謂十力等諸佛法，自然（pratisvam）作無上佛事業。常不休止、常不捨離、常授記（vyākaraṇa-kathā）諸菩薩而無盡（aniṣṭhita）[37]。

如是四者，依四種因次第說為四種不思議法，是故名為一切種智界[38]。何等為四種〔因〕？云何為四，偈言——

25 清淨而污染（如來藏）
無染而清淨（佛法身）
不捨離〔佛性〕（佛功德）
無作無分別（佛事業）[39]

真如雜垢，為清淨與污染同時，此說為不思議境界。此境界即已證深因緣法之辟支佛亦未能知，非其境界。如〔《勝鬘經》中，佛告勝鬘〕言❷——

自性清淨心而有染污難可了知。有二法難可了

35 即無垢真如（nirmalā tathata）。
36 直譯為「勝者（jina）事業（kriyā）」
37 有情無盡，而一切有情皆具如來藏（具成佛之因），故授記成佛亦無盡。
38 參註32。漢譯「如來境界」；藏譯義為「勝義智境界」。
39 括號中為譯者所註。

知，謂自性清淨心難可了知；彼心為煩惱所染亦難了知。如此二法，汝及成就大法菩薩摩訶薩乃能聽受，諸餘聲聞唯信佛語。

離垢真如，以其法爾不受污染，非由污染得清淨後始有[40]，此為不思議境界。如經言[41]——

〔如來〕知心性淨[42]，是故偈言：如來一念得阿耨多羅三藐三菩提。

佛無垢功德者，謂即使前際後際（paurvāparyena）一向受染凡夫位[43]，亦以其不可分離性，而與〔諸佛〕無差別，此為不可思議境界。以有情亦同時具佛性故[44]，且所具者與佛了無分別。故說佛智無處不至，以於一切有情界中，終無有一有情身中而不具如來功德及智慧者。但有情以分別故起顛倒，乃不知如來智。遠離顛倒，則起一切智，無礙於自證勝義。

如經言[45]——

佛子，其事如此。譬如有一極大絲絹，大如三千大千世界，於此絹上繪三千大千世界中種種如其

---

40 由此可知，「真如」實為佛之法身狀態，亦可說為佛之心智境相。是故真如亦非佛之本體，僅為境界。這一點，為理解本論的關鍵。

41 此出《陀羅尼自在王菩薩品》（第二之三，大正・第13卷，20中）。

42 漢譯有「是故經言，心自性清淨，自性清淨心本來清淨如彼心本體，如來如是知」。此即詮釋此句。

43 漢譯「前際後際一向」（paurvāparyeṇāikānta）中「一向」（ekānta）此詞今尚保存於廣府話口語中，意為「從來如是」。漢譯用此詞，此蓋為當時口語。

44 由此句起括《大乘經莊嚴論》(*Mahāyānasūtrālaṃkāra*)。原見《華嚴經・性起品》，此即《經莊嚴論》之出處。

45 見《華嚴經・性起品》。此處未引舊譯，譯文為譯者自繙。

大小。如〔大鐵圍山、〕大地（mahāpṛthivī）、中千世界、小千世界、四大部洲及大海，謂南贍部洲、東勝身洲、西牛貨洲、北俱盧洲，及須彌山王、地界天、欲界天、以至無色界天種種，悉繪畫於絲絹上恰如其量。今將此大如三千大千世界之絲絹，置一量如極微之沙（rajas）中。此大絲絹藏於一量如極微之沙內，而一切量如極微之沙，無不一一藏此絲絹，無有例外。時有人聰明善巧，心淨專注，具善思維，出生於此世界。其人具足成就清淨天眼，見此絲絹藏於量如極微之沙中，不為人識，其人乃作如是念：云何如此廣大絲絹在沙內而不饒益有情耶？我當用金剛銳，運大力破此量如極微之沙粒。如是其人即用金剛運大力以破沙，出此絲絹饒益有情。其餘一一量如極微之沙粒，無不如是破已[46]。佛子，此猶如如來聖智、無量智、饒益有情智，皆藏於一切有情身中（cittasaṃtāna），名為佛智，現為有情心識瀑流，無有限量。凡夫以具分別故，不識於此。爾時佛住有情中，作彼導師，以離一切垢、具足真如之聖智觀察一切有情，既觀察已，作如是言——奇哉，云何有情具足如來智慧在於身上而不知見，我當方便教彼有情，覺悟聖道，悉令永離一切妄想顛倒垢縛，令具足見如來智慧在其身

46 絲絹，漢譯作經卷。絲絹上畫三千大千世界種種，漢譯作記種種事。揆當時譯師之意，譯為經卷，示饒益眾生之義。殊不知絲絹上作畫，乃喻三千大千種種相，故此極大絲絹，即喻佛之一切種智，故今仍依原本，不隨漢譯。

內，與佛無異。如來即時教彼有情修八聖道，捨離一切虛妄顛倒。離顛倒已，見如來智，與如來等，饒益一切有情。

佛事業者，同一時，於一切有情，時時皆法爾離作意、離分別，隨順有情心、無錯謬（akṣūṇaṃ）而隨順可化有情根性，隨順作佛業，此為不思議境界。故經言[47]——

善男子，如來為令一切眾生入佛法中，故無量如來業作有量說。善男子，如來所有實作業者，於彼一切世間眾生不可量、不可數、不可思議、不可知、不可以文字說。何以故？以難可得於前眾生故；以於一切諸佛國土不休息故；以一切諸佛悉平等故；以過一切世間心所作事故；以無分別猶如虛空悉平等故；以無異無差別法性體故。

如是等廣說。又說清淨大毘琉璃摩尼寶珠譬喻言[48]——

善男子，汝依此譬喻應知如來業不可思議故；平等遍至故；一切處不可呵故；三世平等故；不斷絕三寶種故。諸佛如來雖如是住不可思議業中，而不捨離虛空法身。雖不捨離虛空法身，而於眾生隨所應聞文字章句，為之說法。雖為眾生如是說法，而常遠離一切眾生心所念觀。何以故？以如實知一切眾生諸心行故。

47 見《陀羅尼自在王經》（大正・十三，頁21c）。
48 同上。

如是，如來藏及餘三者，為出生三寶因緣。偈言[49]——

26 所覺以及覺　覺分及覺行
以所覺為因　餘三為淨緣

偈中所言四句義（arthapada）者，總攝一切所知，其初謂所證法，即偈言「**所覺**」（boddhavya）[50]應知；次者為覺（bodhi），即於所證法中得證悟，此即謂「**覺**」；〔三者，〕覺之支分，即菩提分（bodhyaṅga）[51]，偈言「**覺分**」應知；四者，謂唯覺分以教化有情，即偈言「**覺行**」（bodhanā）應知。上來四者，即出生三寶因緣[52]。

四者之中，其初為出世間法種子，是故為生三寶因，以其如理作意自證（pratyātma）清淨故，偈言「**以所覺為因**」應知。然則餘三者何以為緣？如來既取圓滿無上覺而成佛，即具足三十二種如來作業，及十力等功德，此即為出生三寶助緣（paratah）。以依如來業，有情依彼音聲〔教法〕得清淨如來藏故，偈言「**餘三為淨緣**」應知。如是，佛之證覺、佛之功德與佛之事業，即成出生三寶淨緣。

下來即依次第，詳說此四句〔義〕。

---

49 漢譯此偈六句，原本實只四句。無「**前二自利益，後二利益他。**」二句。

50 即偈中 bodhya（「所覺」）。

51 菩提分，即三十七菩提分，又名三十七道品，為具體行持法門，故稱之為覺法（菩提道）之相。

52 釋論此節，初謂如來藏（真如雜垢）；次謂證悟（覺；即真如離垢）；三謂所修之道（指三十七菩提分，表佛功德）；四謂教化有情之行（表佛事業）。如是與23及24頌關合。如來藏為生三寶因，餘三者為緣。此四者亦見於《無上依經》（說為：如來界、菩提、如來功德、如來事業）。本論於下來分四品，說如來藏、菩提、功德、事業，即據此四者而說。

第四金剛句：如來藏

（一） 總說

【釋論】❶下來說雜垢真如，謂一切有情皆具如來藏（sarvasattvās tathāgatagarbhāḥ），然則此何義耶？偈（śloka）言——

27 佛智入諸有情聚[53] 以無垢性故無二
佛種姓上現其果[54] 有情故具如來藏

28 佛法身周遍 真如無分別
具佛性有情 說有如來藏

世尊說一切有情皆具如來藏，略說有三義：一者，如來法身周遍一切有情義（tathāgatadharmakāya-parispharaṇārtha）；二者，如來如如無有差別義（tathāgatatathatāvyatirekārtha）；三者，有情皆具如來種姓義（tathāgatagotrasambhavārtha）。下來將依《如來藏經》（*Tathāgatagarbha-sūtra*）[55]廣說此三句

53 rāsi，聚，漢譯為「界」（「一切眾生界」）。

54 此言，依無垢性，乃於佛性（佛種姓）現其果，即謂現其果為佛性，此佛性即說名為如來藏。

55《如來藏經》(*Tathāgatagarbha-sūtra*)，具名《大方等如來藏經》，一卷，東晉佛陀跋陀羅譯。異譯有《大方等如來藏經》，一卷，唐不空三藏譯。不空本較佳，此或為所據梵本不同之故。由此可見梵本傳播的發展情況，傾向於詳細說明義理。
如不空本云：「以佛自己智慧光明眼，見一切有情欲瞋癡貪無明煩惱，彼善男子善女人，為於煩惱之所淩沒，於胎藏中有俱胝百千諸佛悉皆如我。如來智眼觀察彼等有佛法體，結跏趺坐寂然不動搖。……」而佛陀跋陀羅本則云：「我以佛眼觀一切眾生，貪欲恚癡諸煩惱中，有如來智如來眼如來身，結跏趺坐儼然不動。……」二者比較即知優劣。

義。於此之前，則先立餘〔十〕義。〔此十義〕於〔其他〕經典中，皆無有差別。下來即說明〔此十義〕[56]——

(二) 別說

一・如來藏十義

攝頌（uddāna）言——

29　自性因果以及用　相應行相與差別
　　遍處不變及無二　說勝義性十種義[57]

【釋論】此偈言如來藏有十義，此為安立如來性（tathāgatadhātu）勝義真實智境界❷，此為第一義實智界。云何為十？一、自性（svabhāva）；二、因（hetu）；三、果（phala）；四、用（karman）；五、相應（yoga）；六、行相（vṛtti）；七、分位差別（avasthāprabheda）；八、遍一切處（sarvatraga）；九、不變異（avikāra）；十、無差別（asaṃbheda）。

(i) 自性

(ii) 因

【釋論】今先說「**自性**」與「**因**」兩種義理。論偈言——

56 此段梵漢藏本結構互異，參校勘記❶。

57 勝義性，paramārtha-dhātu，直譯則為「勝義界」。此指如來藏，故藏譯即如是譯，今依梵本（唯譯「界」為「性」以符體例）。arthasaṃdhi 相關義，今簡譯為「義」。

30 如寶如空如淨水　自性恆常不污染
由信法及由般若　由三昧及大悲生

【釋論】此初半偈示現何義？偈言——

31 如摩尼寶力　如虛空不變
如水之普澤　功德類相似[58]

此三種〔義〕，上來已說[59]，次第依其自相及共相而言[60]，說如來性與如意寶珠〔相似〕、與虛空〔相似〕、與水相似。

以如來法身自性具力（prabhāvasvabhāva），能滿一切願，故於別相而言，說與如意寶珠相似；以真如自性無變異（ananyathābhāva），故於別相而言，以其不變異性，說與虛空相似；以如來性之普施潤澤（snigdhabhāva）、大悲利益諸有情之自性，故於別相而言，說與水相似。復次，依共相言，以其本性清淨（prakṛtipariśuddhi），常恆無染，故依相似喻說為如意寶珠、虛空、水。

此後半偈示現何義？偈言——

58 此頌意譯，原無「如寶」、「如虛空」、「如水」。
59 見偈頌 27、28 及其釋論。
60 此處自相 (svalakṣaṇa) 及共相 (sāmānyalakṣaṇa)，乃瑜伽行派常用名相，指法身之特性及其共性。

32 謗法及我見[61] 怖畏世間苦
捨離諸有情 如是四種障

33 闡提與外道 聲聞及緣覺
以信等四法 作為清淨因

略言之，世間有情具三種差別 —— 一者執着世間法（bhavābhilāṣin）；二者求離世間法（vibhavābhilāṣin）；三者不執世間亦不求捨離世間（tadubhayānabhilāsin）。

執着世法者復有二種〔差別〕—— 一者謗解脫道，無涅槃種姓而常求住世間，不求證涅槃。二者以謗大乘（aparinirvāṇagotraka）故，雖入〔佛〕法（ihadhārmika）而仍墮如前者。對於彼等，世尊如是言[62] ❸ ——

> 舍利弗，若有比丘、比丘尼、優婆塞、優婆夷，若起一見、若起二見，諸佛如來非彼世尊，如是等人非我弟子。舍利弗，此人以起二見因緣故，從冥入冥、從闇入闇，我說是等名一闡提。

求遠離世法者亦有二種〔差別〕—— 一者無求道方便（anupāyapatita）；二者有求道方便（upāyapatita）。

無求道方便者，復有三類[63] ❹：一者謂外（itobāhya），

61「謗法」依漢譯，梵 pragitha，意為憎厭，故應譯為「憎法」，此隨順習慣，故仍用「謗法」。

62 見《不增不減經》。文中見「二見」，即指「眾生增」與「眾生減」兩種邪見。任起其一，即謂「起一見」。此中謗涅槃求住世間，即眾生增見；惡大乘法但求自解脫，即眾生減見。

63 漢譯作二類：即外道與內道，此見於世親《佛性論》，於第二類中更分為二，即成三類。今從梵本說為三類，唯仍須知漢譯用意。

即種種外道（anyatīrthya），如欲樂師 (Caraka)、婆羅門乞者 (Parivrājaka)、離繫子 (Nirgranthiputra) 及餘〔種種外道〕等；二者、三者謂內，而於佛法中行同外道，雖信佛法而顛倒取。彼何者是？前者謂見身中有我（pudgaladṛṣṭi），不信勝義諦，〔如犢子部[64]〕，佛說彼人不信空性，無異外道。後者復有執着空見，計唯空無實，而自憍慢謂入空解脫門。以執空為有而陷邪見，為彼人故，世尊〔於《大寶積經》（*Mahāratnakūṭasūtra*）中〕言[65]——

> **迦葉，寧見計我如須彌山，而不用見憍慢眾生計空為有。迦葉，一切邪見解空得離，若見空為有，彼不可化令離世間。**

若有求道方便者，亦有二種〔差別〕。一者聲聞乘〔，畏世間苦〕；二者緣覺乘〔，捨離眾生〕。皆唯執定法而行❺。

不執着於世間亦不捨離世間但求自覺者，謂深信大乘法且具足善巧方便之有情，所謂第一利根諸菩薩摩訶薩，以諸菩薩不求世法如一闡提（icchantika），又不同無方便求道種種外道，亦不同有方便求道之聲聞辟支佛等，何以故？以諸菩薩見輪迴涅槃法平等故；以無住涅槃（apratiṣṭhitanirvāṇa）故；以行世法而世法不能染故；彼圓滿清淨，植根於大悲及深願（adhyāśaya）。

---

64 依漢譯補入。

65《大寶積經》(*Mahāratnākūṭa-sūtra*)，唐菩提流志等譯（收有後秦鳩摩羅什等古譯），一二0卷。收《大正藏》第十一冊。論中引文則見《摩訶迦葉會》，為元魏時月婆首羅譯。或另輯出，稱《摩訶迦葉經》，二卷。

彼執世間一闡提人，及雖入佛法中而同一闡提位者，名為「邪見聚有情」（mithyātvaniyataḥ sattvarāśīḥ）；彼求離輪迴而無方便求道者，名為「不定聚有情」（aniyataḥ sattvarāśiḥ）；求離輪廻而有方便求道〔之聲聞辟支佛〕，及不求彼二，具平等智〔之菩薩摩訶薩〕，名為「正見聚有情」（samyaktvaniyataḥ sattvarāśiḥ）。

除無障礙見大乘有情外，餘有〔四種〕有情：一者、一闡提；二者、外道；三者、聲聞眾；四者、辟支佛眾。彼〔四種〕有情有四種障，故不能了知、不能現證如來藏。云何為四種障？——

1• 謗大乘法一闡提障〔，謂於世法執有〕。對治之道，須修行菩薩所信大乘法（mahāyānadharmādhimukti）。

2• 横計諸法有我諸外道障。對治之道，須修行菩薩〔所修〕般若波羅蜜多（parajñāpāramitā）。

3• 怖畏世間諸苦聲聞人障。對治之道，須修行菩薩之虛空藏（Gaganagañja）等諸三昧（samādhi）[66]。

4• 背捨利益一切有情捨大悲心辟支佛障。對治之道，須修行菩薩之大悲（mahākaruṇā）。

如是四種障，障四種有情。為對治彼四種障，諸菩薩修行信等四種大乘對治法，得無上清淨法身，通達究竟。

66 漢譯作「修行虛空藏首楞嚴等諸三昧」。梵藏本皆無「首楞嚴」。虛空藏(Gaganagañja)三昧，即謂修福智二藏無邊等如虛空之止觀。首楞嚴三昧(śūraṅgama samādhi) 唯十地菩薩能修，又稱為「勇伏定」。若僅對治聲聞之怖畏世間苦，實不必首楞嚴三昧，修虛空藏三昧即足。

以依此四種法能得四種清淨因，於如來家成法王子。此如偈言[67]——

34　大乘信為子　般若以為母
　　禪胎大悲乳　諸佛如實子

(iii)　果

(iv)　用

【釋論】下來一偈復說「**果**」及「**力用**」〔二種義理〕——

35　淨我樂常等　　德波羅蜜果
　　其用為厭苦　　願成就寂靜

【釋論】先言清淨果，謂有四德。偈言[68]——

36　四種功德果　於佛法身具
　　其於四顛倒　實為對治法

此中所說「信」等四法，為佛性之清淨因。於如來法身中具四種功德波羅蜜多（guṇa-pāramitā），即為〔清淨〕果。〔四種德〕別別對治四種顛倒法。

---

67 此偈引自《大乘莊嚴經論》(*Mahāyānasūtrālaṃkāra*)，無著論師造，唐•波羅頗蜜多譯，十三卷，收《大正藏》第三十一冊。藏傳為彌勒菩薩造。

68 此偈依藏譯意譯，以梵本難解故。若譯為長行，則可意譯為 —— 由於對法身（指如來藏）顛倒，故有四法（指無常、苦、無我、不淨），對此四顛倒作對治，即成（如來藏）四德果（指常、樂、我、淨）。

於色等無常法起常想；於唯是苦受起樂想；於無我起我想；於世間不淨起淨想，是即名為四顛倒（viparyāsa）。於此相違者，應知為四非顛倒（aviparyāsa）。何等為四？是即無常想、苦想、無我想、不淨想等，如是認知色等世間法，如是等別別對治四種顛倒。

然如是〔四種〕對治常等顛倒之法，依如來法身四種德而言，應知則復是顛倒。如來法身所具四種功德波羅蜜多為常波羅蜜多（nitya- pāramita）、樂波羅蜜多（sukha-pāramita）、我波羅蜜多（śutma-pāramita）、淨波羅蜜多（śubha-pāramita）四者，此具如〔《勝鬘經》❻中〕所言——

> 世尊，顛倒有情於五取蘊，無常常想、苦為樂想、無我我想、不淨淨想。聲聞獨覺所有淨智，於如來境及佛法身所未曾見。或有眾生信如來故，於如來所，起於常想、樂想、我想及於淨想，非顛倒見即是正見。何以故？如來法身是常波羅蜜、樂波羅蜜、我波羅蜜、淨波羅蜜。世尊，若諸有情作如是見，是名正見。若正見者名真佛子。從佛口生，從正法生，從法化生，得佛法分。

此佛法身四種功德波羅蜜多，從因向果次第而說，應知其次第為淨我樂常[69]。

〔一者，〕嫌惡大乘教法之一闡提，心樂著於取世間

69 梵本但言「其次第相反」（pratiroma-krama），即謂與「常樂我淨」相反。漢譯則直指出為「淨我樂常」，今從之。

法，故具不淨障。此障對治，應知菩薩修習信樂大乘法，故證淨波羅蜜多果。

〔二者，〕諸外道於五蘊中見有我（ātma），故具我障。此障對治，應知諸菩薩修般若波羅蜜多，故證我波羅蜜多果。

一切外道執着色等以為有我，然實無自性（atatsvabhāva），我之種種性相實皆虛妄。故如來以如實智〔作如實說〕，知一切法無我而證究竟。〔如來〕證見無我，故說有我時與無我之性相實無相違，因〔如來〕以無我名為有我故（nairātmyam-evātēi-kṛtvā）。是故經言 ——無所住而住。〔偈言❼——

如清淨真空　得第一無我

諸佛得淨體　是名得大身[70]

此偈何義？

以如來得勝義清淨真如法身，彼即諸佛如來真實我。以得自在體[71]，以得勝義清淨身故。依於此義，諸佛如來無漏界中得勝義最自在我。又依如是義，故如來法身不名為有，以無我相無法相故。如來法身亦不名為無，以唯有

70 此偈未知出處。偈義言，以空義清淨一切執着，故名無我。然佛得清淨性（不應說為「淨體」），此法爾周遍之性，即可說為我。
高崎直道指出，《佛性論》有一偈與此偈同義。偈言
二空已清淨　得無我勝我
佛得淨性故　無我轉成我

71 離我與無我二邊，故名自在體（自在境界），亦名勝義我（我波羅蜜 ātma-pāramitā）。故此處說之為「我」，實為離二邊之境界，此境界唯佛能知，不可言說，但名之為「自在」。

彼真如我體，是故不得言無法身。依此義故，諸外道問佛死後為有身耶、為無身耶？佛唯不記不答。〕

〔三者，〕諸聲聞人畏世間苦，唯求於苦寂息，為對治故，應知諸菩薩修虛空藏三昧等，故證得世間出世間樂波羅蜜多。

〔四者，〕辟支佛人棄捨利益一切有情，樂住寂靜（asaṃsargavihāra），為對治故，應知諸菩薩修行大悲，由是圓滿清淨為有情作事業，無有休止，故證得常波羅蜜多。

如是，菩提薩埵依信解、般若、三昧〔定〕、大悲四法修行，即分別得如來法身四種功德波羅蜜多，名淨、我、樂、常。

依此四種〔法身功德〕，故說如來為最勝法界、究竟如虛空、且盡未來際❽。

以信解入無上大乘教法，證佛圓滿清淨究竟真實，此為勝義，故說為成就最勝法界。

修行般若波羅蜜多，究竟自證如虛空〔廣大〕之情器世間不實無我；復以修行虛空藏等三昧，得無上力用，知周遍一切法〔皆如虛空〕。以此之故，是名究竟如虛空。

修行大悲，於一切眾生得〔平等〕慈悲心，而無時限。以此之故，是名盡未來際。

阿羅漢、辟支佛眾，以及具〔十〕力之菩薩眾，雖住於無漏界中，然欲證如來法身四種功德波羅蜜多，則仍具四種障（paripantha）。其名為：緣性相（pratyaya-lakṣaṇa）、因性相（hetu-lakṣaṇa）；生性相（saṃbhava-lakṣaṇa）、壞性相（vibhava-lakṣaṇa）。

「緣性相」者，謂於無明住地（avidyāvāsabhūmi），依無明作諸行（saṃskārāḥ）。[72]

「因性相」者，謂以無明住地為緣，依無漏業（anāsravam karma）作諸行。

「生性相」者，謂以無漏業為因、以無明住地為緣，生起三種意生身（manomayātmabhāva）[73]。此即如以有漏業（sāsrava karma）為因，以四種執取為緣，生起三有（bhava）。

「壞性相」者，謂以三種意生身之生起為緣，故有不可思議生死（acintyā pāriṇāmikī cyuti）[74]。此即如有情之依生（jāti）緣故有老死（jarāmaraṇa）。

一切隨煩惱（upakleśa）皆依無明住地以為根本，聲聞、辟支佛及具自在力菩薩眾，未能除去煩惱污垢之習氣

72 此即謂如十二因緣之「無明緣行」。

73 依別別無明習氣，生起聲聞、辟支佛、具十力菩薩三種相應之意生身。意生身者，謂非由精血所化，僅由意生之身。中有狀態則為有情意生身。下說謂取四緣，即四種取：欲、邪見、戒禁取、我。

74 聲聞、辟支佛及八地以上具力菩薩，以無漏業力為因，以無明習氣(avidyā-vāsanā)為緣，招感為三界外殊勝細妙果報身，稱為不思議變易身。以此身每由願力所成，故又稱意生身。以其猶如變化而成，故又稱變化身。其身雖無壽限，唯仍隨念念相續而變易，故仍名之為變易生死。

（vāsanā），以此之故，未得淨波羅蜜多。

又以依彼無明住地為緣，仍衍化微細相戲論身，是故未得究竟我波羅蜜多。

復於無明住地，彼依無明住地為緣衍生之微細相戲論，引生無漏業，遂有意所成之諸蘊生起。以此之故，未得究竟樂波羅蜜多。

若不能永斷煩惱（kleśa）、業力（karma）、生（janma）等雜染（saṃkleśa），則不能證得如來性（tathāgatadhātu），即不能遠離不可思議變易生死。以此之故，未能得不變異究竟常波羅蜜多。於此，無明住地相當於煩惱雜染；無漏業之現行相當於業雜染；三種意生身之生起相當於不可思議變易生死雜染。

此如〔《勝鬘經》中〕廣說❾——

> 世尊，又如取緣有漏業因而生三有，如是無明住地緣無漏業因，生阿羅漢、辟支佛、大力菩薩三種意生身。此三地彼三種意生身生，及無漏業生，依無明住地，有緣非無緣。

以此應知阿羅漢、辟支佛、具力菩薩三種意生身無淨、我、樂、常等功德波羅蜜多，如《經》❿所言，唯如來法身始是常波羅蜜多、樂波羅蜜多、我波羅蜜多、淨波羅蜜多。

〔如偈言〕[75] ⓫ ——

37　本來清淨〔佛法身〕　遠離〔煩惱之〕習氣
　　寂靜故證最勝我　　　滅我無我二戲論

38　於彼意蘊及其因　　　悉根除故而得樂
　　輪迴涅槃平等性　　　如是證境是為常

偈言如來法身依二義說淨波羅蜜多 —— 一者共相，謂其本來自性清淨；二者別相，謂其離垢清淨。

復依二義說我波羅蜜多 —— 一者捨離外道邊〔見〕，以離虛妄常我戲論故；二者不落聲聞邊〔見〕，以離無我戲論故。

更依二義說樂波羅蜜多 —— 一者離一切苦與集，永除〔煩惱〕習氣相續；二者證一切種苦滅，即意生〔諸〕蘊亦不起。

又依二義說常波羅蜜多 —— 一者既不落斷邊，以不損減無常之輪迴故；二者亦不落常邊，以其於恆常之涅槃無增益故。此如〔《勝鬘經》〕言⓬ ——

> 見諸行無常，是斷見、非正見；見涅槃常，是常見、非正見。〔妄想見故〕不起真實見。

蓋依最勝義理法門，生死即是涅槃（saṃsāra eva

75　漢譯無此二偈。今依梵本譯。參校勘記第四金剛句⓫。

nirvāṇam），於此二者不作分別（ubhayathāvikalpana），以〔聖者〕現證無住涅槃（apratiṣṭhitanirvāṇa）故[76]。復次，以二義故彼於一切有情不即亦不離。是故於此僅就如何現證無住涅槃而作說明。云何為此二義？菩薩無分別而不即一切有情，以由般若斷除愛欲隨眠（tṛiṣnānuśaya）故；以大悲故，亦不捨離有情。如是證無上正等正覺，以無住涅槃為其自性。菩薩以般若斷除愛欲隨眠，作自利故而求涅槃，不住無般涅槃種姓（aparinirvāṇagotraka）之世間法；復以大悲故，不捨受苦有情而於世法中作事業，是故為利他而不住涅槃，非唯求一向趣寂種姓（śamaikayānagotra）⓭。

如是菩薩兩種功德，即說為無上菩提根基。偈言⓮——

39　由般若故離世法　　由悲憫故離寂滅
　　智悲雙運即菩提　　不捨於迷不捨覺[77]

於〔上來〕已說「**力用**」義[78]，其後半偈所明何義？〔偈言〕——

40　若然無佛性　　則不厭諸苦
　　既不希涅槃　　亦不欲不願

---

76 無住涅槃（apratiṣṭhitanirvāṇa），即不住生死，亦不住涅槃之涅槃。菩薩以般若故不住生死；以大悲故不住涅槃。

77 梵 saṃvṛti，指世俗蓋障；nirvṛti 指無蓋障，今意譯為「迷」與「覺」。

78 指第35後半偈，即「其用為厭苦，願成就寂靜」兩句。蓋以上已說上半偈明如來藏果，由本段起，説下半偈明如來藏力用。

此如〔《勝鬘經》〕言⓯——

世尊，若無如來藏者，不得厭苦，樂求涅槃。

要言之，佛性清淨種姓（buddhadhātu-viśuddhigotra）於不定聚有情作二種事業之基：一者依於見輪迴苦之過失為基，故心生嫌惡〔，欲離世間中一切苦惱〕；〔二者〕依於見涅槃樂之利益（anuśaṃ sa）為基，故生希（chanda）、欲（icchā）、求（prārthanā）、願（praṇidhāna）〔涅槃心〕。希者，具意欲（abhilāṣa）故⓰；欲者，一心趨向（abhilaṣitārtha），求圓滿所欲事（asaṃkoca）故；求者，求〔種種〕方便以得所欲事故；願者，心起現行（cetanā），圓滿意欲（cittabhisaṃskāra）故。〔是故偈言〕——

41　**輪迴苦及涅槃樂　見其過患及利益**
都緣具有佛種姓　若無種姓〔心不起〕

有情具足善根求（śuklāṃśa）、，故見輪迴苦及其過患，見涅槃樂及其利益。此〔善根〕唯〔如來〕種姓始具，故此見非離因緣而有。若無因緣、無種姓、不斷諸惡〔而能生如是者〕，則一闡提等無涅槃性者亦應具此〔見〕。故若無清淨客塵垢染〔佛〕性且於三乘中對任一乘具信，與四善法（catuḥśukla）和合（samavadhāna），且親近善知識者，則此見不生。

然如〔《華嚴經‧性起品》(*Avataṃsaka-Tathāgatotpatti-saṃbhava-parivarta*)〕[79]⓱言——

> 次有乃至邪見聚等眾生身中，皆有如來日輪光照，
> 作彼眾生利益，作未來善根，增長諸白法故。

〔於《大涅槃經》[80]⓲等諸經〕亦言，一闡提畢竟無涅槃性（icchantiko 'tyantam aparinirvāṇadharmā)。〔其義云何？〕實無非欲迴轉彼等嫌惡大乘教法之一闡提而作是言。以其嫌惡大乘教法實為彼成為一闡提之因，故有時限(kālāntarābhiprāyeṇa)。然〔佛〕種姓本性清淨，故實無有具畢竟不淨性〔之有情〕。世尊見一切有情無有差別，皆能成就清淨，故言⓳——

> 〔世法〕無始而有終　勝義性常且清淨
> 無始時來污垢障　　致不見性如埋金

(v) 相應

【釋論】於「**相應**」(yoga) 義，有一論偈云——

79《華嚴經》，具名《大方廣佛雜華莊嚴經》(*Buddhāvataṃsaka-mahāvaipulya-sūtra*)，係釋尊成道後第二十七日，於菩提樹下為文殊、普賢等菩薩所宣之內自證法門。有《六十華嚴》六十卷，東晉佛陀跋陀羅譯，收《大正藏》第九冊；《八十華嚴》八十卷，唐實叉難陀譯，及《四十華嚴》四十卷，唐般若譯，均收《大正藏》第十冊。此處依漢譯引，未據《六十華嚴》。又高崎直道據 E. Obermiller 說，謂《智光莊嚴經》有更與引文相似之經文。由是漢譯所說或有誤。

80《大涅槃經》(*Mahāparinirvāṇa-sūtra*)，四十卷，北涼曇無讖譯，收《大正藏》第十二冊。

42 無量功德寶　　無盡藏大海
復如燈明色　　自性不可分

【釋論】此初半偈示何義耶？偈言——

43 以此寶性具法身　　復具智慧及大悲
如藏如寶如海水　　故說種性如大海

說如來性相應義，即謂其與〔圓滿清淨之〕因具足（hetu-samanvāgama）相應，故依三義而說其與大海有三種相似。然則何等為此三義？一者、法身清淨因（dharmakāyaviśuddhihetu）、二者、佛智成就因（buddhajñāna- samudāgamahetu）、三者、如來大悲生起因（tathāgatamahākaruṇā- vṛttihetu）。

「法身清淨因」者，以修習信解大乘教法故；「佛智成就因」者，以修習般若及三昧〔定〕故；「如來大悲生起因」者，以修習菩薩大悲心故。

修習信解大乘教法，相似容器（bhājana），以如寶般若、三昧及無量無盡如水大悲，皆為所藏；修習般若及三昧，相似〔如意〕寶珠，以其修習具無分別不可思議力用故；菩薩大悲修習，與水相似，以其於一切世間以〔平等〕一味性相而作最勝潤澤故。

如是此三種法與三因和合（saṃbaddha），故謂〔如來藏與清淨因〕相應（yoga）。

此後半偈又示現何義耶？偈言——

44 神通智無垢　於無垢依中[81]
不離於真如　似燈焰熱色

此云相應，乃指如來性（=如來藏，下同）與其〔清淨〕果相應。果之三法別別喻之為與燈相似。然則何謂三法？一者神通（abhijñā）；二者無漏智（āsravakṣayajñāna）；三者漏盡（āsravakṣaya）。

五種「神通」說如燈之焰，以其於滅暗中現前[82]，與對境之識覺相違。「無漏智」說如熱，以其現前盡焚業力及煩惱如燒油；「漏盡」為轉依，可比為〔燈之〕色，以其具無垢（vimala）、清淨（viśuddha）、光明（prabhāsvara）故。無垢者，以除煩惱障故；清淨者，以除所知障故；光明者，以二〔障〕為客塵故。

如是，上來次第所說五通、無漏智及漏盡等七者，皆於無漏界中不離不異，與法界相融（samanvāgama），為無學身所具，此即說為相應。

於此相應義，復依經中[83]燈喻詳說——

舍利弗，如世間燈所有明色及觸不離不脫。又如

81 無垢依，梵 vimalāśraya，漢譯為「無垢界」，意為「無垢」境界，即指法身、如來藏。

82 pratyupasthāna，此處指能令事物本質現前。漢譯為「能」（能治）。

83 此段出《不增不減經》。

摩尼寶所有明色形相不離不脫。舍利弗，如來所說法身之相亦復如是，過於恆沙不離不脫不斷不異，不思議佛法如來功德智慧。

(vi) 行相

【釋論】以次，有一偈頌說〔如來藏〕「**行相**」（vṛtti）義——

45 凡夫聖者佛　　不離於真如
如實見者言　　都具如來藏

【釋論】此偈示現何義？偈言——

46 凡夫顛倒行　見實者異彼
如來如實證　無謬離戲論

依《般若波羅蜜》多所教無分別智法門，〔佛為〕諸菩薩說圓滿清淨一切法真如共相，即名為如來藏。於此共相，須知三種行相差別：凡夫未能見真實；聖者已見真實；如來成就究竟清淨。由是即有三種相應行相：取顛倒（viparyasta）、離顛倒（aviparyasta）、離戲論之正等離顛倒（samyag-aviparyastā niṣprapañca）。

「**取顛倒**」者，謂凡夫種種想（samjñā）、心（citta）及〔妄〕見（dṛṣṭi）等顛倒；「**離顛倒**」者，謂聖者與彼

〔凡夫〕相異，遠離虛妄；「**離戲論正等離顛倒**」者，謂諸佛如來永斷煩惱習氣，離煩惱、所知二障。[84]

(vii) 分位差別

【釋論】依行相義，下來廣說〔如來藏〕餘四種義[85]。今先以一偈說其依三種行者，而有三種「**分位差別**」。

47　不淨與染淨　　及圓滿清淨
　　次第相應者　　凡夫菩薩佛

【釋論】此偈示現何義？偈言——

48　如來藏具足　自性等六義
　　依三種境界　立三種名字

世尊依種種法門（nānādharmaparyāyamukheṣu）廣說無漏界（anāsrava-dhātu），總說為六種義理，即自性、因、果、力用、相應、行相等。此皆可依三種境界，立三種名字——一者，境界不淨（aśuddha）者名為有情界（sattvadhātu）；二者，境界有淨及不淨（aśuddhasuddha）者名為菩提薩埵（bodhisattva）；三者，境界圓滿清淨（suviśuddha）者名為如來（tathāgata）。如世尊〔於《不增不減經》〕言⑳——

84 三種分別行相，謂凡夫非真實見、聖者真實見、如來證究竟清淨；藏本則作：凡夫污染、聖者有染有不染、如來究竟清淨。

85 即如來藏十義中之後四義——分位差別；遍一切處性；不變性；無二。

舍利弗，即此法身過於恆沙無邊煩惱所纏，從無始世來隨順世間，波浪漂流往來生死，名為眾生。

舍利弗，即此法身厭離世間生死苦惱，棄捨一切諸有欲求，行十波羅蜜，攝八萬四千法門，修菩提行，名為菩薩。

復次舍利弗，即此法身離一切世間煩惱使纏，過一切苦，離一切煩惱垢，得淨、得清淨，住於彼岸清淨法中，到一切眾生所願之地，於一切境界中，究竟通達更無勝者，離一切障、離一切礙，於一切法中得自在力，名為如來應正遍知。

(viii) 遍一切處性

【釋論】下來依如來性三種境界〔差別〕，說其「**遍一切處性**」(sarvatragata)。於此義，有一論偈言——

49　如空遍一切　　具無分別性
　　心本無垢性[86]　　亦遍無分別

【釋論】此偈示現何義？偈言——

50　遍一切處法共相　　過失功德及究竟
　　恰如虛空中色法　　有劣有中有最勝

86 cittaprakṛti 義為心之本性。故 cittaprakṛti-vaimalyadhātu，即心本性之無垢性，漢意譯為「自性無垢心」。

所有凡夫、聖者，及諸佛如來共相，為無分別之心本性（avikalpa cittaprakṛti）。依三種境界，則可分別說為具過失、具功德，及究竟圓滿，此如瓦、銅、金三種器中，其虛空遍入一切，所至恆時平等而無差別。

以是義故，〔上引《不增不減經》〕緊接說〔有三種不同境界〕㉑

> 舍利弗，不離眾生界有法身；不離法身有眾生界。眾生界即法身，法身即眾生界。舍利弗，此二法者，義一名異故。

(ix) 不變異

【釋論】〔如來藏〕於三境界中遍一切處，且無論其為雜染為清淨，皆「**不變異**」。下來十四〔根本論〕偈即說明此義。今以下偈，先說此〔十四論偈〕之要義——

51 過失似客塵　本性應功德
本初及後際　法性不變異

論中分別以十二偈說不淨境界，以一偈說有淨有不淨境界[87]。〔此二境界〕具由根本煩惱與隨煩惱等客〔塵〕為因之過失；於第十四偈中說圓滿清淨境界，為諸佛法性[88]，

87 此句意譯。依梵直譯，則為：「不淨境界及有淨有不淨境界分別由十二偈及一偈說」。　至於偈頌數目，參較勘㉒。

88 buddha-dharma，直譯為「佛法」，舊譯即如是。然此中 dharma 一詞，應即指釋偈中之「本性」（prakṛti）及法性（dharmatā），故今姑譯為「法性」。

不可思議，過於恒河沙不異不離異於智[89]。前〔二〕者與後者其如來性不變如虛空界。

今依不淨位說其不變異之義，共十二偈。〔論偈云〕㉒

——

52 如虛空遍至　　微妙性不染
〔佛性〕遍眾生　〔諸煩惱〕不染 (1)

53 如於虛空中　　世法有生滅
依於無為界[90]　有諸根生滅 (2)

54 劫火不能燒　　壞此虛空界
老病死諸火　　〔佛性〕燒不壞 (3)

55 地界依水住　　水復依於風
風依於虛空　　空不依地等[91] (4)

56 蘊界及諸根　　依煩惱與業
諸煩惱與業　　依非理作意[92] (5)

89 梵作 amuktajña，高崎認為此乃 avinirmuktajñana 之略寫，是即「不相離智」。　漢澤則作「不離脫思議，佛自性功德」，是則謂佛法性所不離不異者，為「功德」。

90 asaṃskṛta-dhātu，藏譯 'dus ma byas dbyings，與梵本同義，漢譯為「無漏界」，乃屬意譯，唯其義更易明曉。

91 梵文原頌後半偈謂「虛空不依地〔界〕、水〔界〕、風界而住」(apratiṣṭhitam ākāśṃ vāyv-ambu-kṣiti-dhātuṣu)，字數限制未有譯出。

92 ayonimanaskāra，非如理作意。

57 彼非理作意　　依心清淨性
然此心本性　　不住彼諸法　(6)

58 諸蘊處界等　　知彼如地界
諸煩惱及業　　知彼如水界　(7)

59 非如理作意　　知彼如風界
〔心〕性如空界　無依無所住　(8)

60 彼非理作意　　依於心本性
非理作意力　　煩惱諸業生　(9)

61 煩惱業力水　　生起蘊處界
現其生與滅　　如〔世界〕成壞　(10)

62 心性如空界　　無因亦無緣
復無和合相　　無有生住滅　(11)

63 心本性如空　　明輝無變異
虛妄分別生　　貪等客塵垢　(12)

上來偈頌以虛空為喻，其所說如來性之無變異，今更以偈頌重申此義㉓[93]——

93 漢譯共三偈，與藏譯本及今傳梵本不同。偈頌云：「不正思維風，諸業煩惱水，自性心虛空，不為彼二生。」「自性清淨心，其相如虛空，邪念思維風，所不能散壞。」「諸業煩惱水，所不能濕爛，老病死熾火，所不能燒然。」

64 煩惱業力水 彼不為所生
死病老諸火 彼不為所壞

〔五〕蘊、〔十八〕界、〔十二〕處之世間，依〔喻如〕水蘊（ap-skandha）之業煩惱而生起；而〔煩惱業力〕則由〔喻如〕風輪（vāta-maṇḍala）之非如理作意所生。然此世間之生起不能轉起（vivarta）〔喻如〕虛空界之心本性（citta-prakṛiti-vyoma-dhātu）。

同理，依〔喻如〕風輪之非如理作意及〔喻如〕水蘊之業、煩惱而成立蘊、界、處之世間，可為〔喻如〕火蘊之老病死所壞。然應知〔心本性〕卻不為〔老病死等〕所制約（asaṃvarta）。

如是，於不淨境中，諸煩惱、業、生等雜染，恰如器世間而有集有滅（samudaya-astaṃgama）；然無為之如來性（asaṃskṛitasya tathāgatadhātu）則如虛空界，不生不滅，說為畢竟不變異法性（avikāra-dharmatā）。

此說虛空界等喻之本性清淨法光明門（prakṛti-viśuddhimukha...dharmā-lokamukha），如〔《虛空藏》〕經中廣說[94]——

賢者（mārṣa），夫煩惱為黑暗，清淨則為光明；煩惱者力弱，正觀則具力；煩惱為客〔塵〕，本

94 漢譯謂所引經文，出《陀羅尼自在王經》，誤。實依《虛空藏經》引。《虛空藏經》(*Gaganagañjā-sūtra*) 有二譯。北涼曇無讖譯，收《大集經》，名《虛空藏品》；唐不空譯，名《大集大虛空藏菩薩所問經》，八卷。俱收《大正藏》第十三卷。

性（prakṛti）則為根本清淨；煩惱具妄想，本性則離妄想。

賢者，譬如大地依水為基，水依風為基，風依虛空為基，而虛空則無所依處。是故四大之中，虛空界比地、水、風界有力。此亦為堅固、不動、無集無散、無生無滅、任運而住。然〔地、水、風〕餘三界，則有生滅、不安定、且非長住（acirasthāyin）。此即謂此〔三界〕有變異，而虛空則決無任何變異。

同理，諸蘊處界依於業與煩惱；業與煩惱依非如理作意為基，而非如理作意則依清淨本性（prakṛti-pariśuddhi）為基。故云「心者，本性光明而為客塵煩惱所染」（prakṛtkiprabhāsvaraṃ cittamāgantukair upakleśair upakliśyate）。[95]

於此段經文後，續言——

所有非如理作意、業、煩惱、蘊、處、界等，一切皆是因緣和合故有，因緣若闕則滅，彼心本性無有因緣，亦無和合，亦不生滅。故〔心性〕如虛空性，非如理作意如風，業煩惱如水，蘊處界如地。故云一切諸法無有根本，非有真實不變之基，是故根本清淨，以無有根本故。

95 可比較《增支部》（*Aṅguttara-Nikāya*）的心本淨說 —— pabhassaram idaṃ bhikkhave cittaṃ tañ ca kho āgantukehi upakkilesehi upakkiliṭṭhan ti/ pabhassarm idaṃ bhikkhave cittaṃ tañ ca kho āgantukehi upakkilesehi vippamuttan ti//

已說於不淨境中，〔心〕本性猶如虛空界，以其不變異性相（avikāra-lakṣaṇa）故；依於〔心本性〕之非如理作意及業煩惱，分別猶如風界與水界，以其因性相（hetu-lakṣaṇa）故；由彼〔業、煩惱〕所生之蘊、界、處，猶如地界，以其果性相（vipāka-lakṣaṇa）故。然唯未說死、病、老之火以其為壞滅（vibhava）之因及具過患性相（upasarga-lakṣaṇa），而喻之為火界。以是之故，說偈言——

65　死病老三火　次第以相應
　　劫火地獄火　以及世間火

死病老之如火，應分別依三因了知。〔何者為三？一者死火〕能摧壞有情六根；〔二者病火〕令有情受種種苦；〔三者老火〕具成熟變壞之力。如來性縱於不淨位，亦不為死病老三火所變易。此義即如〔《勝鬘經》〕[96]云——

> 世尊，死生者此二法是如來藏。世間言說故有生有死，死者，謂諸根沒（uparodha）；生者，新諸根起，非如來藏有生死。如來藏者離有為相，如來藏常住不變。

96 漢譯此段，較《寶積經》譯及求那跋陀羅譯均佳，茲移錄以供參考：「世尊，生死者，依世諦故說有生死。世尊，死者諸根壞。世尊，生者新諸根起。世尊，而如來藏不生不死不老不變，何以故？世尊，如來藏者離有為相境界。世尊，如來藏者常恆清涼不變故。」

今依聖者有淨有不淨境界（aśudhaśudhāvasthā），有一偈[97]說〔如來藏〕不變異性——

66 菩薩已證心本性　遣除生老病死已
復以悲憫有情故　由是示現有生死 (13)

【釋論】此偈所言何義？〔釋偈言〕——

67 死病老等苦　菩薩永滅盡
生依業煩惱　諸菩薩無彼

今者，於不淨境界中，依於非如理作意及業煩惱而生起者，即猶燃起死、病、老苦等火之薪。然於淨不淨境界中，畢竟無有依於〔非如理作意等〕為因之顯現。於已證得意生身之菩薩，亦無有〔苦等〕諸火燃燒。

偈言——

68 以如實知見　故離生等〔苦〕
唯以大悲故　示生老病死

諸菩薩依善根結使（saṃyojana）之意樂，由心自在力生，依對有情之大悲力現於三界，故示現生老病死，而實無有生〔老病死〕諸法，以彼已如實見〔如來〕性（dhatū）

97 漢譯作二偈頌，今梵本及藏本實僅為一頌。此蓋漢譯本將67頌移於此處之故。

不生不滅故。

此菩薩境界，於經中已廣說[98]——

何者為住世間善根相應煩惱而令菩薩住於世間？所謂集諸善根無有厭足；以心願生，攝取世間諸〔法〕有；願見一切諸佛如來；為成熟諸有情故不厭離世間；為求圓滿正解妙法；於有情常作利益事業；常不捨離善念；於觀修波羅蜜多無有厭倦。以是之故，海慧，是名諸菩薩摩訶薩世間善根相應煩惱。依此煩惱，諸菩薩摩訶薩生於三界受種種苦，不為三界煩惱過患之所染污。

復言——

海慧菩薩白佛言：此諸善根，以何義故說名為煩惱？佛告海慧菩薩言：海慧，彼實如是：依此煩惱性，諸菩薩摩訶薩能生三界，以生三界因緣，名為煩惱故。菩薩以方便及善根力，一心願生三界，是故名為善根相應煩惱。故菩薩流轉三界之中，非以污染心為因緣。

海慧，譬如有長者家主唯有一子，甚愛甚念，見者歡喜。設若此子成長而能遊戲，墮在極深糞廁中。爾時彼母及諸眷屬見彼墮在大廁深坑糞中，

98 見《海意菩薩所問淨印法門經》(*Sāgarmati-paripṛcchā*)，宋唯淨等譯，十八卷。別譯有《大集經・海慧菩薩品》。均收《大正藏》第十三冊。本段引文，未依上譯，依本論漢譯，參梵本改譯。梵本未引經題，漢藏譯則有經題。下同。

唯歔欷悲泣啼哭，而不能入彼廁中而出其子。

爾時彼父來至彼處，見彼獨生子墮在深廁中，即疾救小兒出糞廁。其父此時曾無厭惡心。

海慧，為說深義故作此譬喻。何者為深義？海慧，彼深糞坑者名為三界；此獨子者名為有情，以諸菩薩視有情如獨生子故；彼母及其眷屬名為聲聞及辟支佛眾，彼等見有情墮入輪廻唯悲泣啼哭而不能拔彼諸有情；彼長者則名為菩薩，離諸煩惱，清淨無垢，以離垢心現證恆常無為，復自在現生三界，教化彼諸有情。海慧，是名菩薩摩訶薩大悲，畢竟遠離諸有，遠離諸縛而迴生於三界有中。以依方便般若力故，諸煩惱火不能焚燒，欲令諸有情眾遠離諸縛而為說法。

上來經文已依二義說諸菩薩於淨不淨境界中，具自在力生於三界：菩薩依其意樂為利他而生於世間，此具善根力與悲憫力，然同時彼亦具般若與方便力故，不為世間所染。

菩薩以如實知如來性不生不滅，故畢竟能證菩薩法性[99]。此義應詳依《海慧菩薩品》而知。經言[100]——

海慧，汝觀諸法無有實性（asāratā）、無作者性（akārakatā）、無我性、無人性、無眾生性、無壽

[99] bodhisattva-dharmatā，漢譯為「功德法體」。此處所謂「菩薩法性」，即指上述智悲二邊，故亦可說為「功德」。以其為菩薩之所當為。

[100] 以下依唯淨譯引（僅將「海意」改為「海慧」）。漢譯未引經第一段，梵本藏譯則引。

者性、無主宰性（asvāmikatā）。隨欲所生（viṭhapyante），生已聚集（viṭhapanā），無所了覺，亦無分別。海慧，若能解了此諸法生，即諸菩薩於諸法中無有少法而生懈倦。若得如是知見清淨，諸所作中亦無饒益無不饒益，即能如實了知諸法平等性已，常不棄捨大悲之鎧。

海慧，譬如世間琉璃珠寶，自體瑩潔淨無瑕翳，棄塵穢中經於千歲，過千歲已，取之治事，去其塵穢滌浣清淨，依然瑩潔離諸瑕翳。菩薩亦復如是，了知眾生心性本來清淨明澈潔白，但為客塵煩惱之所覆蔽。菩薩觀已，即作是念：眾生心性本來清淨，但為客塵煩惱之所覆蔽，而彼煩惱實無所住，眾生橫起虛妄分別（abhūtaparikalpa），我當為彼諸眾生類宣說斷除煩惱之法。起無懈心，於眾生所轉復增勝運心，普令皆得解脫。又復思維，此諸煩惱能壞眾生諸有力勢使令劣弱，此諸煩惱能令眾生於無實煩惱中虛妄分別，若能如實深固作意如理伺察者，彼即不為煩惱所動。如所伺察已，即彼煩惱不復和合。若與煩惱不和合者，斯即為善（異譯：以不生煩惱故生諸善法）。又復我今若與諸煩惱合，云何能為煩惱繫縛諸眾生等宣說斷念煩惱之法？故我今時不與諸煩惱合，應為煩惱繫縛眾生說斷除法。然我欲為化度眾生於輪迴中令諸善根相續不斷，亦復應當與煩惱合。云何名為於輪迴中與煩惱合相續善根？所謂勤求福行而無厭足。

菩薩作是思維已，於三有中故現受生(saṃsārapraban-dhaka)，願值諸佛，誓度眾生而無懈倦，護持正法，諸所施作勇進無退，常生法欲，永不棄捨波羅蜜多勝行。海慧，此即名為於輪迴中與煩惱合相續善根。

此中，〔菩薩之〕輪迴（saṃsara），謂於無漏界中三界相應映現（pratibimbaka）之三種意生身。彼因無漏善根所起（abhisaṃskṛta），故名為輪迴；同時，以離有漏諸業煩惱所起，故亦名涅槃。於此義理，〔《勝鬘經》〕言——

世尊，有有為世間（=輪迴），有無為世間；世尊，有有為涅槃，有無為涅槃。

以具有為（saṃskṛta）無為（asaṃskṛta）心心所法（citta-caitasika）故，說名為淨不淨境界。此境於菩薩第六現前地（abhimukhī），說彼修行無障礙（asanga）般若波羅蜜多而諸漏盡現前，然以大悲為救護一切有情界，故不現證漏盡。此中所說漏盡智（āsrava-kṣaya-jñāna），具見於〔《寶髻菩薩反詰經》中[101]，所說入〕城喻——

〔善男子，譬如有城縱廣正等，各有一由旬，多有諸門。路險黑暗甚可怖畏，有人入者，多受安樂。今有一人唯有一子，愛念甚重，遙聞彼城如

101《寶髻菩薩反詰經》(*Ratnacūḍa-paripṛcchā*)，收《大集經》第十一會（大正，卷十一，頁668上）；及《大寶積經》第四十七會（大正，卷十三，頁175下至176上）。　譯者原誤為《寶髻喻經》，蒙高崎直道先生指正，特致謝忱。本論梵藏本皆未引經文詳說此喻，唯漢譯添入，今據之。

是快樂，即便捨子欲往入城。是人方便得過險道，到彼城門，一足已入，一足未舉，即念其子，尋作是念：我唯一子，來時云何竟不與俱，誰能養護令離眾苦。即捨樂城還至子所。

善男子，菩薩摩訶薩亦復如是，為憐愍故修得五通，既修得已，垂得漏盡而不取證。何以故？愍眾生故捨漏盡乃至行於凡夫地中。

善男子，城者喻於大般涅槃；多諸門者，喻於八萬諸三昧門；路險難者，喻諸魔業；到城門者，喻於五通；一足入者，喻於智慧；一足未入者，喻諸菩薩未證解脫；言一子者，喻於五道一切眾生[102]；顧念子者，喻大悲心；還子所者，喻調眾生能得解脫，而不證者即是方便。善男子，菩薩摩訶薩大慈大悲不可思議。如是，善男子，菩薩摩訶薩大方便力、發大精進、起堅固心、修行禪定，得證五通。如是，菩薩依禪通業善，修心盡無漏滅盡定現前。如是，菩薩即得生於大悲之心，為救一切諸眾生故，現前無漏智通，而迴轉不取寂滅涅槃，以為教化諸眾生故，迴取世間，乃至示現凡夫人地。〕

〔於第四菩薩燄慧地中，為自利益，善起精進；為利益他，善取堅固心，漏盡現前；於第五菩薩難勝地中，依止五通，自利利他，善熟心行無漏滅盡定現前；〕㉔於第六

102 佛家初言「五道」眾生，後始將阿修羅道與天道分開，成為六道。

地，起無障礙般若（asaṅga-prajñā），漏盡現前，是故於〔第六〕菩薩現前地，得現證漏盡自在力，說名為清淨位。是〔菩薩〕如是自身正修行，以大悲故，亦欲救護諸邪行有情，納彼於正修行（samyakpratipatti）。以顧念輪廻現前之有情故，善巧諸〔救護〕方便，且不〔獨自〕體味寂滅樂而背向涅槃，雖住〔四〕禪，為欲成就菩提分，乃廻生欲界且願盡速饒益一切有情。〔由是，此地菩薩〕已得示現凡夫身之自在力，取畜生等種種異生，以是義故，乃說此為「不淨位」。

上來第66頌外別義，於下列諸偈頌中表明。偈云[103] ㉕——

69 佛子已了知　不變異法性
無明者所見　奇哉有生相　（一）

70 已證聖者位　仍見凡夫境
示有情如友　無上悲方便　（二）

71 超越諸世間　仍不離世間
於世間作業　不為世法染　（三）

72 如蓮水中生　不受〔污〕水染
〔佛子〕住世間　不受世法染　（四）

[103] 漢譯稱為「餘義」，未知此十頌是否為另一釋者所添入。參校勘記㉕。

73 智慧成事業 如火常熾燃
同時入三昧 行於寂靜境[104][105] （五）

74 以具願力故[106] 以離分別故
能成熟有情 而無須造作 （六）

75 菩薩如實知 調化與方便
色身示威儀 或施以教化[107] （七）

76 是於有情中 無盡若長天
聖者無礙智 任運利有情 （八）

77 既已得其行 菩薩佛平等
於種種世間 救度至彼岸 （九）

78 菩薩比於佛 微塵比大地
亦如牛蹄窪 比於大海水 （十）

上來十頌，〔初〕九頌者，〔比較〕低於初歡喜地之最雜染〔地〕；第十頌，則比較高於〔第十〕法雲地之最勝清淨地。[108]

---

104 此頌如依藏譯，後二句可譯為「寂靜中雙運（智悲），不思議境界」。

105 由 73 至 78 頌，高崎指出，見於 G. Tucci 所發現之龍樹《四讚集》（*Catuḥśubha*）甘露庫（Amṛtākara）釋論梵本。按，據此，或可證明此等偈頌流傳之廣。若有人將此等偈頌增入釋論中，亦有可能。

106 梵本第一句，可直譯為「依過去所習力」，與藏譯異。此蓋藏譯者將 āvedha（力）一詞，解讀為 āvedha-vaśa（願力）。今從藏譯。

107 藏譯意謂有二種色身，一為受用身、一為應化身，前者施教化（令有情入正道）；後者則示現行、住、坐、臥四威儀以作調化。

108 藏譯文意較清晰。此句意謂，初九頌，依雜染最甚之初發心菩薩作比較；第十頌，依最清淨地作比較。

要言之，十地中菩薩依雜染與清淨作比較，可說有四種菩薩 —— 初發心（prathamacittōtpādika）；已習行（caryāpratipanna）；不退轉（avaivartika）；一生補處（ekajātipratibaddha）。

初二頌說初登歡喜地菩薩之清淨功德性相，以其初證無始以來所未見之出世間法性故。

三四頌說已習行諸菩薩之清淨功德性相，行於〔第二〕離垢地至〔第七〕遠行地，以其所行為無垢染行。

第五頌說已登不退轉位菩薩之清淨功德性相，以其於〔第八〕不動地中安住於三昧，不斷其所行以期證大菩提。

第六至第八等三頌，說〔第十〕法雲地菩薩之清淨功德性相，以其已究竟成就無量方便自利利他，一生補處即能證得佛地無上最勝正等正覺。

第九、第十兩頌，〔分別〕說明究竟通達自利利他之菩薩與如來，其功德之無差別與差別。

今復依一偈說圓滿清淨位之不變異性。〔論偈言㉖〕——

79 不變性具無盡法　有情無盡皈依處
離分別故常無二　以非作故無有滅 (14)

【釋論】此偈云何？偈言 ——

80 不生及不死 不病亦不老
以常及且恆 寂靜無變異

81 縱於意生身 以常故不生
不思議生死 以恆故不死

82 寂靜故不病 無煩惱習氣
不變故不老 無無漏行故[109]

住佛地之如來性，其自本性（sva-prakṛti）畢竟無垢清淨光明，於過去際即為常，即意生身亦不取。於未來際，以恆故，即不思議變易生死亦無死。於過去、未來際皆寂靜，離無明住地，是故不病。離無漏業轉起果（anartha-apatita）故，以不變異性，不墮無義利故不老。

〔復有偈言〕——

83 二句復二句 各有二句釋
以知無為界 常等諸句義

無為界具常（nitya）、恆（dhruva堅固）、寂靜（śiva）、不變（śāśvata）四句義，每句本各以二句釋釋之，此具如經中所言㉗。偈言 ——

[109] 菩薩與佛示現，即「無漏行」，其不變易性，離無漏業果異熟。

舍利弗，如來法身常，以不異法故，以不盡法故；舍利弗，如來法身恆，以常可皈依故，以未來際平等故；舍利弗，如來法身清涼，以不二法故，以無分別法故；舍利弗，如來法身不變，以非滅故，以非作法故。

(x) 無差別

【釋論】如來性於圓滿清淨境界中極清淨具無差別性相。下來偈頌，即說「**無差別**」(asaṃbheda)。論偈云——

84 法身及如來　　聖諦勝涅槃[110]
功德不相離　　如光不離日
涅槃不離佛[111]

【釋論】此前半偈示現何義？〔偈言〕——

85 此有四異名　日法身等等
以於無漏界　具四差別義

---

[110] paramārtha nirvṛti，第一義涅槃、勝義涅槃。漢譯但云「涅槃」，失抉擇義，依梵本義，唯指佛之涅槃為勝義涅槃，即抉擇二乘涅槃非如來藏境界。

[111] 高崎於此引《大乘法界無差別論》以作比較，此論又名《如來藏論》，堅慧菩薩造，提雲般若譯。有契丹藏梵本與宋藏梵本之不同，依契丹梵本，有二偈頌云 ——「此即是法身，亦即是如來，如是亦即是，聖諦第一義」；「涅槃不異佛，猶如冷即水，功德不相離，故無異涅槃」。

略言之，如來藏無漏界具四句義，應知有四異名與之相應。何者為四義[112]？〔偈言〕——

86　佛法不相離　本住如種姓
　　無欺無虛妄　本來即寂靜

「說佛法不可相離性」（buddhadharmāvinirbhāgatā）者，如〔《勝鬘經》〕言——

世尊，不空如來藏，過於恆沙不離不脫不思議佛法。

說「本性住種姓成就〔種種〕不可思議方便」（tad gotrasya prakṛter acintyaprakā-rasamudāgama）者，如經云[113]——

謂諸菩薩六處殊勝有如是相，從無始世輾轉傳來，法爾所得〔，是名本性住種姓〕。

說「無欺無虛妄」（amṛṣāmoṣa）者，如經云[114]——

第一義諦者即涅槃，其性無欺妄。何以故？以常住種姓寂靜性相故。

說「畢竟寂靜」（atyantopaśama）者，如經云[115]——

112 聖諦、勝義涅槃分別與85頌所說四義相應。

113 據漢譯，謂出自《六根聚經》（*Ṣaḍāyatanasūtra*）。高崎於此有詳論。梵本引文見《瑜伽師地論》（大正・第三十冊，頁478下），本段引文依之，未從漢譯。

114 梵本及漢藏譯皆未引經題。高崎疑此出自《六根聚經》。

115 見《度諸佛境界智光嚴經》。梵本及漢、藏譯皆未引經題。

文殊師利，如來應正遍知，無始以來即入涅槃，不生不滅。

復次，依此四句義，順次有四異名，即法身、如來、第一義諦、涅槃。所以者何？此如經云[116]——

舍利弗，如來藏名為法身。

世尊，不離法身有如來藏，世尊，不離如來藏有法身。

世尊，依一苦滅諦說名如來藏。世尊，如是說如來法身無量無邊功德。

世尊，言涅槃者即是如來法身。

此後半偈示現何義？偈言——

87　覺一切種智　根除諸習氣
　　故佛與涅槃　第一義無二

此無漏界四異名，於如來性中無異（abhinna），故四者同一義。由是，須依無二法門以了知（advayadharmanayamukhena），覺一切種智之佛體性（buddhatva），與證覺即同時自然離煩惱習氣之涅槃[117]，二者於無漏界中無二，無差別不可離。〔故偈言〕㉘——

116 下來所引四段經文，除第一段見《不增不減經》及《智光嚴經》外，餘三段均見《勝鬘經》。

117 漢譯失「證覺即自然同時離煩惱習氣」義。僅云：「所證一切法，覺一切智，及離一切智障煩惱障習氣」。如是，即令「不空如來藏」之定義不明。不空如來藏與空如來藏的分別，即在於前者法爾（自然）離垢，而後者則須藉修定之力。

無量不思議　無垢諸功德
不離於解脫　解脫即如來

故言及聲聞與辟支佛之涅槃，如〔《勝鬘經》〕言：世尊，言阿羅漢辟支佛得涅槃者，是佛方便不了義說。此如為長途倦旅方便於曠野造作化城。如來如是於一切法中得大自在大方便。〔《勝鬘經》〕言——

世尊，唯有如來應正等覺證得涅槃，成就無量不可思議一切功德，所斷者皆悉已斷，究竟清淨。

如是即明已證悟之涅槃性相，與四種功德不可相離，正等覺者即〔無差別於〕此涅槃本性。依此，以佛體性（buddhatva）與涅槃皆具足不可相離之功德，故無人可離於佛體性而證涅槃。

於無漏界中，諸佛已起[118]具足一切種最勝空性（sarvākāravaropetaśūnyatā）[119]，故具足種種功德。此可由畫師喻以明之。㉙

88　譬如眾畫師　各擅畫一份
一人所擅者　餘眾皆不曉

89　有具權國王　授彼等畫布
且下命令言　用此畫我像

118 起，梵 abhinirhara，漢譯為「示現」。此字多義，又可引伸為「成就」。
119 saravākāsavaropetaśūnyatā，今譯為「一切種最勝空」，亦可直譯為「一切種最勝捨離（而證）空性」。

90 眾師承諾已　即須下手畫
以從事於此　無人得他往
91 若有他往者　畫像即不成
以缺一份故　此即為譬喻
92 此中眾畫師　喻施戒等行
此中國王像　喻為最勝空[30]

〔《寶鬘經》言[31]——

善男子，我說此喻其義未顯。善男子，一人不來故不得言一切集作，亦不得言像已成就。佛法行者亦復如是，若有一行不成就者，則不名具足如來正法，是故要當具足諸行，名為成就無上菩提。〕

又此布施〔、持戒、忍辱〕等波羅蜜多，於佛〔智〕界中，一一有無限差別，是謂無量，以算數力視為不可思議（acintya）。以分別對治且斷除慳（mātsarya）等習氣，是故名為最勝清淨。

以修行具足一切種最勝空三昧，得無生法〔忍〕，入〔第八〕不動地，證無分別、無謬、無間、自然道智（avikalpa-niśchidra-nirantara-svarasavāhimārga-jñāna）。依於此智，於無漏界中，成就如來一切功德。

於〔第九〕菩薩善慧地中，依無數三昧陀羅尼門海，得攝集無量佛法〔德性〕智（aparimāṇa-buddhadharmaparigraha-jñāna），依於此智，成就功德無量性。

於〔第十〕菩薩法雲地中，依止一切如來秘密處開顯智（sarvatathāgata-guhyasthanāviparokṣa-jñāna），依於此智，成就諸佛功德不可思議性。

於此地後，依止一切習氣煩惱〔障〕所知障盡之解脫智（sarva-savāsana-kleśa-jñeyāvaraṇa-vimokṣa-jñāna），成就最勝清淨性功德而證入佛地。

以如是四種地智，非阿羅漢與辟支佛之所見，彼等地之基與彼成就四種功德之涅槃界，相去甚遠。〔偈言〕——

93　般若聖智與解脫　　光輝清淨無分別
此如光輝與日輪　　亦與大日無分別

般若聖智與解脫，成就四種與涅槃界不可離異之功德性相，〔此四種功德〕依般若等三者，說如大日，有四種相似相：一者依佛身出世間無分別般若，所知最勝真實，能破無明黑暗，與光明（dīpta）相似；二者依後得一切智智（sarvajña-jñāna），知一切種，與光網遍照一切事相似；三者依止彼二者，心本性〔自〕解脫，畢境無垢而明淨，與日輪清淨相似。四者即此三者不離法界，故與大日〔之光、輝、清淨〕三者不相離異相似。

是故偈言——

94 不證佛體性　涅槃不可得
恰如離光輝　即不見大日

無始以來，〔佛〕性（dhātu）具足（upahita）自性善淨法，具諸如來不可離異功德性相，是故若非依無着無礙（asaṅgāpratihata）之般若知見（prajñā-jñānadarśana），證得如來體性（tathāgatatva），否則不得證具足解脫一切障性相之涅槃界。此即如離輝焰光明，日輪即不可見。此如〔《勝鬘經》〕言——

> 法無優劣，故得涅槃；知諸法平等智，故得涅槃；解脫平等，故得涅槃；清淨平等，故得涅槃。是故世尊，說涅槃一味平等，謂智與解脫一味故。

二・如來藏九喻

【釋論】 95 上來以十義　解說如來藏
藏受煩惱覆　由下諸喻知[120]

上來說盡未來際恆不變異法性（aparāntakoṭisama-dhruvadharmatā）之存在（saṃvidyamānatā），已由十種義說如來藏性相，今復說，雖無始以來〔如來藏〕與煩惱殼共存，而其自性實不相應（anādisāṃnidhyā-saṃbaddhasvabhāva-

120 拙前譯此偈「向說如來藏，示以十種義，今說煩惱纏，如下種種喻」，此實沿用漢譯「向如來藏　十種義示現　次說煩惱纏　以九種譬喻」。今依梵直譯，明「煩惱纏」者，即如來藏受客塵煩惱所覆障。

kleśakośatā）[121]；而無始以來〔如來藏〕則與清淨法性（śubha-dharmatā）共存，與其自性相應（anādisāṃnidhyā-saṃbaddhasvabhāva-śubhadharmatā）而不可分，此由依經[122]九種喻可了知如來藏為無量無邊煩惱所纏。[123]偈言㉜——

96 萎華中佛蜂腹蜜　皮殼中實糞中金
地中寶藏種中芽　破朽衣中勝者像

97 貧醜女懷輪王胎　泥模之中藏寶像
住於有情〔如來〕性　客塵煩惱垢覆障

98 垢如萎蓮復如蜂　如殼如糞如土地
如種如朽故敗衣　如貧女如火燒地[124]
最勝性則如佛陀　如蜜如實如黃金
如寶藏榕樹寶像　如輪王如淨寶像

---

121 asaṃbhaddha，不相結合。前人譯為「不相應」（如《瑜伽師地論》），今從之。

122 指《如來藏經》及《不增不減經》。前者有四漢譯。初譯為西晉法炬，已佚，由是可知本經結集甚早，亦即證明於大乘傳播初期即有如來藏思想。今傳東晉佛陀跋陀羅譯，一卷；唐不空金剛譯，一卷。均收《大正藏》第十六冊。後者已見前註。上來所說，即《不增不減經》所言眾生界中之三種法；一者，如來藏未來際平等、恆及有法；二者，如來藏本際不相應體及煩惱纏不清淨法；三者，如來藏本際相應體及清淨法。依論義，即謂《不增不減經》中所說之三種如來藏境界，其「未來際平等、恆常及有」之義已依上來「如來藏十義」作解說，餘二則於下來依《如來藏經》之「如來藏九喻」而了知。

123 前將此段釋論依藏譯意譯為：「上來為明實相恆常，已說如來藏十義，今則說其無始以來煩惱藏不染性。如來藏為一切有情所具，唯依然清淨，此如《如來藏經》所言，如來藏為無量煩惱藏所纏，以九喻喻之」，為高崎先生所不滿，今錄出以備參考。

124 梵文原頌謂喻如苦火所曾燒之大地。

【釋論】[125]諸煩惱如枯萎蓮華瓣，如來性則如〔蓮華中〕佛。〔偈言〕——

99 譬如萎敗蓮華中 佛具千種光輝相
無垢天眼始得見 於敗蓮中出彼〔佛〕

100 是故善逝具佛眼 地獄亦見其法性
盡未來際大悲憫 解脫有情於此障

101 萎蓮之中見善逝 具天眼者綻花開
佛見世間如來藏 貪瞋諸障以悲離

【釋論】諸煩惱如蜂，如來性則如蜜。偈言——

102 譬如蜜釀蜂群內 為具智者所發現
欲以善巧方便法 散諸蜂群而取蜜

103 世尊一切種智眼 見此性猶如蜂蜜
畢竟成就於此性 不與如蜂障相應[126]

104 欲得千萬蜂繞蜜 求者驅蜂取蜜用
煩惱如蜂蜜如智[127] 佛如善巧除滅者

125 以下至126頌漢譯缺。參校勘記㉜。
126 藏譯作「世尊一切種智眼，見種姓界譬如蜜，使離如蜂根本障，由是取得蜂腹蜜」。
127 原頌謂「煩惱如蜜蜂而蜜則若有情之無垢智」。

【釋論】諸煩惱如果之外殼，如來性則如殼中實。偈言——

105 果實為殼掩　無人能得食
凡欲食其實　先須去皮殼

106 有情如來藏[128]　為煩惱所雜
不離煩惱染　三界不成佛

107 米麥未去殼　食之無滋味
法王住煩惱　有情無法味[129]

【釋論】諸煩惱藏如糞穢，如來性則如金。偈言——

108 旅客失黃金　遺於糞穢中
黃金性不改　千百年如是

109 天人具天眼　見而告人曰
此中有寶金　待還清淨相

110 如佛見有情　煩惱如糞穢
為除煩惱染　降法雨除垢

111 如天人見金　示人還彼淨
佛見佛寶藏　示人以淨法

128 梵本原作 jinatvam 勝者體性，即指如來藏，今直譯以令頌義明顯。
129 此頌意譯。依梵本直譯，則為——「如米麥粒之外殼，不能令人生滋味，住有情中之法王（dharmēśvara），除煩惱殼見其相。由煩惱生饑渴眾，不可得嚐法樂味。」

【釋論】諸煩惱如地深處，如來性則如寶藏。偈言 ——

112 譬如貧家地深處　具有被掩無盡藏
貧人對此無所知　寶藏不能命彼掘[130]

113 此如心中無垢藏　無窮盡且不思議
有情對此無所知　由是常受種種苦

114 貧者不知具寶藏　寶藏不能告其在
有情心具法寶藏　聖者方便令出世

【釋論】諸煩惱如果殼，如來性則如種芽。偈言 ——

115 譬如菴摩羅果等　其種恆具發芽力
若予土壤及水等　即能漸長成為樹

116 如是清淨法本性　有情無明如種核
若以功德作諸緣　即能漸成勝利王

117 水土陽光時空等　種芽具緣發成樹
有情煩惱殼所掩　佛芽緣具成法樹[131]

【釋論】諸煩惱如破朽敗衣，如來性則如聖者像。偈言 ——

[130] 此句意譯。梵云：「寶藏不能告知：我在此」。漢譯「寶又不能言」，與115頌句雷同。

[131] dharma-viṭapa，漢改譯為「佛大法王」。viṭapa 為灌木，若依漢文例，則可譯為「法樹」，不必拘其為喬木抑灌木。

118 譬如寶石造佛像　為破臭衣所遮蓋
天眼見此在路旁　乃為旅人作指引

119 無障礙眼見佛身[132]　縱使畜生亦具足[133]
種種煩惱垢掩蓋　故施方便解脫彼

120 路旁寶像朽衣掩　天眼見已示凡夫
輪迴道上煩惱掩　佛說法令性顯露[134]

【釋論】諸煩惱如懷孕〔貧醜〕女，如來性則如四大中轉輪王[135]。偈言——

121 譬如貧醜無助婦　無依唯住孤獨舍[136]
腹中雖懷王者胎　不知輪王在腹內

122 輪迴如住孤獨舍　不淨有情如孕婦
無垢性雖堪作護　卻似輪王處腹內

123 臭衣醜婦住孤獨　輪王在胎亦大苦
有情煩惱住苦舍　雖有依護仍無助

【釋論】諸煩惱如鑄像泥模，如來性則如模中黃金像。偈言——

132 ātmabhāva 自身，亦可引伸為自性，由是藏譯即譯為 dṅos-pa（性）。
133 漢譯將畜生改為「阿鼻獄」(avīci)，示更下道有情亦具此佛身。
134「性」指佛性，亦即上來所說之「身」，即如來藏。
135 kalala-mahābhūtagata，漢譯為「歌羅邏四大中」，此蓋指處胎之五位，如迦羅邏，歌羅邏等。
136 anātha-āvastha，高崎譯為「孤獨舍」，甚佳，優於漢譯「貧窮舍」，今從之。

124 如人熔金鑄金像　金注於內泥覆外
當其量金已冷時　去外覆泥令金淨

125 得證最勝菩提者　常見有情心本性
光輝而受客塵染　除障即如開寶藏

126 閃光金像受泥掩　待冷善巧除其泥
一切智知心寂靜　說如椎法除其障

【釋論】上來諸喻，可略說如下。偈言[137]㉝——

127 蓮中蜂腹及殼內　糞穢所蓋及土地
種子之內朽衣裏　胎中以及泥土裡

128 如佛如蜜如果實　如金如寶復如樹
如寶像如轉輪王　又如純金所鑄像

129 有情所具之心性　無始以來即無垢
雖在煩惱藏當中[138]　不相結合如喻說

要言之，上來九喻，出《如來藏經》。明無始以來一切有情界所具客塵雜染心，實與無始以來所具清淨心相俱，由是具不離異性。[139]是故經言——

137 漢譯此處編次岐異。參校勘記㉝。

138 kleśakośa 煩惱藏，漢譯為「煩惱纏」。此頌略採意譯，依梵本直譯為長行，則為：「無始以來，處於煩惱藏中而不與之相結合者，即有情無始來時之無垢心性，如喻所說。」

139 清淨心，漢譯作「淨妙法身如來藏」。

依自虛妄染心眾生染；依自性清淨心眾生淨。

三．明九喻所喻

今者，云何心雜染？其以萎蓮等九種譬喻所說，為何者耶？

【釋論】 130 貪瞋癡煩惱　增上及習氣
見修道所斷　不淨及淨地

131 煩惱具九相　喻如萎蓮等
然而雜染藏　萬千差別相

要言之，九種煩惱顯現為客〔塵〕相，唯如來性本來清淨，故如萎蓮中覆有佛像及餘喻等。然則，云何九種？

1．貪隨眠性相煩惱[140]（rāgānuśayalakṣana-kleśa）

2．瞋隨眠性相〔煩惱〕（dveṣānuśayalakṣana[-kleśa]）

3．癡隨眠性相〔煩惱〕（mohānuśayalakṣana[-kleśa]）

4．貪瞋癡隨眠增上相〔煩惱〕（tivrarāgadveṣamohaparyavasthānalakṣana[-kleśa]）

5．無明住地所攝〔煩惱〕[141]（avidyāvāsabhūmisaṃgṛhīta[-kleśa]）

---

140 隨眠(anuśaya)。說一切有部認為隨眠即煩惱之異名。瑜伽行派不認可此說，以隨眠為煩惱之習氣，煩惱種子眠伏於阿賴耶識。本論所用為瑜伽行派的觀點。

141 無明住地，即「習氣」。

6．見〔道〕所斷〔煩惱〕（darśanaprahātavya[-kleśa]）

7．修〔道〕所斷〔煩惱〕（bhāvanprahātvya[-kleśa]）

8．不淨地所攝〔煩惱〕[142]（aśuddhabhūmigata[-kleśā]）

9．淨地所攝〔煩惱〕（śuddhabhūmigata[-kleśa]）

世間離貪〔等有情〕，仍於身中有諸煩惱，能作成熟不動行（āniñjyasaṃskāra）[143]之因，成就（nirvartaka）色〔界〕無色，而彼能為出世間智所斷，是為貪瞋癡隨眠性。

有情染溺貪〔瞋癡〕，身中所攝〔諸煩惱〕，能作福非福行之因，成就欲界〔果報〕，而彼能為不淨（aśubha）觀等所斷〔觀〕行之智，是為貪瞋癡隨眠增上性相。

阿羅漢身中〔所攝煩惱〕，能作生起無漏諸業之因，成就無垢意生身〔果報〕，而能為如來覺智所斷，是為無明住地所攝〔煩惱〕。

有兩種學人，一者凡夫、二者聖者。凡夫學人身中所攝〔煩惱〕，初出世間見智能斷，是名見道所斷〔煩惱〕；聖者學人身中所攝〔煩惱〕，依出世間見修習智能斷，是名修道所斷〔煩惱〕。

未究竟菩薩身中仍具〔煩惱〕。〔前〕七智地〔所修之〕對治法，即〔為其所攝〕煩惱，唯由八地起之後三地修道智能斷，是名不淨地所攝〔煩惱〕。由八地起之後三地修習智對治〔之煩惱〕，唯金剛喻定能斷，是名淨地所

142 淨地，指菩薩八至十地；不淨地，指菩薩一至七地。

143 āniñjyasaṃskāra，漢譯「不動地」，指二乘於三摩地中，不為貪等所動之定境。

攝〔煩惱〕。偈言㉞——

132 略說煩惱纏　有貪等九種
喻如萎蓮瓣　九喻作相對

詳言之，如來藏受煩惱所覆，實無量無邊，廣說則為八萬四千種，一如如來智無量無邊。此如經言「如來藏為千百億無邊際煩惱纏所覆障」。偈言㉟——

133 凡夫四種垢　阿羅漢唯一
道上染兩種　菩薩亦二垢[144]

世尊言，一切有情皆具如來藏。所言有情，約為四種：凡夫、阿羅漢、〔道上〕學人、菩薩。其所具煩惱垢於無漏界中，順次為四種、一種、二種及二種。

復次，云何說貪等九種煩惱與萎蓮等九喻相似；云何說如來性與佛像等九喻相似？偈言㊱——

134 譬如泥中蓮　初開人貪悅
花萎人不喜　貪愛亦如是

135 譬如釀蜜蜂　受擾即刺人
恰如瞋起時　令心生諸苦

144 此用意譯，依梵本直譯，則為 ——「不淨之凡夫　羅漢及學人　菩薩等次第　四一二二垢」。

136 譬如穀實等　外為皮殼裹
恰如內實性[145]　為無明所蔽

137 譬如厭不淨　智觀貪亦爾
增上諸煩惱　纏縛厭如穢[146]

138 譬如無知故　不見地中寶
不知自覺性　埋沒無明土

139 譬如芽漸長　突離種子殼
見道斷〔煩惱〕　而見於真實

140 隨逐聖道上　雖已斷身見
修道智斷者　喻為破敗衣

141 前七地諸垢　如藏之污垢
唯無分別智　長養藏離覆

142 後三地諸垢　知彼如泥模
以金剛喻定　聖者能除垢

143 貪等九種垢　喻如萎蓮等
如來藏三性　喻之如佛等

---

145 sārārta，最堅實，漢譯為「內堅實」。此處譯為「內實性」，以顯如來藏境界，以其為內自證智境界故。

146「智觀貪亦爾」句，依漢譯。此為意譯，梵作evam kāmā virāgiṇam，直譯則為「貪欲可厭亦如是」。然而viragin可譯為「離貪欲」，故漢譯即將之意譯為「智」，此譯甚合論義，故從之。又kāmarevānimittatvāt，漢譯為「起欲心諸相」，「起」為生起、轉起，今意譯為「增上」，以其非為生起因。

如來藏以三種自性為心清淨因（cittavyavadānahetu），與佛像等九喻相似。然則，云〔何為三種自性〕？偈言——

144 法身及真如　及種性自性
以三喻一喻　及五喻作喻

初三喻，喻之如佛像、如蜜、如實等，所喻〔如來〕性為法身自性（dharmakāya-svabhāva）；次一喻，喻之如金，所喻為真如自性（tathatā-svabhāva）；後五喻，喻之為寶藏、樹、寶像、轉輪聖王及金像等，所喻為〔佛〕種姓自性（gotra-svabhāva），即為三身佛出生之源。

云何法身自性？偈言——

145 法身有二種　法界無垢性
及彼性等流　所說深淺法[147]

法身示現有二種。一者極清淨法界（suviśuddha dharmadhatū），為無分別智境界（gocara-viṣaya），此即諸如來內自證法（pratyātmādhigama-dharma）[148]。二者為成就之

147 世親《佛性論》有詮釋上來所說（大正‧第卅一卷，頁808上）。如云「因三種自性為顯心清淨界，名如來藏。故說九種如蓮花等喻。三種自性者，一者法身、二如如、三佛性」（此中「佛性」即「佛種性」）。又云「諸佛法身有二種。一正得法身、二正說法身」，此即本頌所言之二種法身。又云「言正得法身者，最清淨法界，是無分別智境界諸佛當體，是自所得法；二正說法身者，為得此法身清淨法界正流（即「等流」niṣyanda）從如所化眾生識生，名為正說法身。」故知前者為智境，後者等流顯現為識境。

148 此句依藏譯，梵本無此句，漢譯連上句，譯為「故如是諸佛如來法身，為自內身法界能證應知。」亦與藏譯不同，疑所據梵本有異。

因，諸佛依有情根器說與彼相應之法，是為極清淨法界等流（suviśuddha dharmadhatū-niṣyanda），此為佛所說法。

佛所說法有二。一者細，一者粗，如是以說二諦。細者，為甚深菩薩法藏，示勝義諦。粗者，以契經、應頌、記別、偈頌、自說、因緣等廣說，示世俗諦。偈言——

146 〔法身〕出世間　世法難譬喻
故說相似喻　喻為佛色身

147 所說深細法　如蜂蜜一味
廣說種種法　種種殼藏實

上來三喻，佛像、蜜、實等，明如來法身周遍一切有情，無有例外，故說一切有情皆具如來藏（tathāgatasye eme garbhāḥ sarvasattvāḥ）。於有情界中，實無一有情在如來法身外。故喻法身如虛空界，含容一切色法。如〔《經莊嚴論》中〕偈言[149] ㊲——

虛空無不容　是永恆周遍　色法滿虛空　若有情周遍

偈言——

148 本性無變異　善妙復清淨
是故說真如　喻之如真金

[149] 漢譯此處作三頌。參校勘記㊲。

心之本性雖為無數煩惱及苦法所纏，依舊清淨光明，故不能謂其有所變異，以此之故，名之為真如，謂其不變義如善妙之金。故說一切有情皆具如來藏，雖邪見聚有情亦具，本無差別，若一切客塵諸垢清淨，即名如來。是故以金佛喻，以明如如無差別之義，由是如來藏〔即〕真如，為一切有情所具。以心本來清淨無二故，佛〔於《如來莊嚴智慧光明入一切佛境界經》〕言㊳——

> 文殊師利，如來如實知見自身根本清淨智，以依自身根本智故，知有情有清淨身。文殊師利，所謂如來自性清淨身，乃至一切有情自性清淨身，此二法者，無二無差別。

經偈復言㊴——

> 一切無別故　得如清淨故　故說諸眾生　名為如來藏

偈言㊵——

149 如藏如種芽　種姓有二相
本性住種性　習所成種性

150 依此二種姓　生出三身佛
初者第一身　次者為餘二[150]

151 清淨自性身　知彼如寶像
自然離造作　功德藏所依[151]

---

[150] 第一身指法身，餘二，即兩種色身——受用身（報身）及化身。

[151] āśraya，依止處（藏），漢譯為「攝功德實體」，以此梵字亦可解為「身體」故。因知「實體」非謂法身法有實體。今人或引此偈，說如來藏執實法身，乃依文解義。今改譯為「藏」，以免混淆。

152 報身如輪王　證大法王位
化身如金像　本性為影像

上來餘五種譬喻，即寶藏、〔芽所生〕樹、寶像、轉輪王、金像等，謂能生三種佛身之種姓，故謂如來性（tathāgatadhātu）即為一切有情之藏（garbha）。故佛示現三身，而如來性則為證得三身之因。故「性」（dhātū）者，實為「因」（hetu）義。如經言[152]——

一切有情皆具如來藏，如胎處於身中，以其性能成就故，而有情卻不自知。

經偈復言[153]——

此界無始時　一切法依止　若有諸道有　及有得涅槃

云何「無始時」（anādikālika）？此謂如來藏本際不可得故。

云何為「界」（=「性」，dhātu）[154]？如〔《勝鬘經》〕言——

世尊，如來藏者是法界藏、法身藏、出世間上上藏、自性清淨藏。

云何「一切法依止」（sarvadharmasamāśrayaḥ）？如〔《勝鬘經》〕言——

152 所據為《阿毘達磨大乘經》(*Mahāyānābhidharma-sūtra*)。本經梵、漢、藏本皆佚，唯散見於論典所引。如《攝大乘論》世親釋論，即多處引用。此如下引偈即是（大正。第卅一冊156頁下）。
153 此語見《勝鬘經》「自性清淨章」（大正第十二卷）。
154 此處引玄奘譯，將「性」譯為「界」。

世尊，是故如來藏，是依是持是建立，世尊，不離、不斷、不脫、不異不思議佛法。世尊，斷脫異外有為法依持建立者，是如來藏。[155]

云何「若有諸道有」？如〔《勝鬘經》〕言——

世尊，生死者依如來藏。

世尊，有如來藏故說生死、是名善說。

云何「及有得涅槃」？如〔《勝鬘經》〕言——

世尊，若無如來藏者，不得厭苦樂，求涅槃。

四・四種不識如來藏有情

【釋論】如來藏非住於法身外（dharmakāyāvipralambha）、具不離於真如性相（tathatāsambhinalakṣaṇa），具種姓決定自性（niyatagotra-svabhāvaḥ），遍一切處、遍一切時具足於一切有情身中[156]。由法性基本義[157]即可了知〔其性如是〕。如經言[158]——

善男子，如來出世若不出世，法性法界一切有

---

155 本段譯義稍混。原義猶云：一切無為法及有為法，皆由如來藏作依持建立。蓋如來藏實為一心識境界，一切法皆依止心識，故即依止如來藏。

156 此節說如來藏三義。梵本分別為：dharmakayāvipralambha；tathatāsambhinnalakṣaṇa；niyatagotrasvabhāvah。漢譯未能表出此三義（譯云：「明如來藏究竟如來法身不差別，真如體相畢竟定佛性體，於一切時一切眾生中皆無餘盡應知」）。藏譯於第一義，將avipralambha一詞譯為「廣大」（全句譯為：chos kyi sku ltar rgya che ba），殆屬意譯。今姑譯為：非住於法身外；具不離於真如性相；具種性決定自性。

157 dharmatām pramānikṛtya，直譯應為「法性量義」。此中「量」，即其根本。

158 見《如來藏經》。梵藏漢皆未引經題。

情，如來藏恆常不變。

此言法性（dharmatā），即道理（yukti）、相應（yoga）、方便（upāya）之異名，〔如來藏〕為一切法真實境界而非餘者。唯依止法性，令心起觀；唯依止（pratiśaraṇa）法性，令心得正見。彼性離於思維，離於分別，唯依於信解[159]。偈言——

153 於佛最勝義　唯依信得解
譬如於日輪　無目不能見

略言之，有四種有情於如來藏如生盲不能見。云何為四？凡夫、聲聞、緣覺、初入大乘菩薩。此〔如經〕言[160]——

世尊，如來藏者，墮身見眾生、顛倒眾生、空亂意眾生[161]非其境界。

「墮身見」者謂諸幼稚凡夫。彼等畢竟開許諸有漏〔五〕蘊等法，〔故虛妄〕執着我與我所。彼等不能於身〔見〕寂滅之無漏界生信解，何況證悟出世間一切智境界（nēdaṃ sthānaṃ vidyate）之如來藏。是故〔彼等〕不應此義。

「顛倒者」謂聲聞、緣覺。何以故？彼等應修如來藏為

159 此節文字，可參《瑜伽師地論》（大正・第三十冊頁419下）——「即此法爾，說名道理，瑜伽、方便，或即如是或異如是，或非如是，一切皆歸法爾道理，令心安住，令心曉了，如是名為法爾道理。」

160 見《勝鬘經》。梵藏漢皆未引經題。

161 śūnyatā-vikṣipatacitta，《勝鬘》譯為「空亂意」，漢譯譯為「散亂心失空」，其意實為「對空性起迷亂之心」，此指執空為實有者。

常，卻顛倒修習常想，而耽着於修習無常想；彼等應修如來藏為樂，卻顛修習樂想，而耽着於修習苦想；彼等應修如來藏為我，卻顛倒修習我想，而耽着於修習無我想；彼等應修如來藏為淨，卻顛倒修習淨想，而耽着於修習不淨想。如是，一切聲聞、緣覺執着於與證得法身相違之道，是故說〔如來〕性最勝之常、樂、我、淨性相，非彼等境界。於此不依於〔如來〕性而耽於無想、苦、無我、不淨等顛倒想者。如《大般涅槃經》世尊所說池中琉璃寶喻所言，經云——

> 善男子，譬如春時，有諸人在大池乘船遊戲，失琉璃寶，沒深水中，是時諸人悉共入水求覓是寶，競捉瓦石草木砂礫，各各自謂得琉璃珠，歡喜持出，乃知非是。是時寶珠猶在水中，以珠力故，水皆澄清，於是大眾乃見寶珠故在水下，猶如仰觀虛空月形。是時眾中有一智人，以方便力安徐入水即便得珠。
>
> 汝等比丘不應如是修習無常、苦、無我、不淨想等以為真實，如彼諸人各以瓦石草木沙礫而為寶珠，汝等應當善學方便，在在處處常修我想、常樂淨想，復應當知先所修習四法相，悉是顛倒，欲得真實修諸想者，如彼智人巧出寶珠，所謂我想、常樂淨想。

是故須依經詳明，顛倒法與最勝真實性相之關係。

「空亂見」者謂初入大乘菩薩，失如來藏之空性義[162]，

162 tathāgatagarbha-śūnyatārthanaya，如來藏之空性義理，漢譯為「空如來藏義」。

彼等以諸法先有而後壞滅之斷滅義為般涅槃，視空解脱門為斷滅諸有。復次，亦有見空性為實有者，謂空性離於色等而有，〔且謂〕應依此〔見〕修習而得〔空性〕。

然則如來藏之空性義又究為何耶？偈言——

154 於法無所減　亦復無所增
如實見真實　見此得解脫

155 法性離客塵　以其為空故
而不離功德　以其不空故[163]

此偈明何義？「於法無所減」者，指如來藏本來清淨，無雜染相（saṃkleśa-nimitta）可滅，以其本性實無客塵垢染；「亦復無所增」者，指〔如來藏〕無清淨相（vyavadāna-nimitta）可增，以其本性與清淨法〔功德〕不離異。於此〔二〕義，即如〔《勝鬘經》〕❹ 言——

> 世尊，有二種如來藏空智。世尊，空如來藏，若離若脫若異一切煩惱藏。
>
> 世尊，不空如來藏，過於恆沙不離不脫不異不思議佛法。

若觀一法於此處為無有則是處為空，其所餘者，則名

163 此說空與不空義。法爾離客塵，即智境雖顯現為識境，而法爾不受識境中諸煩惱所染，故說為如來藏之空性；然而此智境不離一切法德性，故說為不空。由是空如來藏為菩薩之修證果，以其觀修即為離垢障以證本來具足之智境故；不空如來藏為一切如來法爾境界，以其智境不離一切識境示現功德故（此示現於《勝鬘》稱為「佛法」，見下文所引）。

為有，是即為正觀空義[164]。此二偈所明，為非顛倒空性性相，離增益與減損兩邊故。故偏離此理，則散亂而不得心一〔境性〕，是名為空亂見者。若不通達此最勝義空性智，是即於無分別境界不可得證。故〔《勝鬘經》〕說此義云。——

> 〔如來藏〕空智於四不顛倒境界轉。是故一切阿羅漢辟支佛，本所不見、本所不得〔、本所不證〕。一切苦滅，唯佛得證，壞一切煩惱藏，修一切滅苦道。

如是此如來藏即法界藏（dharmadhātu-garbha），故說墮身見有情所不得見，若以此法界即為此見之對治者故。

如是此即法身出世間法藏（dharmakāyalokottaradharma-garbha），非顛倒有情境界，以此出世間法為無常等世法之對治者故。

如是此即本來清淨法藏（prakṛtipariśuddhadharma-garbha），非散亂心失壞空義有情境界。以清淨功德法（guṇa-dharmāḥ）與出世間法身不異離，且其自性離客塵故[165]。

依與法界無差別智之唯一〔法〕門，觀得出世間法身

164 高崎指出，此義出《小空經》（大正•第一冊737頁上）。經云：「若此中無者，以此故我見是空；若此有餘者，我見真實有。阿難，是謂行真實空不顛倒也。」

165 此即如來藏（佛心識境界）法爾不受污染，雖顯現為識境（清淨功德法），其所顯現仍不離智境（法身），故自性即離客塵。

圓滿清淨，是為如實知見。經云[166]：十地等菩薩眾僅能少份見如來藏〔，何況凡夫二乘人等〕。故經偈言㊷——

〔法身〕未全見　如雲間見日　聖者清淨見　亦唯見少份
唯具無邊智　始全見法身　以一切種智　無邊如虛空

五・答難

【釋論】或難言：此〔如來〕性既非住究竟地無執着境界之最勝聖者所能全知境界，甚深難見，何故卻為凡愚夫說此？

答云：須說之故，略如二偈所言。初偈言及所難，後偈則作正答㊸。

156 處處皆說諸法空　如雲如夢復如幻
然則何故如來言　一切有情具佛性

157 怯懦心及輕慢心　執虛妄或謗真法
以及我執為五過　為離過失是故說[167]

【釋論】上來二偈僅為略說，今以十偈廣明㊹。

158 〔經言〕有為法　煩惱業及果
遠離於真實　說為如雲等

166 見藏譯《八千頌般若》(*Aṣṭasāhasrikā-pārjñāpāramitā-sūtra*)。又見於《大涅槃經》(大正・第十二冊412頁上)。

167 漢譯有「計身有神我」句，實屬誤譯，應譯為「我執」(ātmasencha)。今人說如來藏有神我色彩，即沿此等譯文而來。

159 煩惱猶如雲　業如夢受用
煩惱業之果　諸蘊說如幻

160 先已如是說　今說無上續[168]
為離五種過　示以具佛性

161 若不聞此說　易生怯懦心
以其自卑故　菩提心不生

162 諸有慢心者　嚮往菩提心
及見發心者　乃生卑下想

163 如是起心者　正知見不生
是故執虛妄　不見真實法

164 過失亦非實　乃虛妄客塵
無我性則實　功德本清淨

165 見過失非實　誹謗實功德
則不能生慈　自他平等心[169]

166 聞法起正勤　尊有情如佛
智般若大悲　五功德生起[170]

---

[168] uttara tantra，漢譯「究竟論」。本論即以此為標題，直譯則為「無上續」。此處稱為「續」，學者多認為與密續無關，然而密乘則謂龍樹、無著二大車皆修密法，是則tantra一字，用以指一系統教理，此系教理是否真與密乘之傳播無關，實值得從新研究。例如，龍樹之《法界讚》(*Dharmadhātustava*)（大正，413，〈百千頌大集經地藏菩薩問法身讚〉，不空譯；大正，1625，《讚法界頌》，施護譯），即為重要研究資料。

[169] 此即「謗真如」過失。真如為智境，顯現為識境，故此顯現即為真實功德。今但見所顯現者（如有情）非實，而不知其功德真實，即是「謗真如」。

[170] 此說於法起正勤心（prōtsaha），則生起四種心。1. śastṛgausava，於有情作世尊想（今姑譯為「尊有情如佛」）；2. prajñā 般若；3. jñāna 智，此指能顯實智之俗智；4. maitri 大悲。由此四種心，生起五功德。

167 離過具功德　即得平等見
取有情如我　疾速證菩提

《分別寶性大乘無上續論》及其總攝根本頌義理釋論，如來藏第一品圓滿。[45]

《正分第二品》

正分 —— 第二品

（梵文題目：*Bodhyadhikāra*）

第五金剛句：證菩提

（一） 總說

【釋論】上來已說雜垢真如〔如來藏〕，今應說離垢真如。此安立為諸佛世尊之無漏界中，遠離種種垢染之〔究竟〕轉依。此〔離垢真如〕應總以八句義了知。

何者為八？〔論偈（śloka）言〕——

1 清淨成就及捨離　能自他利與依止
甚深廣大莊嚴性　盡時際如是〔而示現〕[1] ❶

【釋論】此偈頌說八句義。一、自性義（svabhāvārtha）；二、因義（hetuartha）；三、果義（phalārtha）；四、業義（karmārtha）；五、相應義（yogārtha）；六、示現義（vṛttyartha）；七、恆常義（nityārtha）；八、不可思議義（acintyārtha）[2]。

[1] 此中「盡時際」句，梵為yāvad kālam（舊譯為「權時」，意為持續），yathācatat（如彼），故今如是譯。

[2] 證無垢真如境界，八義具足。此言 —— 清淨圓滿為性；得證智成就為因；依證智得捨離為果；自利利他為業；得無量功德為功用，是為相應；法身甚深、報身莊嚴、化身廣大是為示現；恆時具足種種，是為恆常；隨類化身示現，是為不可思議。

〔「自性」者，謂如來〕性，世尊名之為如來藏，不離煩惱纏[3]，以〔遠離煩惱纏而得〕清淨，應知為轉依（āśrayaparivṛtti）[4]之自性，名為自性。此如〔《勝鬘經》〕言❷——

世尊，若於無量煩惱藏所纏如來藏不疑惑者，於出無量煩惱藏法身亦無疑惑。

〔「因」者，謂〕二種智。一者出世間無分別智、二者後得世間智。世間、出世間智，為轉依之因，故說為「成就」。此云「成就」者，即謂〔能依二智而〕得成就之意。

「果」者有二，此即謂二種捨離（visaṃyoga），捨離煩惱障及捨離所知障。

「業」者，次第〔依二種捨離〕成就自利利他。

〔「相應」者，業〕所依止處（adhiṣṭhāna），具足〔無量功德〕，是名相應。

「示現」者，謂三種佛身示現，各各示現其甚深（gāmbhīrya）、廣大（audārya）、莊嚴性（māhātmya），於輪迴〔諸〕趣常作不可思議示現。

攝頌（uddāna）曰——

3 此即謂智境不離識境。

4 漢譯為「轉身得清淨，是名為實體應知」，誤。梵文中未見與「實體」相應之字，唯說證得佛本性。此可參考《無上依經》（大正第十六冊，470頁下）：「所得轉依寂靜明淨，聲聞緣覺非其境界，是即名為菩提自性。」又云：「是界未除煩惱殼，我說名如來藏，至極清淨，是名轉依法。」故知轉依者，非有一實體可得，所得為「菩提自性」即佛本性（佛體性）。參第一品，註2。

2　自性與因果　業相應示現
常住不思議　建立於佛地

（二）別說
離垢真如八句義

(i) 自性

(ii) 因

【釋論】下來偈頌說佛體性（buddhatva）及其證得之方便（prāptyupāya），即說「**自性**」及「**因**」——

3　佛本性光輝　客塵煩惱覆[5]
如日如虛空　受彼層雲網
無垢具功德　恆常不變異
復於一切法　依智離分別[6]

【釋論】〔此偈義理，略以四偈而知〕——

4　佛體性清淨　具無分別德
智斷二性相[7]　譬如天與日

5 原頌謂「佛體性之本性光輝，為客塵煩惱及所知〔障〕所覆」。

6 原頌說 akalpana-pravicaya-jñāna，即無分別智及觀察智，此即根本智與後得智。二者同時生起，即所謂樂空無二境界，故不離一切法而證。

7 漢譯此句為「智離染不二」，藏譯為「智斷二種德性」，今依梵 jñānaprahāna-dvayalakṣaṇam 直譯。「智」為無分別智，依後得世間智（觀察智）則能斷識境之分別與執實。由具此二種覺，故住於智覺與識覺無二境界，以二種覺皆無分別，是故無二。此境界又名為「樂空無二」。

5 佛法諸功德 過恆河沙數
光輝及無作 不離而顯現[8]

6 煩惱所知障 譬如為障雲
自性無實故 遍〔染〕亦客塵

7 離二障之因 即是此二智
一無分別智 一為後得智

(iii) 果

【釋論】前既已說轉依之自性清淨。今復說清淨總有二種，一者、本性清淨（prakṛtiviśuddhi），二者、離垢清淨（vaimalyaviśuddhi）。

「本性清淨」者，謂本來解脫，然亦不離客塵[9]。此即說為心之本性光明，然不離客塵離垢障。

「離垢清淨」者，本來解脫而遠離〔諸垢〕，如水等離諸塵垢，心之本性光明亦離諸客塵垢障。

復依離垢清淨「果」，說二偈頌❸——

---

8 akṛtake，漢譯為「非作法」，此謂無所造作。本頌接上頌而言，智斷二種境界（相），皆具佛過恆河沙數功德，即使顯現為斷境（雜染境界），仍與諸功德不離。故知上第4頌句，不宜僅依文字而視之為「智」與「斷除」二者，此實為呼應上來釋「因」義而說之出世間無分別智及後得世間智。此亦由下來第7頌可知。視之為「德」，則落功用邊，失「境界」（相）義。

9 此即謂智境不離識境，即《入楞伽》所說之「如來藏藏識」（自顯現為藏識之如來藏）。

8 清淨水池蓮花生 滿月離蝕日離雲[10]
離垢功德既具足 故即解脫現光輝

9 佛如勝王如甘蜜[11] 如實如金如寶藏
如果樹如無垢寶 如轉輪王如金像

【釋論】此二偈義，總以八頌以知❹——

10 清淨貪欲等 客塵諸煩惱
喻如池水者[12] 無分別智果

11 〔既得證智果〕 即成佛境界
具種種殊勝 是後得智果[13]

12 譬如淨水池 貪等塵垢淨
禪定水灌溉 化眾如蓮花

13 如無垢滿月 離羅睺瞋〔蝕〕
以大慈悲光 周遍諸世間[14]

---

10 梵作Rāhu，漢譯「羅睺」指月蝕。

11 勝王，梵munivṛṣa，可譯為牟尼王。漢譯為「蜂王」，誤。

12 謂如池水、如月、如日等，見偈8所說。

13 此頌漢譯為「示現佛法身，一切諸功德，依彼證智果，是故如是說」，未說「一切諸功德」為後得智果；藏譯如譯為長行，則為：「既成就佛身（應解讀為「佛境界」），即具無上諸功德，此說為後得智果」。對於此頌，須作解說。一般以為，佛境界中諸殊勝功德，為無分別智果，此實誤解。無分別智所具，為「斷」的功能，「智」的功能，即為示現功德，由是法界始具生機。此即智境必顯現而成為周遍一切界之識境。此即本頌所明。

14 此頌即出佛功德周遍義，此即所謂「大悲周遍」，故為後得智果。

14 佛性[15]無垢日　　離無明雲障
以聖智光輝　　破諸有情暗

15 無等等[16]法性　　施以正法味
以破〔無明〕殼　　說如佛蜜實[17]

16 清淨功德財　　除有情困乏
能與解脫果　　說如金樹藏

17 法寶所成身　　最勝兩足尊
至寶莊嚴色　　如寶國王像[18]

(iv) 業

【釋論】前說出世間無分別智及後得〔世間〕智二種智，為轉依之因，〔此轉依〕名為離繫果。〔二智之〕「**業**」，為成就自利利他。然則何謂成就自利利他耶？

成就自利，謂遠離煩惱〔障〕及所知障，所具習氣解脫，無障礙而證得法身。成就利他，謂盡世間際生起二種自在力[19]，此即自然任運（anābhogata）二種〔色〕身[20]示現及〔二身之〕教化〔有情〕。

---

15 梵 buddhatva，依本譯例，應譯作「佛體性」。
16「無等等」，梵 atulyatulya，無可與相等；「法性」，梵 dharmatva。
17 此即偈 9 之如勝王、如甘蜜、如（果）實。
18 此亦即偈 9 所說之如〔無垢〕寶、如轉輪王、如〔金〕像。
19 vibhutva，自在力，神變力。字根 vibhu 為「遍在」之義，故無論說為「自在力」或「神變力」，皆旨在說明其周遍一切界，此即四重緣起中「相礙緣起」之超越。離一切礙，今可說為離一切時空局限，是故周遍而自在。
20 即報身與化身。

此成就自利利他之業，其義說為三偈❺——

18 無漏周遍不滅性　堅固寂靜不變處
如來體性若虛空[21]　賢者六根境界因[22]

19 色為自在恆常相　聲為善說清淨音
香者清淨具佛戒　味則甚深妙法味

20 觸為樂受三摩地　法證自性甚深義
細思稠林究竟義[23]　佛如虛空離相因[24]

【釋論】上來三頌義理，以八偈而知——

21 略說兩種智　以及彼作業
圓滿解脫身　清淨佛法身

---

21 tathāgatatva，此依前buddhatva例，（tva）譯為「體性」。

22 由本頌，即明智境顯現為識境義。智境如虛空，具無垢、周遍等性，而為六根境界（識境）之「因」（kāraṇa，其義為基礎）。故此智境又名「本始基」（梵：āśaya；藏：gzhi dbying）。

23 全句梵文為sūkṣmacina-paramārtha-gahvaram，直譯則為「極微細思維究竟義稠林」。此句意義有歧解。漢譯作「細思惟稠林」，未譯paramārtha。藏中噶舉派傳規，則釋此句為「當作極精細思維時，如來為最上大樂之源」，此未釋「稠林」，且將paramārtha解作parma-prita，恐有疑問。此句藏譯本作shib mor bsam pa na don dam bde mdzed（由最微細思維得最勝義理樂）。此應即噶舉派傳規之源。高崎解為「究極之義理（對象）如同極微細思維之稠林」，可參考。然本論中「稠林」（gahvara）字，實用以形容蔽障（參第一品偈4），是故認為，此句可解讀為「極微細思維障之最勝義理」。今姑如是譯，稍持客觀，以待知者。

24 梵作nimitta-varjitaṃ，直譯則為「離相」。然nimitta又可解為「因」與「因相」，參考偈19，即知此指以「四大」為因（可見因）。「離相」即「離（四大）因相」。故如是譯。
此又可參27偈，「如虛空離相」，即虛空離於「四大」，即以「四大」為色等（可見）因。

22　法身解脫身　　二種知為一
　　無漏且周遍　　亦為無為句

23　煩惱習氣滅　　故謂無漏性
　　智之周遍性　　無著無障故

24　其無為性者　　不壞之自性
　　略說不壞性　　廣說則恆等

25　失壞有四義　　與恆等相違
　　謂異轉與退　　及不思議死[25]

26　以無〔四者〕故　恆寂常不退
　　以此無垢智　　清淨功德基[26]

27　如虛空離相　　然為所見色
　　聞聲與香味　　及觸法等因

28　依於此二身　　無礙而相應
　　無漏功德生　　賢者諸根受[27]

25 藏譯以失壞四義為異、轉、退、不可思議死；漢譯則為死、無常（異）、轉、不可思議退。詳梵本，一者pūti，意為腐朽，故漢譯之為「死」，而此實為「異」（變異）；二者vikṣti，意為變形（如種子變成芽），漢譯「無常」亦屬意譯，不如譯之「轉」（轉變）；三者acchitti，意為壞滅，譯為「退」較「轉」優；四者acintya-namana-cyuta意為不可思議變異，此可解為「退」（壞滅），亦可解為「死」。此四者，分別與堅固、寂靜、恆常、不異相對，見下偈。

26 清淨功德，梵文作śubha-dharma，原為白法或妙法之意。故漢譯為「淨智白法體」，然略嫌晦澀。
又漢譯此頌為「以無死故恆，以常故清涼，不轉故不變，寂靜故不退」。以此釋法身無四失壞。

27 漢譯缺此頌，藏譯末二句作「堅固自在義，為生淨德因」（依《藏要》本校勘譯）。此即以諸根覺受之識境，為佛清淨功德，而其生因，則佛性堅固、自在故。

(v) 相應

【釋論】經言諸佛如虛空相（ākāśalakṣaṇo buddhaḥ），此乃依諸如來不共第一義之性相，而作如是說。故〔《金剛般若波羅蜜多經》〕[28]云——

若以三十二大丈夫相見如來，轉輪聖王應是如來。

依〔佛性〕第一義性相[29]之「**相應**」義，有一偈言❻——

29 不可思議常且恆　清涼不變且寂靜
周遍及離諸分別　善淨無垢佛體性
彼如虛空無染着　遍一切處皆無礙
抑且離於粗官感[30]　彼不可見不可取[31]

28《能斷金剛般若波羅蜜多經》(*Vajracchedikā-prajñāpāramitā-sūtra*)，共有六譯。通行者為鳩摩羅什譯，一卷。餘譯以玄奘譯（列為《大般若波羅蜜多經》卷五七七）及義淨譯者為佳。

29 paramārtha-lakṣaṇa 此可譯為第一義「能相」，此即彌勒《辨法法性論》之「法性能相」。高崎日譯為「**最高義理之特質**」，以「特質」為「能相」，頗合原義。「能相」（lakṣaṇa）者，即「所相」（nimitta）之定義。「法性所相」以「法性能相」（真如）為定義；「法所相」以「法能相」（虛妄分別）為定義。此處說「第一義能相」者，即謂與之相應之識境，實與「第一義能相」諸特性相應。

30 parṇsa 粗劣，此指識覺。識覺由六根起感覺故謂之為粗（此與智覺相對而言）。

31 依藏傳，說佛具十五功用 —— 1.不可思議；2.常（不生不滅）；3.恆（無壞、堅固）；4.清涼；5.不變（無異）；6.寂靜；7.周遍；8.離諸分別（如虛空不墮一邊）；9.無染；10.無礙；11.離粗劣觸（常在定中，故非五官六根官感）；12.不可見（法身佛不可見，報身亦唯報土菩薩得見）；13.不可取（不執相）；14.善淨（莊嚴）；15.無垢。

【釋論】此偈頌義理，略以八偈而知——

30 法身解脫身　自利及利他
自他利所依　不思議功德[32]

31 一切種智境　非三慧境界[33]
即使具智身[34]　亦不可思議

32 以其微妙故　非是聞慧境
勝義非思慧　深密非修慧[35]

33 凡夫所未見　生盲未見色
聖者如乳嬰　僅見室中日

34 無生故為常　無滅故為恆
清涼離二見　法性故不變

35 證滅諦寂靜　遍知故周遍
無住無分別　離煩惱無染

36 所知障淨盡　一切處無礙
以具隨順性　故離粗劣觸[36]

---

32 原頌謂「與不思議功德相應」，即謂不思議之十五功用。

33 此謂世間三慧，即聞、思、修慧。

34 jñanadchin，具智之身，指菩薩眾。對菩薩而言，佛本性亦不可思議。

35 dharmatā-gahvaratvatah 法性之深奧處，與《解深密經》之「深密」（saṁdhi）不同。saṁdhi 指藉識境（語言、文字、名言、施設等）而表達智境，此智境即為識境之密義，故名「深密」。此言「法性深奧處」，直指智境深密。

36 mṛdu-karmaṇya-bhāvatah 柔軟堪能性，此即所謂「隨順」。智境隨順世間局限而自顯現為與其局限相應之識境，即是隨順。藏譯作「無昏沈掉舉，常在定離觸」，與梵本不同。

37 無色不可見　離相無可取[37]
善以性淨故　離垢故無垢

(vi) 示現

【釋論】如來體性（tathāgatatva）譬如虛空，不離無為功德而現，於有趣（bhavagati）以不可思議之大方便慈悲及殊勝般若，利益世間，此即示現為三種無垢身 —— 自性身（svābhāvika）、受用身（sāṃbhogika）、應化身（nairmānika），常不間斷，自然任運示現，具足不共。

如是於「**示現**」義，以四偈說此三身差別❼。

38 非初中後者無二　不可分而三解脫[38]
無垢分別法界性　入三昧行者能見

39 功德無比不思議　無量過於恆沙數
如是如來無垢性　根除過失及習氣

40 種種正法光明身　無休解脫諸世間
摩尼寶王如所作　現種種〔身〕無自性

41 世間導入寂之道　成熟有情授記因
影像身常住本處[39]　如諸色於虛空界

---

37 animitta，離相，實指「離所相」，參註29。

38 tridhā vimuktam，此應指空、無相、無願三解脫門。唯漢譯作「離三界」，此當為所據梵本不同。

39 atra 爾時，故直譯應為「影像身常爾時住」（如其所住而住），漢譯為「不離本體」；此處參考藏傳教授而譯。其實直譯亦佳，今譯則易解明。

【釋論】上來四頌義，以下來二十偈頌而知❽——

42 覺者一切智　說為佛體性
最勝之涅槃　不思議自證[40]

43 示現種種相　甚深與廣大
大我等功德　自性等三身
（上二偈總說三身）

44 諸佛自性身　具足五性相[41]
若簡潔而言　括為五功德[42]

45 此即謂無為　離邊不異離
離煩惱所知　等至等三障

46 離垢無分別　瑜伽行者境
法界之自性　清淨光華射

47 自性身功德　無量及無數
及不可思議　無等究竟淨

40 acintyaprāptih，不可思議得。即謂最勝涅槃為內自證之不可思議得。然而漢譯及藏譯，皆作「不思議應供法」。此或據不同梵本。又依藏傳，此頌釋為：「說（佛本性）為一切自生智、佛本性、勝涅槃、不可思議性、降魔勝利、自內證自性。」此將諸德性並列，用以為佛本性之定義。

41 自性法身五性相為——1.無為（不生不滅）；2.離二邊無分別；3.離煩惱障、離所知障、離等至障（令不生正受之障）；4.無污染亦不住見地（無一異）；5.清淨光明（法性本來圓滿清淨）—— 此於45及46二頌分述。

42 自性法身五功德為——1.無量；2.無數；3.不可思議；4.無等（無比）；5.一切垢障及其習氣畢竟清淨。

48 廣大不可數　亦離思量境
不共離習氣　無量等次第
（以上說自性法身）

49 示現以色身[43]　受用諸法〔樂〕
淨大悲等流　無間利有情

50 離分別功用　而滿有情願
受用神通力　如摩尼寶王[44]

51 說法及示現　無休作事業
任運及無性[45]　如是五功德

52 摩尼染諸色　色非摩尼性
自在者示現　亦非實身性[46]
（以上說受用報身）

53 大悲觀世間　了知諸世法
而法身無動　作種種應化

54 示現諸本生　都史陀天降
入母胎出世　善巧諸技藝

---

43 rūpadharma 原義為「色法」，今譯為「色身」。漢譯為「妙色」，藏譯 rang bshin 可解為「自身」、「本身」。

44 第 47 及 48 頌，說法身五自性。第 50 及 51 頌則說與之相應之報身五功德。

45 anabhisaṃskṛti 無作、離造作，亦解為「任運」；漢譯為「休息隱沒」，乃屬意譯。atatsvabhāvākyāna，非如其身性而顯現，故漢譯為「示現不實體」。今姑譯為「無性」。

46 atadbhāva 非如其身性。　此偈後二句意譯。依梵本則為「自在者亦不現為實身性，以其依有情之條件而現種種身故。」

55 受用王妃已　出家修苦行
後詣菩提座　降伏魔羅眾

56 圓滿無上覺　乃轉大法輪
入無餘涅槃　穢土諸示現

57 方便說無常　苦無我寂靜
令眾厭三界　而入涅槃〔道〕

58 入寂靜道者　謂已得涅槃
法華等諸經　為說如實法

59 以般若方便　遮除彼等執
成熟無上乘　授記勝菩提

（以上說應化身）

60 成就妙神力　導人如商主
為彼次第說　深廣莊嚴性

61 第一為法身　後二為色身
如色依虛空　色身依法身[47]

（以上總結三身）

(vii) 恆常

【釋論】三身示現以利益世間，今得安樂；其「**恆常**」義，以偈說之❾。

---

47 最後一句原梵文謂「後〔二〕依於第一」，今採意擇。

62　無量因有情不盡　大悲神力智成就
法自在及降死魔　無自性故佛常住[48]

【釋論】此偈頌要言，依下來六頌以知——

63　捨棄身命財　攝受於正法
利益諸有情　成就本初誓

64　於佛體性起　極清淨大悲
復現如意足[49]　恆住世作業

65　具智得解脫　離輪廻二執
常入深三昧[50]　成就相應樂

66　常遊化世間　不為世法染
無死寂靜處　無與於死魔

67　佛無為自性　本初即寂靜
諸無依怙眾　佛為皈依處

68　其初七種因　色身常住性
其餘三種因　法身常住性

---

48 以十因說三身恆常 —— 1.無量因；2.有情不盡（待救渡）；3.大悲無盡；4.神通無盡；5.一切種智無量；6.大樂無盡；7.於法得無盡自在；8.降死魔；9.無自性（無為）；10.護佑世間無盡。

49 ṛddhipāda 神足，即是四神足。

50 acintya，不可思議（三昧，三摩地），漢譯為「心（三昧）」。

(viii) 不可思議

【釋論】諸如來示以證得轉依之教授，應知為「**不可思議**」義。下偈即明此說❿。

69 離言唯勝義所攝　離思量境無可喻
無上及不着有寂[51]　佛此境界不思議

【釋論】上來偈頌所言，以下來四偈明之⓫——

70 佛不可思議　以離言說故
其離言說者　以唯勝義攝
其唯勝義攝　是故離思量
以其離思量　由是無譬喻

71 既離諸譬喻　是故為無上
無上最勝者　〔輪涅皆〕不取
既不取〔輪涅〕　無功過分別

72 〔前〕五因微細　不思議法身
第六說色身　亦為不思議
〔其不思議者〕　以非實有[52]故

51「不着有寂」，梵 bhava-śānty-anudgraha，即不着於輪廻與涅槃。
52 atattvabhāvitva，意為「與實質相應（身）」，故譯為「非實有」。

73 佛無上智悲　　所證諸功德
十地[53]亦難知　　佛之最後位[54]

《分別寶性大乘無上續論》說證菩提第二品圓滿。

53 abhiṣeka 灌頂。於十地後無間道上，入金剛喻定，尚須受諸佛灌頂，始能成佛，故此即指行人在佛因地之灌頂。今姑譯為「十地」。

54 梵文原謂「諸自在者之最後位」。

《正分第三品》

正分——第三品

（梵文題目：*Guṇadhikāra*）

第六金剛句：功德

【釋論】前已說離垢真如，今說依止〔無垢真如之功德〕，如寶石之光輝形色本來不可離異。〔本論〕尚未說圓滿離垢之諸功德，是故於說離垢真如已，即說佛之功德差別。〔偈言❶〕——

1　自利利他勝義身　為世俗身之所依[1]
　現為離繫異熟果[2]　六十四功德差別

【釋論】此偈示何義？〔偈言〕❷——

2　自成就依處　為佛勝義身
　他成就依處　則是世俗身

3　初身所具足　力等離繫德
　次異熟功德　具果大人相

1 paramarthakāyātā（勝義身）與saṃvṛtikāyatā（世俗身）相對（漢譯為「世俗諦體」）。

2 離繫果（visaṃyoga-phala），由證無分別所得之果；異熟果（vipāka-phala）為佛色身（世俗諦身）所示現。

下來說何謂〔十〕力等，以及應如何作理解。略說偈言❸——

（一）總說

4　力如破障金剛杵　處眾無畏若獅王
佛不共性似虛空　二種色身水月喻

（二）別說

【釋論】〔經〕說〔佛〕具足〔十〕力❹。

一・十力

此說如來得十智力——

5　處非處與業異熟[3]　知諸根器種種界[4]
以及種種信解力　及遍一切處之道

6　禪定煩惱及無垢　能起宿世之憶念
以及天眼與寂靜　是為〔如來〕十種力[5]

【釋論】依十力如金剛杵喻，故說下偈❺——

3　sthānaāsthāna是處非處、處非處。知因果業報應不應理。
4　dhatū此可譯為「性」，然所指為一界之性，故此處仍為界。漢譯作「性」。
5　參〈序分〉註24。

7　處非處異熟與界　世間信解染淨道
根聚以及宿世念　天眼以及漏盡理
無明鎧甲牆與樹　杵能穿透能摧倒

二・四無畏

此說證得四無畏性 ——

8　現等覺知一切法　以及斷除諸障礙
道之教示得寂滅　此即說為四無畏

9　自他所知一切法　依一切種智悉知
依所修持之教法　斷應斷事令他斷
證得無上離垢境　亦令他者得圓成
自他利益真實說　聖者何處亦無畏

【釋論】〔依四無畏〕如獅子王喻，故說下偈 ——

10　林中獸王常無畏　獸中遊走無所畏
牟尼獅王處眾時　勇健堅定而安住

三・十八不共法

此說〔佛〕具十八種不共法性相[6] ——

6　下來11至13偈，參考藏譯而譯。如梵僅云「念無失」，而藏譯則僅云「心無瑕垢」(此為「念無失」之因)，故今綜合而如是譯。

11 身無過且無暴語　　亦無念失之過失
彼亦無有心不定　　亦復無有諸異想

12 佛無簡擇已捨心[7]　欲無減精進無減
念慧解脫皆無減　　解脫知見皆無減

13 諸業皆隨智慧行　　智慧不昧三世法
是為十八種功德　　與諸餘人悉不共

14 佛身語意無過失　　心無散動無異想
自然無作而捨心　　欲與精進無減退
清淨念與無垢智　　遍知解脫亦無減

15 佛示〔身語意〕三業　悉隨一切智而起
此智為常極廣大　　故於三世無障礙
勝者慈悲為有情　　故轉無畏妙法輪

【釋論】依十八不共法如虛空喻，故說下偈——

16 虛空性無地等性　　虛空德性無障礙
地水火風世間法　　不共世法唯佛具

四・三十二相

此說〔佛〕色身具三十二大人相——

---

7 upekṣāpratisaṃkhyā，漢譯「無作意護心」，藏譯 ma brtags btang snyoms，意為：無作意於偏袒。此處依《摩訶般若波羅蜜經》卷五〈廣乘品〉（鳩摩羅什譯）（大正・第八冊，255頁下）。參〈序分〉註26。

17 足掌平滿具法輪　足跟與踵俱平滿
手足諸指悉纖長　且〔如鵝王〕具網縵

18 皮膚柔軟且幼嫩　手足肩頸七處滿
膝骨纖圓如鹿王　密處隱藏如馬象

19 上身渾如獅子王　兩腋豐盛圓滿相
雙肩圓好且豐盈　雙臂柔長上下牖

20 身直雙手能過膝　且具清淨身光輪
頸淨無垢如白螺　頰則猶如獅子王

21 口中四十齒均勻　齒密平正且透明
齒白清淨且齊平　復有四牙白淨相

22 舌廣且長無邊際　最勝味覺不思議
自在之聲如梵音　又如迦陵頻伽鳥[8]

23 佛眼紺青如青蓮　睫毛整齊如牛王
眉間白毫頂具髻　皮膚細滑身金色

24 毛髮柔軟極微妙　且皆右旋而向上
髮無污垢如寶石　圓身相若尼拘樹[9]

25 如來無比悉殊勝　堅穩具力如天王[10]
不可思議卅二相　佛說人中尊如是

8 kalaviṅka。
9 nyagṛodha，無節之樹。
10 原頌謂如那羅延那（Nārāyaṇa）。

【釋論】依〔三十二相〕如水月喻說下偈 ——

26　恰如秋月碧天際　人望清池能見月
如是佛子於壇城　能見自在者示現

【釋論】上來說十力、四無畏性、十八不共佛法、三十二大人相，總為六十四〔功德〕。❻

27　六十四功德　及其成就因
於寶女經中　一一次第說

上來所說六十四如來功德差別，依《寶女經》[11]次第一一細說。

復次第依金剛杵、獅子〔王〕、〔淨〕虛空、水中月四喻，於下來十二偈頌[12]中，略說其義 ——

28　通達及無怯[13]　不共及不動
次第喻如杵　如獅空水月
（此頌總明四喻）

11 《寶女所問經》(*Ratnadārikā sūtra*)，四卷，西晉竺法護譯。又《大方等大集經》中所收《寶女品》，即同經異譯，北涼曇無讖譯。均收《大正》第十三卷。
12 藏譯僅謂「十偈」。
13 nirvedhikatva，漢譯為「衝過」，此屬意譯；藏譯為 mi-phyed-pa，意為「不壞」，當另有所據。nirdainya，漢譯為「無慈心」，乃「無怯弱心」之意，譯文不當；藏譯為 mishan，可意譯為「具自信」。故依藏譯，此句可譯為「不壞具自信」。

29 如來所具力　分為六三一
次第破無明　離煩惱習氣[14]

30 譬為能透甲　摧牆及倒樹
佛力金剛杵　重實堅不壞

31 其重以實故　其實以堅故
其堅不可壞[15]　不壞金剛杵
（以上說十力金剛杵喻）

32 無怯且無執　堅固且勇健
牟尼如獅子　處眾而無畏

33 具一切神通[16]　故無畏而住
以見無等故　淨眾亦難比[17]

34 於一切法中　心常穩安住
破無明住地　故為勝利王
（以上說四無畏獅子王喻）

35 凡夫與聲聞　緣覺菩薩佛[18]
愈後智愈妙　故有五種喻

---

14 如來十力，前六種力破無明；復三種力離障礙；後一種力除習氣。

15 gusu「重」；sāra 漢譯為「堅」，意為「堅實」；dṛḍha 漢譯為「固」，今譯為「堅」；abhedya 不可壞。

16 漢譯此句為「以知一切法」，與藏譯同。

17 淨眾，指菩薩眾。

18 原作世間人、聲聞、一向行者〔緣覺〕、智者、自覺者，今因受字數限制，故如是譯。

36　利益諸世間　　地水火風等
離世離出世　　故喻如虛空
（以上說十八不共法虛空喻）

37　三十二功德　　法身佛所顯
如形色光輝　　不離摩尼寶

38　〔佛〕三十二相　見生歡喜德
此依於二身　　化身受用身

39　世間及壇城　　清淨之遠近
見二種示現　　水月空中月
（以上說三十二相水月喻）

《分別寶性大乘無上續論》說〔佛〕功德第三品圓滿。

《正分第四品》

正分——第四品

（梵文題目：*Tathāgatakṛtyakriyādhikāra*）

第七金剛句：事業

【釋論】已說佛無垢功德，今說勝者之事業。略言之，說此為二：一者無功用行（anābhogataḥ）、二者常不休息（apraśrabdhitaḥ）。下來二偈頌即說佛無功用且無間（anābhogāpraśrabdha）所作事業。

（一）兩種事業❶

1　方便教化可化眾　所行教化應根機
應時與地無休息　無功用作教化事

2　智海盈滿諸勝德　具福與智日光華
知佛體性若虛空　周遍無中且廣大

此即無垢功德藏[1]　觀察有情諸差別
煩惱所知障雲覆　以大慈風吹令散

【釋論】上二頌義理，次第於下來二頌及八頌中說明❷。

---

1 「無垢功德藏」（vimala-guṇa-nidhi），即如來藏。

3　化誰及以何方便　以何教法何時處
種種分別皆無有　牟尼自在無功用

4　誰者即是所化機　方便即為諸教化
其處與時即應機　如是即為教化業

5　無分別故無休息[2]　唯教出離及依止
示〔出離〕果與攝受[3]　說二障及斷障緣[4]

6　出離謂〔菩薩〕十地　〔出離〕因謂二資糧
〔出離〕果為勝菩提　攝受有情佛眷屬[5]

7　障者即無邊煩惱　隨煩惱及諸習氣
大悲即為斷障緣　常住不斷〔除彼障〕

8　如是六者須應知　別別可譬以為喻
大海旭日與虛空　寶藏雲網及涼風

9　具功德藏智慧水　無上勝乘[6]如大海
積二資糧如旭日　饒益一切有情眾

2　梵本無「無休息」，漢譯亦無。此依藏譯增入。

3　攝受（parigraha），如阿彌陀佛攝取有情往生極樂世界。

4　佛兩種事業可說為六種教化：1.出離（niryāṇa）；2.依止（upastambha），出離之依止即出離因；3.果（phala）4.攝受（parigraha）；5.障（āvṛti）；6.斷（障）緣（ucchitti-pratyaya）。

5　梵文為bodheḥ sattvaḥ parigrahaḥ，藏譯為「攝受菩提與有情」，漢譯為「攝菩提眷屬」（或「攝菩薩眷屬」），皆與梵本不同，依梵直譯，應為「攝受能受菩提之有情」，故意譯之為「佛眷屬」，以唯佛眷屬始堪受菩提（堪成正覺）故。

6　agrayāna最上乘、勝乘。漢譯為「諸地」，藏譯同。以梵本為佳，蓋此即指「無上大乘」。

10 菩提有如虛空界　廣大而無中邊際
正覺者所具法性[7]　於有情界如寶藏

11 客塵周遍且虛妄　煩惱猶如羅網雲
大悲則如具力風　〔風〕起吹散〔諸客塵〕

12 教化他眾而出離　有情與己見平等
以教化業未圓滿　盡輪迴際不休息

（二）事業九喻

【釋論】〔或難言：〕如〔經〕所說，佛體性不生不滅，是即無為[8]；然則仍以具無為、不起用性相（apravṛtti-lakṣaṇa）之佛體性，能無功用、無休息於世間無分別作事業？

〔答云：〕為令彼於佛之莊嚴法性（māhātymya-dharmatā）有疑慮困惑之眾，對佛之不可思議境界生信解，故以下來偈頌說此自在性——

13 如來如帝釋天鼓　如雲復如梵天王
如日亦如摩尼寶　如響如空如大地

【釋論】上偈總攝經義，下來別別依次第細說各喻，說偈頌

7 梵 samyakasaṃbuddhadharmartvāt，等正覺者法體性，漢意譯為「如來性」。此即指佛所究竟現證之如來藏，以本論說佛體性（buddhatva）即如來藏故。如是與寶藏喻相應。

8 無為法即離緣起之法。不生不滅必離緣起，故云。

云[9] ❸——

一・如帝釋天

此說帝釋天（śakra）影像喻——

14 清淨帝青寶[10] 於其地面上
澄澈故能見 天帝諸天女

15 亦見勝利宮 其餘諸天眾
及彼所住處 諸天自在力

16 地面上所住 〔世間〕男女眾
見諸影像已 次即作祈願

17 願早日轉生 三十三天住
為求滿願故 勤作積善業

18 縱使無知見 此為影像已
然修善業故 死後亦生天

19 此唯是影像 無心無分別
然於地上住 能具大義利

---

9 各喻義理如下 —— 帝釋喻佛身；天鼓喻佛語；雲喻佛意；大梵天喻身業及語業；日喻意業；摩尼寶喻意不可思議；谷響喻語不可思議；虛空喻身不可思議；大地喻佛事業因（出《智光莊嚴經》）。
又，漢譯各頌編次與梵本及藏譯全異，即結構亦有異。當年所據梵本應有不同，或曾經譯師編纂。

10 帝青寶 (vaiḍūrya)，或譯為瑠璃、琉璃，為帝釋髻珠 ——「其寶青色，瑩澈有光，凡物近之，皆同一色。」故非世俗所謂玻璃，亦非琉璃瓦之琉璃。青金石殆近之。

20 同理諸有情　具無垢信等
於彼心影像　能見佛示現

21 佛於行於住　以及坐臥等
具足諸相好　及種種莊嚴

22 開示吉祥法　無言住入定
種種神變等　放出大光明

23 既見佛相已　熱切而修行
正取〔成就〕因　願證所樂境

24 然此佛影像　無分別無心
諸世間示現　卻具大義利

25 凡夫縱不知　佛乃心影像
以見佛色身　亦能得滋長[11]

26 次後依此見　而入於大乘[12]
漸開智慧眼　見內妙法身[13]

27 若大地平等　其內離諸垢
是則成明澈　有如帝青寶
淨摩尼德性　表面平且淨
以其清淨故　是能見影像

11 原作avandhya，意為「非荒蕪」，今譯為「滋長」。

12 梵本為遷就音韻，此處作naya，應解讀為mahāyāna（大乘）。

13 梵作saddharmakāyaṃ madhyasthaṃ，高崎依L. Schmithausen，據藏譯訂正為saddharmakāyam adhyātam，意為「內在妙法身」。今從之。若依原文，則為「居於中央之妙法身」，意稍澀。

諸天與眷屬　住於帝釋宮
然而寶石地　日漸失德性
如是天影像　即不復顯現

28 為求所欲境　世人守齋戒
供養香花等　求滿心中願
菩薩亦如是　心如帝青寶
見牟尼影像　歡喜向菩提[14]

29 如淨帝青寶　能現天帝相
有情清淨心　亦能現牟尼

30 影相顯與隱　唯緣心淨垢
諸世間顯像　不取有與無

二•如天鼓

此說天鼓喻——

31 諸天以彼宿生善　離諸勤作離方處
亦離身意等分別　而令法鼓響無停

32 法鼓響聲作調化　驚醒放逸諸天眾
示以無常及諸苦　示以無我及寂靜

33 佛陀在於此世間　周遍而離勤作等
為諸具福有情眾　佛音周遍而說法

[14] 此句依藏譯。梵本直譯則為：「心生歡喜，生起種種妙色（citra）」。

34 譬如諸天之鼓音　天人自身業所起
牟尼世間之法音　亦由自身業而起
鼓聲離勤作方處　亦離身意故寂靜
此即猶如佛說法　亦離此四故寂靜

35 復如天帝城鼓音　戰事而起苦惱時
退阿修羅勝利軍　此如遊戲離怖畏
世間有情亦如是　依教說之無上道
入於四禪無色定　降諸煩惱以及苦

〔或難言：〕緣何唯以法鼓為喻，而不說餘諸天鐃鈸等天樂聲？〔如經所言，〕一切天悉由彼宿生善業所感，而有〔天樂〕出諸和悅天人耳之聲。

〔答云：不說其餘天樂聲，〕以其有四種功德與如來音聲不同故。云何為四？有限性（prādeśikatva）故；無利益性（ahitatva）故；無樂性（asukhatva）故；不導入出離性（anairyāṇikatva）故。

法鼓音則不然，能調化一切放逸天眾，且鼓音無休[15]，是故無限。

於阿修羅敵軍作禍亂時，能護持天人，令離怖畏，且令彼於其住處不放逸，故具利益性。

能令遠離不實欲樂，而生法樂之歡喜，故具安樂性。

〔鼓〕音說無常、苦、無我、空等，寂息諸災厄，由是

15 梵 kāla-anatikramaṇatā，直譯為「與時間不相違」。

令入出離。

佛音亦如法鼓音具足此四種共性，是故佛音壇城（buddha-svara-maṇḍala）殊勝。今以偈頌說此佛音壇城——

36 是於一切有情類　施與利益與安樂
具足三種神變力[16]　佛音勝彼諸天樂

【釋論】〔佛音〕四種殊勝功德，略以四偈頌依次而說。

37 天鼓巨雷音　地上即不聞
唯如來法音　下三道亦聞

38 百千萬天樂　唯燃欲樂火
大悲本性音　寂滅苦火因

39 諸天悅樂聲　增上散亂意
唯如來妙音　導入三昧心

40 總之安樂因　於諸天地間
世界悉周遍　此喻佛法音

〔諸佛示現，首為〕色身神變周遍十方世界，名為「神足變化神變」（ṛddhiprātihārya）；次為攝諸有情深密心行，了知心之種種相，名為「他心通神變」（ādeśanāprātiharya）；復次為〔佛〕音教化，示以出離之

16 三神變力，見下來長行。

道，名為「教誡神變」(anuśāstipratiharya)。是故佛音壇城(buddha-svara-maṇḍala) 之示現無礙，周遍如虛空界。

然則何以非處處緣知其聲？此非佛音壇城之過失。下偈即說此理，明不聞佛音有情自身之過失。

41 譬如耳疾者　不聞微妙音
故即天人耳　亦非能遍聞
法音極微妙　最勝智者知
唯心無垢障　始能聞其聲

三・如雲

此說如雲——

42 此即恰如雨季雲　實為穀物豐收因
水蘊任運無作意　雨降大地亦如是

43 慈悲之雲亦如是　降下勝者正法水
此雨無分別而降　世間善穀物之因

【釋論】 44 世間善業道所生　如風生起雲降雨
慈悲風增世間善　亦令佛雲降法雨

45 具智與悲虛空住　滅與不滅無所執[17]
禪定總持無垢水　佛雲清淨穀物因

17 此中所謂滅者，指輪迴界；所謂不滅者，指湼槃界。無此分別，故為「無執」。

依種種器〔世間〕非等量性，復說頌云——

46 自佛法雲中　降八功德水[18]
世間鹽土等　染水種種味
廣大慈悲雲　雨八正道水[19]
種種心異境　生種種解味

【釋論】依無差別行[20]，說偈頌云——

47 最勝乘信解　有情分三類
信或置或謗　喻人孔雀[21]鬼

48 夏旱無雲時　人孔雀〔熱〕苦
及至夏雨降　餓鬼〔燒灼〕苦
此喻慈悲雲　降法雨不降
有情於法性　或信樂或謗

49 雲降雨無心　傾盆挾雷電
其或傷細蟲　山間旅人等
智悲雲亦然　微妙或廣大
無顧於我見　隨眠煩惱處

18 八功德水，即具甘、冷、軟、輕、清淨、無臭、不傷喉、不傷腹等八功德，梵文原頌亦僅列前五。

19 即正見、正思維、正語、正業、正命、正精進、正念、正定。

20 nirapekṣa-pravṛtti，直譯為「無顧慮行」，此即無有差別，一視同仁之意，故今依漢譯，譯為「無差別行」（漢譯為「無差別心」）。

21 梵 cātaka，舊譯「遮多鳥」，藏譯 rma bya。

〔以法雨能〕滅諸苦火，說偈頌云——

50 無始亦無終　輪迴於五道
五道皆無樂　如糞穢無香
所受苦無休　如被火刃傷[22]
慈雲妙法雨　令其得寂息

51 天人有退墮　人有求不得
是故具智者　不求人天王
以彼般若智　能隨順佛語
此苦此苦因　此為滅苦道

52 知病除病因　服藥始能癒
故苦集滅道　應知斷證修[23]

四・如梵天王

此說如大梵天王——

53 譬如梵天王　梵天宮無動
諸天之宮殿　離作而示現

54 此即如牟尼　其法身無動
於諸具福者　任運現化身

22 此處略譯，梵作「如觸火、刃、冰、鹽等」。
23 此即「苦應知、集應斷、滅應證、道應修」，頌文將之分列。

55 梵王不離宮　常入於欲界
為諸天人見　令除物愛欲
此亦如善逝　住法身不動
而為諸世間　具福者所見
彼見〔佛示現〕乃除諸垢染

56 大梵依昔誓　具天善德力
離作而示現　化身亦如是

依〔佛〕不示現〔於不具福者〕，說下偈頌——

57 從天降入胎　出生入父宮
愛欲與享樂　寂靜處修行
降魔成正覺　轉法輪示寂
牟尼諸示現　未熟者不見

五・如日

此說〔佛〕如日——

58 如日光華同時照　蓮花開綻睡蓮卷
花開花閉不分別　佛日亦無功過算

【釋論】有情界於佛教化有二種，或受教化、或不受教化。受教化者，有如日開蓮，及如盛甘露之器。

59 如日無分別　光華同時照
得令此花開　而令彼花閉

60 佛日亦如是　妙法光華射
所化眾如蓮　普照無分別

61 法身與色身　菩提座上起
一切智日昇　智光遍世間

62 一切所化機　猶如甘露器
善逝日光華　同時無量現

諸佛雖無分別為三類有情示現且作教化，唯以有情根器異故有〔光照〕次第。依此次第，故說山喻——

63 佛日恆時悉周遍　遍於法界若虛空
光華先射受化眾　依彼德行喻為山

64 大日千光照世間　依次照山高中低
勝者之日亦如是　先照菩薩後有情[24]

說〔佛日〕光輝勝於〔日輪，偈頌云〕——

24 梵本僅云，依次而照德行不同之有情，此句依漢譯而譯，意義較清晰。

65　日不遍照地與空　不破無智密林暗
具悲本性〔之佛日〕　一毫髮中現諸色
且亦遍射光華網　示現世間所知境[25]

66　有情無眼如得眼　具見而離諸障網
佛日智光破邪暗　照見從來未見處[26]

六・如摩尼寶

此說如摩尼寶珠——

67　如摩尼寶珠　雖然無差別
同時能滿足　各有情意樂

68　佛如意寶珠　有情各異想
佛雖無差別　聞法各異見

69　摩尼寶珠無分別　任運為他現諸寶
牟尼利他亦無作　唯應根器長住世

依如來出現難得而說偈頌——

---

25 jñeyartha 可知境，智境。漢譯為「真如妙境界」。此即如來藏，以如來藏即為智境故。

26 此頌略譯。依梵直譯，可譯為七句——
入城佛令無眼者　得眼而離諸障網
彼受無智所縛者　墮入生死大海內
且受邪見黑暗障　以得佛日智光照
能見從來未見處
此中「處」，梵作 pada，此字又可解為「句」，故此實一語雙關。

70 於大海或地底求　清淨寶珠亦難得
應知煩惱福薄者　極難得見善逝身

七・如谷響

此說如空谷回響——

71 彼空谷回響　依他識相起[27]
離功用分別　非內非外住

72 如來聲亦然　依他心識相
離功用差別　非內非外住

八・如虛空

此說如虛空——

73 本無一物無顯現　無對境亦無依止
抑且超越眼識境　空中無色不可見

74 似見虛空有低昂　而彼虛空實非是
所見佛陀種種身　實在佛陀非若此

---

[27] vijñapti，此字多義，基本義為「識」，漢譯於他處譯之為「心」。然此字亦有「示現」義，故依偈頌意，今譯為「識相」及「心識相」。此處意為：回響僅由他人之耳識生起。下偈則云：如來聲依聞者之心識而生起。是故二者皆說為離功用、離差別。

九・如大地

此說如大地 ——

75 草木之所依　無分別大地
於此得生長　廣大且繁茂

76 世間諸善根　亦如是依止
無分別大地　而能得長養❹

（三）說九喻義❺

【釋論】九義喻理，以下來偈頌略明之 ——

77 佛離功用種種業　非我凡夫可察見
為受教化者除疑　是故說此九譬喻

78 此九譬喻之義理　依彼經題已廣說[28]
是即〔九種譬喻義〕能明其中之密義

79 聽聞〔經義〕能生起　廣大光明之莊嚴
具足智慧〔菩薩眾〕速悟入諸佛境界

80 為此說之為九喻　帝釋影像帝青寶
以及其餘諸譬喻　於其要義須應知

---

28 依《度諸佛境界智光嚴經》。

81 示現教說與周遍 變化以及智出離
佛意語身秘密業 證得大悲之本性[29]

82 〔如來〕智慧[30]無分別 相續功用得寂息
以此喻為帝釋天 影像生於帝青寶

83 以離功用而立宗 無分別智慧是因
帝釋影像等為喻 如是證成立宗義[31]

84 今且略明立宗義 此說九種示現等
怙主已離生與死 示現皆離諸功用

今復以偈總攝諸譬喻——

85 喻如帝釋天鼓雲 梵日寶王響空地
利他事業無功用 唯知方便智者知[32]

86 示現有如寶石影 佛之善說如天鼓
佛之智悲雲壇城 周遍至於有頂天[33]

---

29 此九喻義，依次為 —— 1.示現（darśana），帝釋影像喻；2.教說（ādeśanā），天鼓喻；3.周遍（vyāpi），雲喻；4.變化（vikṛti），梵天王喻；5.智出離（jñānaniḥsṛti），日喻；6.意密（manoguhyaka），如意珠喻；7.語密（vāg-guhyaka），谷響喻；8.身密（kāyaguhyaka），虛空喻；9.證得（prāpti），大地喻。大悲為事業因（參註9），故說為九種事業之自性。

30 此及下頌所說之無分別「智慧」，其梵文為 dhī 而非 jñāna、prajñā 或 mati。此 dhī 亦即密乘修習文殊師利菩薩之種子字。

31 離功用為宗（pratijñā 即命題）；無分別智慧為因（hetu 即理由）；諸喻為喻。此依因明之宗、因、喻說九譬喻義。即謂佛離功用（離作意）而自然作事業，何則？以佛無分別故。無分別故離功用。

32 yogavid 相應之方便。藏譯為大修行者（大瑜伽士）。

33 有頂天 (bhavāgra)，亦名非想非非想處，為無色界最高天，亦即三界最高天。

87 佛身不動無漏處　如梵王現諸化身
佛智如日放光明　佛意清淨摩尼寶

88 佛語如響離文字　佛身如空常且遍
佛地則喻如大地　世間善法藥根基

諸喻說諸佛世尊常恆不生不滅，然卻可見〔世尊〕降生與入寂，何故〔世尊〕為彼〔有情〕作佛事業，於諸世間無功用且無間作種種示現？〔答如偈云——〕

89 心淨有如帝青寶　如是即為佛現因
以其心能持清淨　不壞信根而增長

90 以此淨之具不具　由是佛身有顯隱
此則有如帝釋天　佛法身實離生滅

91 是故示現等事業　離功用而成化現
法身不生亦不滅　盡輪迴際常示現

〔下來依次第說諸喻有相異義——〕

92 上來已總說諸喻　彼之次第實說明
前譬喻之相違處　須依後譬喻以除

93 佛體性喻如影像　然影像卻無音聲
佛音喻之如天鼓　天鼓不能普利他

94 佛利他喻為雨雲 雲不能存具義種[34]
後者復如梵天王 梵王終不能成熟

95 成熟因喻為大日 日非畢竟破黑暗
破暗雖如摩尼寶 摩尼寶王非稀有[35]

96 此復譬喻為谷響 谷響亦由緣起生
非緣起生如虛空 虛空卻非功德依[36]

97 佛喻地輪說為基 善業成就所依處
無論世間出世間 此非大地能肩荷[37]

98 出世法依佛菩提 生起清淨事業道
四禪以及四無量 四無色等深禪定[38]

《分別寶性大乘無上續論》及其總攝根本頌義理釋論，說佛事業第四品圓滿。

---

34 sārthabāja 具有義利之種子。全句依梵本直譯，則為「雲不能令具義利種子不受壞」。

35 摩尼寶王雖為稀有，但具實體，故不如佛之微妙稀有。

36 śukladharma 白淨法，此處意譯為「功德」。

37 此句依藏傳教授增入。

38 四禪（catvari dhyānani），為四色界定；四無量（catvary apramāṇāni）即慈、悲、喜、捨四無量心（四等至）；四無色定（catarra ārūpya-samāpattayaḥ）為四無色界定。《大智度論》說之為「空無邊處定」、「識無邊處定」、「無所有處定」、「非想非非想處定」。

《後分》

後分

甲　造論利益

【釋論】下來偈頌，說對〔四種〕依處已生信解心者之信解功德。此有六偈頌——

1　佛性以及佛菩提　佛功德及佛事業
此唯導師自證界　縱清淨者不思議

2　勝者境界生信解　即成聚佛功德器
願得不思議功德　其福德勝諸有情

3　日日珍寶作供養　十方佛土塵沙數
不若受持一句法　所生淨福勝布施

4　求無上覺之智者　三門持戒無量劫
不若受持一句法　所生淨福勝持戒

5　入禪定消三界火　已勝梵天最上位
不若受持一句法　所生淨福勝禪定

6　布施唯能得享樂　持戒唯生天界中
禪定能除煩惱苦　二障唯般若能除[1]
是故般若為最勝　彼因則為聞此法

[1] 受持本論法義，為生般若因，故較布施、持戒、禪定諸波羅蜜多為勝。

【釋論】上來偈頌，以如下九頌釋之 ——

7 佛性所依及所轉[2] 佛之功德及義成[3]
如是四法佛智境 此於上來已敘述

8 若然智者具深信 知此有得諸功德[4]
即以信能而堪能 到達如來所住處

9 於彼不思議境界 若能虔誠具深信
能證人人都如我[5] 即證具此功德境[6]

10 若菩提心為容器 於欲精進念定慧
〔諸善心所皆容納〕〔菩提心〕即常現前

11 以菩提心常現前 名為不退轉佛子
所證圓滿清淨者 即福德波羅蜜多[7]

12 此中所謂福德者 即前五種波羅蜜
三輪體空離分別[8] 淨除相違而清淨

---

2 佛性所在，即如來藏；所轉，即由垢染轉為清淨，由藏識轉為如來藏，由識境轉為智境。

3 義成 (artha-sādhana)，即能成就一切利益。釋尊為太子時，即以此為名。

4 astitva，有；śaktatva，得；guṇavattva，諸功德。此乃「信」之三義，如《佛性論》(大正，卌一冊，799 頁下) 云：「信有四種：一信有；二信不可思議；三信應可得；四信有無功量功德。」此中不可思議一義，於下頌即說。

5 一切有情皆具如來藏，是故「人人如我」。

6 指不可思議境界，亦即如來藏。

7 此說「福德波羅蜜多」(puṇya-pāramitā)，即六波羅蜜多之前五者，故下偈即說此五。

8 三輪體空，以布施為例，即無施者、受者、所施之物等分別。

13 布施福德布施生　持戒福德持戒生
忍定〔福德〕修習生　精進則遍於五度

14 若於三輪生分別　此即名為所知障
慳等五度相違法　是即名為煩惱障

15 若無般若波羅蜜　〔前五〕不為除障因
是故般若最為勝　至要為聞般若法

乙　如何造論[1]

16 依聖教量及道理　我已詳說此論藏
究竟清淨願能證　且攝具信解智者[2]

〔下來說依何義造論——〕

17 譬如得燈得電光　得摩尼寶得日月
如是具眼能見境　我即依此而造論
我依如日之牟尼　顯示此具大義法

〔下來說所說義理為何——〕

18 佛說具義具法句　能除三界諸雜染
且示寂靜之功德　非此即為顛倒說

〔下來一偈說須如何對待本論所說——〕

19 須心專注不散亂　唯一勝者所說故
順資糧道得解脫　頂禮奉持聖者教

〔為防疑謗此法義，故方便說二偈頌——〕

20 世無智慧勝佛者　一切智者如實知
故於了義勿撓亂　否則謗聖壞正法

21 謗聖壞法愚癡性　此實起於執着見
不應墮入執見垢　污衣不染新衣染

〔下來偈頌說謗法之因——〕

22 劣智不信及憍慢　故謗法而受覆障
執不了義為真實　貪着利養及邪見
承事彼等謗法者　遠離攝持正法者
於劣下法生喜悅　由是棄失聖者法

〔於背棄正法之果，說下偈頌——〕

23 怨家蛇火與雷電　智者無畏畏失法
彼等但能斷人命　而非令墮無間獄

24 近惡知識出佛血 殺父母及阿羅漢
彼若觀想於法性 無間業亦速解脫
然於具謗法心者 何處而可得解脫

丙 發願迴向❸

25 我已釋七金剛句 三寶圓滿清淨性[9]
以及無垢與菩提 佛之功德與事業
願以功德普迴向 見阿彌陀無量光[10]
願開無垢之法眼 無上菩提願賜與

〔前諸偈頌，以下來三頌總說——〕

26 何因造論如何造 依何義理而宣說
何者佛法之等流 於四頌中已宣說[11]

27 二頌說清淨方便[12] 一頌說謗法之因[13]
餘下二頌則宣說[14] 疑謗正法之果報

9 vyavadānadhātu，極清淨性，指如來藏。
10 此處原作Anantadyuti（無量壽佛、無量光佛）。此二，亦為阿彌陀佛之名號。
11 見16、17、18、19四偈頌。
12 見20、21二偈頌。
13 見22偈頌。
14 見23、24二偈頌。

28 於輪迴之壇城中[15] 得法忍而證菩提
法義能成此二果 此於結頌已宣說[16]

《分別寶性大乘無上續論》及其總攝根本頌義理釋論，說具信功德第五品圓滿。❹

15 梵本作 saṃsāra-maṇḍala，即指壇城會輪。依25偈，此當指無量壽佛壇城。

16 見25偈頌。

漢譯者結頌云——

甚深中觀如來藏　近世屢招增損謗
此譯願能生功德　廻向謗者生知見

彌勒教法瑜伽行　如來藏為修證果
智境顯現為識境　末學持識而謗智

龍樹中觀觀緣起　落於緣起成識境
四重超越而證智　焉能判此為真常

末法時期所廣弘　儘多增損相似法
唯願讀者慎思維　得資糧入解脫道

西元二千又四年，歲次甲申，於四月初一日，依梵本重譯竟。初譯依藏本，距今已達八年，八年以來，雖有寸進，未愜於心。願此重譯本能廣為弘揚，令了義教法能導讀者入資糧道。

校勘記

校勘說明

（1）所言校勘，主要為比較梵本、藏譯及漢譯三者異同。諸本名稱見〈繙譯說明〉。

（2）校勘時以梵本為主，以藏譯及漢譯為校勘。

（3）梵、藏、漢三本，時有結構不同處，本頌（論偈）及釋偈亦時有混淆，由此可見漢藏二譯所據梵本不盡同於今傳梵本，校勘時已留意指出，以便讀者研究。

（4）梵、藏、漢三本之偈頌數目不盡相同，大致皆歸入校勘之內。

（5）唯若於偈頌數目不同之外，更有釋論之文字增刪，為方便讀者對照，則多於譯註中說明，不列入校勘。

校勘記

序分

❶ 藏譯：「敬禮諸佛諸菩薩」

漢譯列為《教化品第一》，有十八首偈頌：

我今悉歸命　一切無上尊
為開法王藏　廣利諸群生　1

諸佛勝妙法　謗以為非法
愚癡無智慧　迷於邪正故　2

具足智慧人　善分別邪正
如是作論者　不違於正法　3

順三乘菩提　對三界煩惱
雖是弟子造　正取邪則捨　4

善說名句義　初中後功德
智者聞是義　不取於餘法　5

如我知佛意　堅住深正義
如實修行者　同取於佛語　6

雖無善巧言　但有真實義
彼法應受持　如取金捨石　7

妙義如真金　巧語如瓦石
依名不依義　彼人無明盲　8

取自罪業障　謗諸佛妙法
如是之人等　則為諸佛呵　9

或有取他心　謗諸佛妙法
如是之人等　則為諸佛呵　10

為種種供養　謗諸佛妙法
如是之人等　則為諸佛呵　11

愚癡及我慢　樂行於小法
謗法及法師　則為諸佛呵　12

外現威儀相　不識如來教
謗法及法師　則為諸佛呵　13

為求名聞故　起種種異說
謗法及法師　則為諸佛呵　14

說乖修多羅　言是真實義
謗法及法師　則為諸佛呵　15

求利養攝眾　誑惑無智者
謗法及法師　則為諸佛呵　16

佛觀如是等　極惡罪眾生
慈悲心自在　為說法除苦　17

深智大慈悲　能如是利益
我說不求利　為正法久住　18

❷ 舊漢譯本誤此作「眾生」。

❸ 勒那摩提譯此處與梵本大異，譯「是故經言，又第一義諦者，所謂心緣尚不能知，何況文字章句故。所言字者，隨以何等名字章句、言語、風聲、能表、能說、能明、能示，以七種義，是名為字。是故經言，又世諦者，謂世間中所用之事，名字章句言說所說」。此段為梵、藏本所無。據高崎直道，此應由《大集經・無意菩薩品》所加入（見大正・十三，no. 397，頁197b）。

❹ 漢譯缺此句。梵引經名*Dṛḍhādhyāśaya-parivarta*；藏引作*Lhag pa'i bsam pa bstan pa'i le'u*。

❺ 梵本有引經名。漢藏均缺。

❻ 漢譯缺經名。

❼ 同五。

❽ 同五。

❾ 梵本無「種種衣」等，然依《瓔珞品》則有此種種「雨」。故依漢譯補入。

正分第一品　第一金剛句

❶ 藏譯略同梵本，漢譯則異，譯為「不依他知者，不依他因緣證知故；不依他因緣證知者，不依他因緣生故；不依他因緣生者，自覺不依他覺故。如是依於如來無為法身相，故一切佛事，無始世來自然而行，常不休息。」

正分第一品　第二金剛句

❶ 「此中……」句，唯漢譯作「離者，偈言」，梵藏本均無，因加入此句文義較明，故據之改寫。

❷ 梵藏本未說經題。

❸ 同二。

❹ 一如性，依梵本 eka-dhātu（一界）、藏譯 khams gcig。

❺ 漢譯略引經云：「言須菩提，真如如來真如平等無差別」。梵藏本皆無。

正分第一品　第三金剛句

❶ 漢譯無此段釋文。

❷ 梵本缺經名，漢藏譯則引為《勝鬘經》。

❸ 漢譯此頌改為長行。

❹ 同上。

❺ 列舉菩薩十勝，唯漢譯有此，梵藏本皆無。故由「偈言」開始，至「果勝者，......」，唯漢譯有之。今即依漢譯引。

❻ 此頌漢譯改為長行，梵藏本則為偈頌。

正分第一品　總說三寶皈依處

❶ 此段唯漢譯本有之，梵藏本皆缺。

正分第一品　總說四不思議界

❶ 此處漢譯為二偈，梵本及藏譯皆只一偈。

❷ 梵本無引經名，今依漢譯補入。藏譯亦有經題。

正分第一品　第四金剛句

❶ 梵漢藏本結構大異。

梵本以27偈開始，即逕接28偈作為釋頌，然後為「世尊說一切有情 ......」一段釋論，至「下來將廣說」止。本節即結束。

漢本先有一段「論曰」然後出27偈。復接大段釋論同梵本，唯多一句「如偈本言」，於是出28偈。—— 唯卻將29偈逕接28偈，不分章節。亦無「經中復有餘義 ......」句。

藏本初同漢譯，但將釋論分為兩截，中間插入28偈。

比較起來，梵本結構似循規蹈距，唯漢譯亦必有所據，可能當時梵本即如此，故藏譯同之。梵本則已經後人改動。今依梵本。

❷ 此十相關義，於漢藏譯說為：體（ngo bo）；因（rgya）；果（'bras）；業（las）；相應（ldan pa）；行（'jug pa）；時差別（gmas skabs kyi rab tu dbye ba）；遍一切處（kun tu 'gro ba）；不變（mi 'gym ba）；無差別（dbya med pa）。

❸ 梵文未引經文，漢譯及藏譯皆引為《不增不減經》。

❹ 漢譯作「亦有二種」，即僅分為二類「無求道方便者」。

❺ 漢譯無此句。梵本作「唯依正制」samyaktva-niyāma。藏譯為 yang dag par nges pa nyid。皆指拘謹於小乘教誡（今譯為「定法」）。

❻ 梵本未引經名。

❼ 漢譯無「是故經言 ......」一句，然而卻多出「偈言」至「佛唯不記不答」一大段。而梵藏本皆同。此決非漢譯增刪，故勒那摩提譯師所據者必為另一梵本，不同藏譯所據。

❽ 漢譯改為「**廣大如法界**」。此與梵藏本涵義不同。以梵藏本較勝，故據之。

❾ 梵本未引經題。

❿ 梵本未引經題。漢譯曰「**如聖者《勝鬘經》言**」。

⓫ 漢譯將此兩頌譯為長行，融入釋論中。

⓬ 梵本未引經名。

⓭ 漢譯缺此一大段。而以一偈代替。偈云——

無分別之人　不分別世間

不分別涅槃　涅槃有平等

⓮ 漢譯無此偈頌。

⓯ 漢譯未引經題。

⓰ 梵本缺此句，依藏譯補入。

⓱ 梵本未引經題。

⓲ 梵本未引經題。

⓳ 漢譯無「**世尊見一切……**」句及此頌。

⓴ 梵本未引經題。

㉑ 梵漢藏本皆未引經題。

㉒ 梵本謂依十二偈說不淨境界，藏譯則謂依十一偈說不淨境界，此蓋以初偈（52偈）為總偈故。依頌義，此偈確非說不淨境界，故依從之。漢譯則將此段長行譯為偈頌，連論偈共為十五偈頌，故云——

十一偈及二　次第不淨時
煩惱客塵過　第十四十五
於善淨時中　過恆沙佛法
不離脫思議　佛自性功德
本際中間際　及以後際等
如來真如性　體不變不異

㉓ 漢譯此處作三頌，參譯註93。

㉔ 梵本缺此句，依漢譯補入。

㉕ 由69頌至78頌，漢譯全缺。梵本及藏譯則皆具有，此當非漢譯者疏漏，疑先出梵本亦無此諸頌，而為後人增補，故梵本稱此為aparah ślokārthah（直譯為「他處偈頌義」，漢譯為餘義）。

㉖ 此處漢譯分作二頌。

㉗ 見《不增不減經》。偈頌84，即隱括下來所引經文大意。梵本校訂者謂此偈乃後人加入。漢譯無此偈，故校訂者所疑未為無理。

㉘ 漢譯云此偈引自《大涅槃經》。梵本及藏譯皆未引經題。今依漢譯引。

㉙ 出《寶髻菩薩反詰經》。漢譯譯為七頌。

㉚ 漢譯多一頌——

一人不在者　示現少一行
王像不成者　空智不具足

㉛ 此段引《寶鬘經》乃據漢譯加入，令讀者易明其喻。梵藏皆未引。

㉜ 由96至126，漢譯缺，於此僅括成六偈。然於《教化品第一》中，則具足諸偈，共成五十四偈。由此可見，漢譯所據梵本，可能為初期增訂本。其後始依次編入本論。

㉝ 漢譯此處編次與梵藏本皆不同 —— 先出兩頌約與128、129兩頌相當。然後有釋論一段，謂先說四偈，復以五十四偈廣說譬喻。於是出二論偈二釋偈云 ——

華蜂糩糞穢　地果故壞衣
貧賤女泥模　煩惱垢相似
佛蜜實真金　寶芽金像王
上妙寶像等　如來藏相似（以上論偈）
華蜂等諸喻　明眾生身中
無始世界來　有諸煩惱垢
佛蜜等諸喻　明眾生身中
無始來具足　自性無垢體（以上釋偈）

於此四頌後始引「經言」。復云 ——「云何自心染？依自心染有九種譬喻應知。偈言」，然後出131偈。

㉞ 漢譯此偈歸入正文長行，梵藏皆另出，有如釋偈。今依漢譯，以其應非為釋偈，僅申132上半偈義。

㉟ 漢譯此處作兩頌。

㊱ 漢譯此處作十三頌。

㊲ 漢譯此處，誤將所引《經莊嚴論》偈頌、與148釋頌混同為一，視為引偈。

㊳ 梵本未引經題。

㊴ 漢譯此處作二偈。見《經莊嚴論》。

㊵ 漢譯此處作五偈。

㊶ 梵本未引經題。

㊷ 漢譯較梵藏本多一偈頌，即於二偈之間，加入一頌曰——

聲聞辟支佛　如無眼目者
不能觀如來　如盲不見日

且又將後一頌（「唯具無邊智」）分為兩頌。

㊸ 漢譯此處分作四偈。

㊹ 漢譯分作十一偈。

㊺ 漢譯各品皆無此結句。

正分第二品　第五金剛句

❶ 梵藏本此論偈皆未能總括離垢真如八種義，而其後長行則始見列，漢譯則加入「相應」，相應即是「功用」，即為與因相應之功德。

❷ 梵本未引經題。

❸ 漢譯分為四偈。

❹ 漢譯分為九偈。

❺ 漢譯分為四偈。

❻ 漢譯分為兩偈。

❼ 漢譯分為八偈。

❽ 漢譯分為二十五偈。

❾ 漢譯分為二偈。

❿ 漢譯分為二偈。

⓫ 漢譯分為六偈，原頌實為四偈，且73偈漢譯本失譯。

正分第三品　第六金剛句

❶ 漢譯分作二偈。

❷ 漢譯分作三偈。

❸ 漢譯分為二偈。

❹ 漢譯此處有「……六十四種如來功德，如《陀羅尼自在王經》所廣說」句，梵藏本皆無。

❺ 漢譯結構與梵藏本皆不同 —— 先次第出論偈說十力、四無畏、十八不共法、三十二相，然後出釋頌27，始分別列論偈說四喻（7、10、16、

26），且各有釋偈分別附後（此即29至39偈）。與梵藏本盡出論偈，然後並列各釋偈不同。此亦漢譯所據梵本不同今傳梵本之證。

❻ 漢譯先說十力、四無畏、十八不共法及三十二相各論頌，然後說四譬喻頌等，次第與梵藏本不同；偈數亦不同，不一一註出。

正分第四品　第七金剛句

❶ 漢譯分為六頌。

❷ 由此處起，漢譯排列與梵藏本皆不同。如此處即分為十六偈。復出論偈13（「帝釋妙鼓雲，梵天日摩尼，響及虛空地，如來身亦爾」），然後即接十九釋偈。（參下來三）

❸ 漢譯接13偈後，有一段文字值得注意——

「依此一行修多羅攝取義偈九種譬喻。自此以下廣說餘殘六十六偈應知。又復依彼廣說偈義九種譬喻，略說彼義，及以次第廣說如來無上利益一切眾生修行究竟，以十九偈解釋應知。偈言——」（以下即出十九偈）

然而於《教化品第一》中，各論偈卻具足。此即恰為六十六偈。

此或為譯者有意省略此六十六偈，避免重複，非所據梵本有缺。此亦如說如來藏九喻之避免重複，但亦極有可能為後人所刪。筆者另有專文討論。至於十九釋偈，則略同梵藏本。

又，此六十六論偈，與梵藏本亦有異。

❹ 此處漢譯復有三偈，為梵藏本所無——

佛聲猶如響　以無名字說
佛身如虛空　遍不可見常

如依地諸法　一切諸妙藥
遍為諸眾生　不限於一人

依佛地諸法　白淨妙法藥
遍為諸眾生　不限於一人

此說谷響、虛空、大地三喻，不知何以置於此處。

❺ 以下釋頌，即相當於漢譯十九偈頌。

後分

❶ 漢譯於此有〈釋論〉云——

又自此以下，明向所說義，依何等法說、依何等義說、依何等相說。初依彼法故說二偈。

❷ 漢譯於此作二偈。梵藏皆一偈。

❸ 漢譯於此頌前，多一段釋論及二偈頌——

依於說法師生敬重心，故說二偈。

若人令眾生　學信如是法
彼是我父母　亦是善知識
彼人是智者　以如來滅後
迴邪見顛倒　令入正道故

❹ 藏本尚有造釋論者回向，梵漢皆無。

此云——

造釋者結頌云

已釋大乘無上法　願獲功德不思議
願我以及諸有情　皆成無垢寶法器

附錄

《分別寶性大乘無上續論》
根本頌

《分別寶性大乘無上續論》根本頌

〔正分〕

〔甲　三寶建立〕

〔第一金剛句：佛寶〕

1　既證佛體性　無初中後際
寂靜自覺知　我向作頂禮

證佛體性已　清淨而顯示
為覺他而說　無畏常恆道

佛持無上劍　及妙金剛杵
劍者表智慧　杵表慈悲義

截斷諸苦芽　摧毀相違牆
此牆受覆障　於諸見稠林

〔第二金剛句：法寶〕

2　頂禮如日法　非有亦非無
亦復非有無　非非有非無

離言內證法　清淨無垢智
如日破無明　貪瞋癡等障

〔**第三金剛句：僧寶**〕

3　敬禮正知者　　由本明淨心
見煩惱無實
由是而了知　　周遍諸有情
極無我寂靜
觀見等覺性　　遍於一切處
其智無障礙
彼以智慧眼　　於清淨中見
無量有情眾

〔**乙　成就建立**〕

4　有雜垢真如　　及離垢真如
無垢佛功德　　以及佛事業
見勝義境界　　生清淨三寶

〔**第四金剛句：如來藏**〕

〔**I 雜垢真如**〕

〔**（一）總說**〕

5　佛智入諸有情聚　　以無垢性故無二
佛種姓上現其果　　有情故具如來藏

〔(二) 別說〕

〔一‧如來藏十義〕

6 自性因果以及用　相應行相與差別
遍處不變及無二　說勝義性十種義

〔(i) 自性；(ii) 因〕

7 如寶如空如淨水　自性恆常不污染
由信法及由般若　由三昧及大悲生

〔(iii) 果；(iv) 用〕

8 淨我樂常等　德波羅蜜果
其用為厭苦　願成就寂靜

〔(v) 相應〕

9 無量功德寶　無盡藏大海
復如燈明色　自性不可分

〔(vi) 行相〕

10 凡夫聖者佛　不離於真如
如實見者言　都具如來藏

〔(vii) 分位差別〕

11 不淨與染淨　　及圓滿清淨
次第相應者　　凡夫菩薩佛

〔(viii) 遍一切處性〕

12 如空遍一切　　具無分別性
心本無垢性　　亦遍無分別

〔(ix) 不變異〕

13 如虛空遍至　　微妙性不染
〔佛性〕遍眾生〔諸煩惱〕不染

14 如於虛空中　　世法有生滅
依於無為界　　有諸根生滅

15 劫火不能燒　　壞此虛空界
老病死諸火　　〔佛性〕燒不壞

16 地界依水住　　水復依於風
風依於虛空　　空不依地等

17 蘊界及諸根　　依煩惱與業
諸煩惱與業　　依非理作意

18 彼非理作意　依心清淨性
然此心本性　不住彼諸法

19 諸蘊處界等　知彼如地界
諸煩惱及業　知彼如水界

20 非如理作意　知彼如風界
〔心〕性如空界　無依無所住

21 彼非理作意　依於心本性
非理作意力　煩惱諸業生

22 煩惱業力水　生起蘊處界
現其生與滅　如〔世界〕成壞

23 心性如空界　無因亦無緣
復無和合相　無有生住滅

24 心本性如空　明輝無變異
虛妄分別生　貪等客塵垢

25 菩薩已證心本性　遣除生老病死已
復以悲憫有情故　由是示現有生死

26 不變性具無盡法　有情無盡皈依處
離分別故常無二　以非作故無有滅

〔(x) 無差別〕

27 法身及如來　聖諦勝涅槃
功德不相離　如光不離日
涅槃不離佛

〔二·如來藏九喻〕

28 萎華中佛蜂腹蜜　皮殼中實糞中金
地中寶藏種中芽　破朽衣中勝者像

29 貧醜女懷輪王胎　泥模之中藏寶像
住於有情〔如來〕性　客塵煩惱垢覆障

30 垢如萎蓮復如蜂　如殼如糞如土地
如種如朽故敗衣　如貧女如火燒地
最勝性則如佛陀　如蜜如實如黃金
如寶藏榕樹寶像　如輪王如淨寶像

31 譬如萎敗蓮華中　佛具千種光輝相
無垢天眼始得見　於敗蓮中出彼〔佛〕

32 是故善逝具佛眼　地獄亦見其法性
盡未來際大悲憫　解脫有情於此障

33 萎蓮之中見善逝　具天眼者綻花開
佛見世間如來藏　貪瞋諸障以悲離

34 譬如蜜釀蜂群內　為具智者所發現
欲以善巧方便法　散諸蜂群而取蜜

35 世尊一切種智眼　見此性猶如蜂蜜
畢竟成就於此性　不與如蜂障相應

36 欲得千萬蜂繞蜜　求者驅蜂取蜜用
煩惱如蜂蜜如智　佛如善巧除滅者

37 果實為殼掩　無人能得食
凡欲食其實　先須去皮殼

38 有情如來藏　為煩惱所雜
不離煩惱染　三界不成佛

39 米麥未去殼　食之無滋味
法王住煩惱　有情無法味

40 旅客失黃金　遺於糞穢中
黃金性不改　千百年如是

41 天人具天眼　見而告人曰
此中有寶金　待還清淨相

42 如佛見有情　煩惱如糞穢
為除煩惱染　降法雨除垢

43 如天人見金　示人還彼淨
佛見佛寶藏　示人以淨法

44 譬如貧家地深處　具有被掩無盡藏
貧人對此無所知　寶藏不能命彼掘

45 此如心中無垢藏　無窮盡且不思議
有情對此無所知　由是常受種種苦

46 貧者不知具寶藏　寶藏不能告其在
有情心具法寶藏　聖者方便令出世

47 譬如菴摩羅果等　其種恆具發芽力
若予土壤及水等　即能漸長成為樹

48 如是清淨法本性　有情無明如種核
若以功德作諸緣　即能漸成勝利王

49 水土陽光時空等　種芽具緣發成樹
有情煩惱殼所掩　佛芽緣具成法樹

50 譬如寶石造佛像　為破臭衣所遮蓋
天眼見此在路旁　乃為旅人作指引

51 無障礙眼見佛身　縱使畜生亦具足
種種煩惱垢掩蓋　故施方便解脫彼

52 路旁寶像朽衣掩　天眼見已示凡夫
輪迴道上煩惱掩　佛說法令性顯露

53 譬如貧醜無助婦　無依唯住孤獨舍
腹中雖懷王者胎　不知輪王在腹內

54 輪迴如住孤獨舍　不淨有情如孕婦
無垢性雖堪作護　卻似輪王處腹內

55 臭衣醜婦住孤獨　輪王在胎亦大苦
有情煩惱住苦舍　雖有依護仍無助

56 如人熔金鑄金像　金注於內泥覆外
當其量金已冷時　去外覆泥令金淨

57 得證最勝菩提者　常見有情心本性
光輝而受客塵染　除障即如開寶藏

58 閃光金像受泥掩　　待冷善巧除其泥
一切智知心寂靜　　說如椎法除其障

〔三·答難〕

59 處處皆說諸法空　　如雲如夢復如幻
然則何故如來言　　一切有情具佛性

60 怯懦心及輕慢心　　執虛妄或謗真法
以及我執為五過　　為離過失是故說

〔第五金剛句：證菩提〕

〔II 離垢真如〕

〔(一) 總說〕

61 清淨成就及捨離　　能自他利與依止
甚深廣大莊嚴性　　盡時際如是〔而示現〕

〔(二) 別說〕

〔(i) 自性；(ii) 因〕

62 佛本性光輝　　客塵煩惱覆
如日如虛空　　受彼層雲網
無垢具功德　　恆常不變異
復於一切法　　依智離分別

〔(iii) 果〕

63 清淨水池蓮花生　滿月離蝕日離雲
離垢功德既具足　故即解脫現光輝

64 佛如勝王如甘蜜　如實如金如寶藏
如果樹如無垢寶　如轉輪王如金像

〔(iv) 業〕

65 無漏周遍不滅性　堅固寂靜不變處
如來體性若虛空　賢者六根境界因

66 色為自在恆常相　聲為善說清淨音
香者清淨具佛戒　味則甚深妙法味

67 觸為樂受三摩地　法證自性甚深義
細思稠林究竟義　佛如虛空離相因

〔(v) 相應〕

68 不可思議常且恆　清涼不變且寂靜
周遍及離諸分別　善淨無垢佛體性
彼如虛空無染着　遍一切處皆無礙
抑且離於粗官感　彼不可見不可取

〔(vi) 示現〕

69 非初中後者無二　不可分而三解脫
無垢分別法界性　入三昧行者能見

70 功德無比不思議　無量過於恆沙數
如是如來無垢性　根除過失及習氣

71 種種正法光明身　無休解脫諸世間
摩尼寶王如所作　現種種〔身〕無自性

72 世間導入寂之道　成熟有情授記因
影像身常住本處　如諸色於虛空界

〔(vii) 恆常〕

73 無量因有情不盡　大悲神力智成就
法自在及降死魔　無自性故佛常住

〔(viii) 不可思議〕

74 離言唯勝義所攝　離思量境無可喻
無上及不着有寂　佛此境界不思議

〔第六金剛句：功德〕

75　自利利他勝義身　　為世俗身之所依
現為離繫異熟果　　六十四功德差別

〔（一）總說〕

76　力如破障金剛杵　　處眾無畏若獅王
佛不共性似虛空　　二種色身水月喻

〔（二）別說〕

〔一•十力〕

77　處非處與業異熟　　知諸根器種種界
以及種種信解力　　及遍一切處之道

78　禪定煩惱及無垢　　能起宿世之憶念
以及天眼與寂靜　　是為〔如來〕十種力

79　處非處異熟與界　　世間信解染淨道
根聚以及宿世念　　天眼以及漏盡理
無明鎧甲牆與樹　　杵能穿透能摧倒

〔二•四無畏〕

80　現等覺知一切法　　以及斷除諸障礙
道之教示得寂滅　　此即說為四無畏

81 自他所知一切法　依一切種智悉知
依所修持之教法　斷應斷事令他斷
證得無上離垢境　亦令他者得圓成
自他利益真實說　聖者何處亦無畏

82 林中獸王常無畏　獸中遊走無所畏
牟尼獅王處眾時　勇健堅定而安住

〔三・十八不共法〕

83 身無過且無暴語　亦無念失之過失
彼亦無有心不定　亦復無有諸異想

84 佛無簡擇已捨心　欲無減精進無減
念慧解脫皆無減　解脫知見皆無減

85 諸業皆隨智慧行　智慧不昧三世法
是為十八種功德　與諸餘人悉不共

86 佛身語意無過失　心無散動無異想
自然無作而捨心　欲與精進無減退
清淨念與無垢智　遍知解脫亦無滅

87 佛示〔身語意〕三業　悉隨一切智而起
此智為常極廣大　故於三世無障礙
勝者慈悲為有情　故轉無畏妙法輪

88 虛空性無地等性　虛空德性無障礙
地水火風世間法　不共世法唯佛具

〔四・三十二相〕

89 足掌平滿具法輪　足跟與踵俱平滿
手足諸指悉纖長　且〔如鵝王〕具網縵

90 皮膚柔軟且幼嫩　手足肩頸七處滿
膝骨纖圓如鹿王　密處隱藏如馬象

91 上身渾如獅子王　兩腋豐盛圓滿相
雙肩圓好且豐盈　雙臂柔長上下牖

92 身直雙手能過膝　且具清淨身光輪
頸淨無垢如白螺　頰則猶如獅子王

93 口中四十齒均勻　齒密平正且透明
齒白清淨且齊平　復有四牙白淨相

94 舌廣且長無邊際　　最勝味覺不思議
自在之聲如梵音　　又如迦陵頻伽鳥

95 佛眼紺青如青蓮　　睫毛整齊如牛王
眉間白毫頂具髻　　皮膚細滑身金色

96 毛髮柔軟極微妙　　且皆右旋而向上
髮無污垢如寶石　　圓身相若尼拘樹

97 如來無比悉殊勝　　堅穩具力如天王
不可思議卅二相　　佛說人中尊如是

98 恰如秋月碧天際　　人望清池能見月
如是佛子於壇城　　能見自在者示現

〔第七金剛句：事業〕

〔(一) 兩種事業〕

99 方便教化可化眾　　所行教化應根機
應時與地無休息　　無功用作教化事

100 智海盈滿諸勝德　　具福與智日光華
知佛體性若虛空　　周遍無中且廣大
此即無垢功德藏　　觀察有情諸差別
煩惱所知障雲覆　　以大慈風吹令散

〔（二） 事業九喻〕

〔一・如帝釋天〕

101 清淨帝青寶　於其地面上
澄澈故能見　天帝諸天女

102 亦見勝利宮　其餘諸天眾
及彼所住處　諸天自在力

103 地面上所住　〔世間〕男女眾
見諸影像已　次即作祈願

104 願早日轉生　三十三天住
為求滿願故　勤作積善業

105 縱使無知見　此為影像已
然修善業故　死後亦生天

106 此唯是影像　無心無分別
然於地上住　能具大義利

107 同理諸有情　具無垢信等
於彼心影像　能見佛示現

108 佛於行於住　以及坐臥等
具足諸相好　及種種莊嚴

109 開示吉祥法　無言住入定
種種神變等　放出大光明

110 既見佛相已　熱切而修行
正取〔成就〕因　願證所樂境

111 然此佛影像　無分別無心
諸世間示現　卻具大義利

112 凡夫縱不知　佛乃心影像
以見佛色身　亦能得滋長

113 次後依此見　而入於大乘
漸開智慧眼　見內妙法身

114 若大地平等　其內離諸垢
是則成明澈　有如帝青寶
淨摩尼德性　表面平且淨
以其清淨故　是能見影像
諸天與眷屬　住於帝釋宮
然而寶石地　日漸失德性
如是天影像　即不復顯現

115 為求所欲境　世人守齋戒
供養香花等　求滿心中願

菩薩亦如是　　心如帝青寶
見牟尼影像　　歡喜向菩提

116 如淨帝青寶　　能現天帝相
有情清淨心　　亦能現牟尼

117 影相顯與隱　　唯緣心淨垢
諸世間顯像　　不取有與無

〔二・如天鼓〕

118 諸天以彼宿生善　　離諸勤作離方處
亦離身意等分別　　而令法鼓響無停

119 法鼓響聲作調化　　驚醒放逸諸天眾
示以無常及諸苦　　示以無我及寂靜

120 佛陀在於此世間　　周遍而離勤作等
為諸具福有情眾　　佛音周遍而說法

121 譬如諸天之鼓音　　天人自身業所起
牟尼世間之法音　　亦由自身業而起
鼓聲離勤作方處　　亦離身意故寂靜
此即猶如佛說法　　亦離此四故寂靜

122 復如天帝城鼓音　戰事而起苦惱時
退阿修羅勝利軍　此如遊戲離怖畏
世間有情亦如是　依教說之無上道
入於四禪無色定　降諸煩惱以及苦

123 是於一切有情類　施與利益與安樂
具足三種神變力　佛音勝彼諸天樂

124 譬如耳疾者　不聞微妙音
故即天人耳　亦非能遍聞
法音極微妙　最勝智者知
唯心無垢障　始能聞其聲

〔三‧如雲〕

125 此即恰如雨季雲　實為穀物豐收因
水蘊任運無作意　雨降大地亦如是

126 慈悲之雲亦如是　降下勝者正法水
此雨無分別而降　世間善穀物之因

127 自佛法雲中　降八功德水
世間鹽土等　染水種種味
廣大慈悲雲　雨八正道水
種種心異境　生種種解味

128 最勝乘信解　有情分三類
信或置或謗　喻人孔雀鬼

129 夏旱無雲時　人孔雀〔熱〕苦
及至夏雨降　餓鬼〔燒灼〕苦
此喻慈悲雲　降法雨不降
有情於法性　或信樂或謗

130 雲降雨無心　傾盆挾雷電
其或傷細蟲　山間旅人等
智悲雲亦然　微妙或廣大
無顧於我見　隨眠煩惱處

131 無始亦無終　輪迴於五道
五道皆無樂　如糞穢無香
所受苦無休　如被火刃傷
慈雲妙法雨　令其得寂息

132 天人有退墮　人有求不得
是故具智者　不求人天王
以彼般若智　能隨順佛語
此苦此苦因　此為滅苦道

133 知病除病因　服藥始能癒
故苦集滅道　應知斷證修

〔四・如梵天王〕

134 譬如梵天王　　梵天宮無動
諸天之宮殿　　離作而示現

135 此即如牟尼　　其法身無動
於諸具福者　　任運現化身

136 梵王不離宮　　常入於欲界
為諸天人見　　令除物愛欲
此亦如善逝　　住法身不動
而為諸世間　　具福者所見
彼見〔佛示現〕　　乃除諸垢染

137 大梵依昔誓　　具天善德力
離作而示現　　化身亦如是

138 從天降入胎　　出生入父宮
愛欲與享樂　　寂靜處修行
降魔成正覺　　轉法輪示寂
牟尼諸示現　　未熟者不見

〔五・如日〕

139 如日光華同時照　　蓮花開綻睡蓮卷
花開花閉不分別　　佛日亦無功過算

140 佛日恆時悉周遍　遍於法界若虛空
光華先射受化眾　依彼德行喻為山

141 大日千光照世間　依次照山高中低
勝者之日亦如是　先照菩薩後有情

142 日不遍照地與空　不破無智密林暗
具悲本性〔之佛日〕　一毫髮中現諸色
且亦遍射光華網　示現世間所知境

143 有情無眼如得眼　具見而離諸障網
佛日智光破邪暗　照見從來未見處

〔六・如摩尼寶〕

144 如摩尼寶珠　雖然無差別
同時能滿足　各有情意樂

145 佛如意寶珠　有情各異想
佛雖無差別　聞法各異見

146 摩尼寶珠無分別　任運為他現諸寶
牟尼利他亦無作　唯應根器長住世

147 於大海或地底求　清淨寶珠亦難得
應知煩惱福薄者　極難得見善逝身

〔七・如谷響〕

148 彼空谷回響　依他識相起
離功用分別　非內非外住

149 如來聲亦然　依他心識相
離功用差別　非內非外住

〔八・如虛空〕

150 本無一物無顯現　無對境亦無依止
抑且超越眼識境　空中無色不可見

151 似見虛空有低昂　而彼虛空實非是
所見佛陀種種身　實在佛陀非若此

〔九・如大地〕

152 草木之所依　無分別大地
於此得生長　廣大且繁茂

153 世間諸善根　亦如是依止
無分別大地　而能得長養

〔後分〕

〔甲 造論利益〕

154 佛性以及佛菩提　佛功德及佛事業
此唯導師自證界　縱清淨者不思議

155 勝者境界生信解　即成聚佛功德器
願得不思議功德　其福德勝諸有情

156 日日珍寶作供養　十方佛土塵沙數
不若受持一句法　所生淨福勝布施

157 求無上覺之智者　三門持戒無量劫
不若受持一句法　所生淨福勝持戒

158 入禪定消三界火　已勝梵天最上位
不若受持一句法　所生淨福勝禪定

159 布施唯能得享樂　持戒唯生天界中
禪定能除煩惱苦　二障唯般若能除
是故般若為最勝　彼因則為聞此法

〔乙 如何造論〕

160 依聖教量及道理　我已詳說此論藏
究竟清淨願能證　且攝具信解智者

161 譬如得燈得電光　得摩尼寶得日月
如是具眼能見境　我即依此而造論
我依如日之牟尼　顯示此具大義法

162 佛說具義具法句　能除三界諸雜染
且示寂靜之功德　非此即為顛倒說

163 須心專注不散亂　唯一勝者所說故
順資糧道得解脫　頂禮奉持聖者教

164 世無智慧勝佛者　一切智者如實知
故於了義勿撓亂　否則謗聖壞正法

165 謗聖壞法愚癡性　此實起於執着見
不應墮入執見垢　污衣不染新衣染

166 劣智不信及憍慢　故謗法而受覆障
執不了義為真實　貪着利養及邪見
承事彼等謗法者　遠離攝持正法者
於劣下法生喜悅　由是棄失聖者法

167 怨家蛇火與雷電　智者無畏畏失法
彼等但能斷人命　而非令墮無間獄

168 近惡知識出佛血　殺父母及阿羅漢
彼若觀修於法性　無間業亦速解脫
然於具謗法心者　何處而可得解脫

〔丙　發願迴回〕

169 我已釋七金剛句　三寶圓滿清淨性
以及無垢與菩提　佛之功德與事業
願以功德普迴向　見阿彌陀無量光
願開無垢之法眼　無上菩提願賜與

《分別寶性大乘無上續論》
梵本

（羅馬字轉寫依據 E. H. Johnston 校訂之梵本：
The Ratnagotravibhāga Mahāyānottaratantraśāstra.
Patna: The Bihar Research Society, 1950）

Ratnagotravibhāgo mahāyānōttara-tantra-śāstram

I

oṃ namaḥ śrī-vajra-sattvāya /

buddhaś ca dharmaś ca gaṇaś ca dhātur
bodhir guṇāḥ karma ca bauddham antyam /
kṛtsnasya śāstrasya śarīram etat samāsato
vajra-padāni sapta (1)

vajrōpamasyādhigamārthasya padaṃ sthānam iti vajra-padam / tatra śruti-cintāmaya-jñāna-duṣprativedhād anabhilāpya-svabhāvaḥ pratyātma-vedanīyo 'rtho vajravad veditavyaḥ / yāny akṣarāṇi tam artham abhivadanti tat-prāpty anukūla-mārgābhidyotanatas tāni tat-pratiṣṭhā-bhūtatvāt padam ity ucyante / iti duṣprativedhārthena pratiṣṭhārthena ca vajra-padatvam artha-vyañjanayor anugantavyam / tatra katamo 'rthaḥ katamad vyañjanam / artha ucyate sapta-prakāro 'dhigamārtho yad uta buddhārtho dharmārthaḥ saṃghārtho dhātv-artho bodhy-artho guṇārthaḥ karmārthaś ca / ayam ucyate 'rthaḥ / yair akṣarair eṣa sapta-prakāro 'dhigamārthaḥ sūcyate prakāśyata idam ucyate vyañjanam / sa cāiṣa vajra-pada-nirdeśo vistareṇa yathāsūtram anugantavyaḥ /

anidarśano hy ānanda tathāgataḥ / sa na śakyaś cakṣuṣā draṣṭum / anabhilāpyo hy ānanda dharmaḥ / sa na śakyaḥ karṇena śrotum / asaṃskṛto hy ānanda saṃghaḥ / sa na śakyaḥ kāyena vā cittena vā paryupāsitum / itīmāni trīṇi vajrapadāni dṛḍhādhyāśaya-parivartānusāreṇānugantavyāni /

tathāgata-viṣayo hi śāriputrāyam arthas tathāgata-gocaraḥ / sarva-śrāvaka-pratyekabuddhair api tāvac chāriputrāyam artho na śakyaḥ samyak sva-prajñaya (jñātum) draṣṭuṃ vā pratyavekṣituṃ vā / prāg eva bāla-pṛthag-janair anyatra tathāgata-śraddhā-gamanataḥ / śraddhā-gamanīyo hi śāriputra paramārthaḥ / paramārtha iti śāriputra sattva-dhātor etad adhivacanam / sattva-dhātur iti śāriputra tathāgata-garbhasyāitad adhivacanam / tathāgata-garbha iti śariputra dharma-kāyasyāitad adhivacanam / itīdaṃ caturthaṃ vajra-padam anūnatvāpūrṇatva-nirdeśa-parivartānusāreṇānugantavyam /

anuttarā samyak-saṃbodhir iti bhagavan nirvāṇa-dhātor etad adhivacanam / nirvāṇa-dhātur iti bhagavaṃs tathāgata-dharma-kāyasyāitad adhivacanam / itīdaṃ pañcamaṃ vajra-padam ārya-śrī-mālā-sūtrānusāreṇānugantavyam /

yo 'yaṃ śāriputra tathāgata-nirdiṣṭo dharma-kāyaḥ so'yam avinirbhāga-dharmā / avinirmukta-jñāna-guṇo yad uta gaṅgā-nadīvālikā-vyatikrāntais tathāgata-dharamaiḥ / itīdaṃ ṣaṣṭhaṃ vajra-padam anūnatvāpūrṇatva-nirdeśānusāreṇānugantavyam /

na mañjuśrīs tathāgataḥ kalpayati na vikalpayati / atha vāsyānābhogenākalpayato 'vikalpayata iyam evaṃ-rūpā kriyā pravartate / itīdaṃ saptamaṃ vajra-padaṃ tathāgata-guṇa-jñānācintya-viṣayāvatāra-nirdeśānusāreṇānugantavyam / itīmāni samāsataḥ sapta-vajra-padāni sakalasyāsya śāstrasyōddeśa-mukha-saṃgrahārthena śarīram iti veditavyam /

svalakṣaṇenānugatāni cāiṣāṃ yathā-
kramaṃ dhāraṇi-rāja-sūtre /
nidānatas trīṇi padāni vidyāc catvāri
dhīmaj-jina-dharma-bhedāt (2)

eṣāṃ ca saptānāṃ vajra-padānāṃ svalakṣaṇa-nirdeśena yathā-kramam ārya-dhāraṇīśvara-rāja-sūtra-nidāna-parivartānugatāni trīṇi padāni veditavyāni / tata ūdhvam avaśiṣṭāni catvāri bodhisattva-tathāgata-dharma-nirdeśa-bhedād iti / tasmād yad uktam /

bhagavān sarva-dharma-samatābhisaṃbuddhaḥ supravartita-dharma-cakro 'nanta-śiṣya-gaṇa-suvinīta iti / ebhis tribhir mūla-padair yathā-kramaṃ trayāṇāṃ ratnānām anupūrva-samutpāda-samudāgama-vyavasthānaṃ veditavyam / avaśiṣṭāni catvāri padāni tri-ratnōpatty-anurūpa-hetu-samudāgama-nirdeśo veditavyaḥ / tatra yato 'ṣṭamyāṃ bodhisattva-bhūmau vartamānaḥ sarva-dharma-vaśitā-prāpto bhavati tasmāt sa bodhi-maṇḍa-vara-gataḥ sarva-dharma-samatābhisaṃbuddha ity ucyate / yato navamyāṃ bodhisattva-bhūmau vartamāno 'nuttara-dharma-bhāṇakatva-saṃpannaḥ sarva-sattvāśaya-suvidhi-jña indriya-parama-pāramitā-prāptaḥ sarva-sattva-kleśa-vāsanānusaṃdhi-samudghātana-kuśalo bhavati tasmāt so 'bhisaṃbuddha-bodhiḥ supravartita-dharma-cakra ity ucyate / yato daśamyāṃ bhūmav anuttara-tathāgata-dharma-yāuva-rājyābhiṣeka-prāpty-anantaram anābhoga-buddha-kāryāpratipraśrabdho bhavati tasmāt sa supravartita-dharma-cakro 'nanta-śiṣya-gaṇa-suvinīta ity ucyate / tāṃ punar ananta-śiṣya-gaṇa-suvinītatāṃ tad-anantaram anena granthena darśayati / mahatā bhikṣu-saṃghena sārdhaṃ yāvad aprameyeṇa ca bodhisattva-gaṇena sārdham iti / yathā-kramaṃ śrāvaka-bodhau buddha-bodhau ca suvinītatvād evaṃ-guṇa-samanvāgatair iti /

tataḥ śrāvaka-bodhisattva-guṇa-varṇa-nirdeśānantaram acintya-buddha-samādhi-vṛṣabhatāṃ pratītya vipula-ratna-vyūha -maṇḍala-vyūha-nirvṛtti-tathāgata-pariṣat-samāvartana-vividha-divya-dravya-pūjā-vidhāna-stuti-meghābhisaṃpravarṣaṇato buddha-ratna-guṇa-vibhāga-vyavasthānaṃ veditavyam / tad-anantaram udāra-dharmāsana-vyūha-prabhā-dharma-paryāya-nāma-guṇa-parikīrtanato dharma-ratna-guṇa-vibhāga-vyavasthānaṃ veditavyam / tad-anantaram anyonyaṃ bodhisattva-samādhi-gocara-viṣaya-prabhāva-saṃdarśana-tad-vicitra-guṇa-varṇa-nirdeśataḥ saṃgha-ratna-guṇa-vibhāga-vyavasthānaṃ veditavyam / tadanantaraṃ punar api buddha-raśmy-abhiṣekair anuttara-dharma-rāja-jyeṣṭha-putra-parama-vaiśāradya-pratibhānōpakaraṇatāṃ pratītya tathāgata-bhūta-guṇa-paramārtha-stuti-nirdeśataś ca mahāyāna-parama-dharmakathā-vastūpanyasanataś ca tat-pratipatteḥ parama-dharmāiśvarya-phala-prāpti-saṃdarśanataś ca yathā-saṃkhyam eṣām eva trayāṇāṃ ratnānām anuttara-guṇa-vibhāga-vyavasthānaṃ nidāna-parivartāvasāna-gatam eva draṣṭavyam /

tataḥ-sūtra-nidāna-parivartānantaraṃ buddha-dhātuḥ ṣaṣṭy-ākāra-tad-viśuddhi-guṇa-parikarma-nirdeśena paridīpitaḥ / viśodhye 'rthe guṇavati tad-viśuddhi-parikarma-yogāt / imaṃ cārtha-vaśam upādāya daśasu bodhisattva-bhūmiṣu punar jāta-rūpa-parikarma-viśeṣōdāharaṇam udāhṛtam / asminn eva ca sūtre tathāgata-karma-nirdeśānantaram aviśuddha-vaiḍūrya-maṇi-dṛṣṭāntaḥ kṛtaḥ /

tad-yathā kula-putra kuśalo maṇikāro maṇi-śuddhi-suvidhi-jñaḥ / sa maṇi-gotrād aparyavadāpitāni maṇi-ratnāni gṛhītvā tīkṣṇena khārōdakenōtkṣālya kṛṣṇena keśa-kambala-paryavadāpanena paryavadāpayati / na ca tāvan-mātreṇa vīryaṃ praśrambhayati / tataḥ paścāt tīkṣṇenāmiṣa-rasenōtkṣālya khaṇḍikā-paryavadāpanena paryavadāpayati / na ca tāvan-mātreṇa vīryaṃ praśrambhayati / tataḥ sa paścān mahā-bhaiṣajya-rasenōtkṣālya sūkṣma-vastra-paryavadāpanena paryavadāpayati / paryavadāpitaṃ cāpagata-kācam abhijāta-vaiḍūryam ity ucyate / evam eva kula-putra tathāgato 'py apariśuddhaṃ sattva-dhātuṃ viditvānitya-duḥkhānātmāśubhōdvega-kathayā saṃsārābhiratān sattvān udvejayati / ārye ca dharma-vinaye 'vatārayati / na ca tāvan-mātreṇa tathāgato vīryaṃ praśrambhayati / tataḥ paścāc chūnyānimittāpraṇihita-kathayā tathāgata-netrīm avabodhayati / na ca tāvan-mātreṇa tathāgato vīryaṃ praśrambhayati / tataḥ paścād avivartya-dharma-cakra-kathayā tri-maṇḍala-pariśuddhi-kathayā ca tathāgata-viṣaye tān sattvān avatārayati nānā-prakṛti-hetukān / avatīrṇāś ca samānās tathāgata-dharmatām adhigamyānuttarā dakṣiṇīyā ity ucyanta iti /

etad eva viśuddha-gotraṃ tathāgata-dhātum abhisaṃdhāyōktam /

> yathā patthara-cuṇṇaṃ hi jāta-rūpaṃ
> na dissati /
> parikammeṇa tad diṭṭhaṃ evaṃ loke tathāgatā
> iti //

tatra katame te buddha-dhātoḥ ṣaṣṭy-ākāra-viśuddhi-parikarma-guṇāḥ / tad-yathā catur-ākāro bodhisattvālaṃkāraḥ / aṣṭākāro bodhisattvāvabhāsaḥ / ṣoḍaśākārā bodhisattva-mahā-karuṇa / dvā-triṃśad-ākāraṃ bodhisattva-karma /

tan-nirdeśānantaraṃ buddha-bodhiḥ ṣoḍaśākāra-mahā-bodhi-karuṇā-nirdeśena paridīpitā / tan-nirdeśānantaraṃ buddha-guṇā daśa-bala-catur-vaiśāradyāṣṭādaśāvenika-buddha-dharma-nirdeśena paridīpitāḥ / tan-nirdeśānantaraṃ buddha-karma dvātriṃśad-ākāra-niruttara-tathāgata-karma-nirdeśena paridīpitam / evam imāni sapta-vajra-padāni sva-lakṣaṇa-nirdeśato vistareṇa yathā sūtram anugantavyāni / kaḥ punar eṣām anuśleṣaḥ /

buddhād dharmo dharmataś cārya-saṃghaḥ
saṃghe garbho jñāna-dhātv-āpti-niṣṭhaḥ /
taj-jñānāptiś cāgra-bodhir balādyair dharmair
yuktā sarva-sattvārtha-kṛdbhiḥ (3)

uktaḥ śāstra-saṃbandhaḥ /

idānīm ślokānām artho vaktavyaḥ / ye sattvās tathāgatena vinītās te tathāgataṃ śaraṇaṃ gacchanto dharmatā-niṣyandābhiprasādena dharmaṃ ca saṃghaṃ ca śaranaṃ gacchanti / atas tat prathamato buddha-ratnam abhikṛtya ślokaḥ /

yo buddhatvaman-ādi-madhya-nidhanaṃ śāntaṃ
vibuddhaḥ svayaṃ buddhvā cābudha-bodhanārtham
abhayaṃ mārgaṃ dideśa dhruvam /
tasmai jñāna-kṛpāsi-vajra-vara-dhṛg-duḥkhāṅkurāika-
cchide nānā-dṛg-gahanōpaūḍha-
vimati-prākāra-bhettre namaḥ (4)

anena kiṃ darśayati /

asaṃskṛtam anābhogam aparapratyayōditam /
buddhatvaṃ jñāna-kāruṇya-śakty-upetaṃ
dvayārthavat (5)

anena samāsato 'ṣṭhābhir guṇaiḥ saṃgṛhītaṃ buddhatvam udbhāvitam / aṣṭau guṇāḥ katame asaṃskṛtatvam anābhogatāparapratyayābhisaṃbodhir jñānaṃ karuṇā śaktiḥ svārtha-saṃpat parārtha-saṃpad iti /

an-ādi-madhya-nidhana-prakṛtatvād asaṃskṛtam /
śānta-dharma-śarīratvād anābhogam iti smṛtam (6)
pratyātmam adhigamyatvād aparapratyayōdayam /
jñānam evaṃ tridhā bodhāt karuṇā mārga-deśanāt (7)
śaktir jñāna-kṛpābhyāṃ tu duḥkha-kleśa-

nibarhaṇāt /
tribhir ādyair guṇaiḥ svārthaḥ parārthaḥ
paścimais tribhiḥ (8)

saṃskṛta-viparyayeṇāsaṃskṛtam veditavyam / tatra saṃskṛtam ucyate yasyōtpādo 'pi prajñāyate sthitir api bhaṅgo 'pi prajñāyate / tad-abhāvād buddhatvam an-ādi-madhya-nidhanam asaṃskṛta-dharma-kāya-prabhāvitaṃ draṣṭavyam / sarva-prapañca-vikalpōpaśāntatvād anābhogam / svayaṃbhū-jñānaādhigamyatvād aparapratyayōdayam / udayo 'trābhisaṃbodho 'bhipretōtpādaḥ ity asaṃskṛtād apravṛtti-lakṣanād api tathāgatatvād anābhogataḥ sarva-saṃbuddha-kṛtyam ā-saṃsāra-koṭer anuparatam anupacchinnaṃ pravartate /

ity evam atyadbhutācintya-viṣayaṃ buddhatvam aśrutvā parataḥ svayam anācāryakeṇa svayaṃbhū-jñānena nirabhilāpya-svabhāvatām abhisaṃbudhya tad-anubodhaṃ praty abudhānām api jātyandhānāṃ pareṣām anubodhāya tad-anugāmi-mārga-vyupadeśa-karaṇād anuttara-jñāna-karuṇānvitatvaṃ veditavyam / mārgasyābhayatvaṃ lokōttaratvāt / lokōttaratvam apunar-āvṛttitaś ca / yathā-kramaṃ para-duḥkha-kleśa-mūla-samudghātaṃ praty anayor eva tathāgata-jñāna-karuṇayoḥ śaktir asi-vajra-dṛṣṭāntena paridīpitā / tatra duḥkha-mūlaṃ samāsato yā kā-cid bhaveṣu nāma-rūpābhinirvṛttiḥ / kleśa-mūlaṃ yā kā-cit satkāyābhiniveśa-pūrvikā dṛṣṭir vicikitsā ca / tatra nāma-rūpa-saṃgṛhītaṃ duḥkham abhinirvṛtti-lakṣaṇatvād aṅkura-sthānīyaṃ veditavyam / tac-chettṛtve tathāgata-jñāna-karuṇayoḥ śaktir asi-dṛṣṭāntenōpamitā veditavyā / dṛṣṭi-vicikitsā-saṃgṛhīto darśana-mārga-praheyaḥ kleśo laukika-jñāna-duravagāho durbhedatvād vana-gahanōpagūḍha-prākāra-sadṛśaḥ / tad-bhettṛtvāt tathāgata-jñāna-karuṇayoḥ śaktir vajra-dṛṣṭāntenōpamitā veditavyā /

ity ete yathōddiṣṭāh ṣaṭ-tathāgata-guṇā vistara-vibhāga-nirdeśato 'nayāivānupūrvyā sarva-buddha-viṣayāvatāra-jñānālokālaṃkāra-sūtrānusāreṇānugantavyāḥ / tatra yad uktam anutpādo 'nirodha iti mañjuśrīs tathāgato 'rhan samyak-saṃbuddha eṣa ity anena tāvad asaṃskṛta-lakṣaṇas tathāgata iti paridīpitam / yat punar anantaraṃ vimala-vaiḍūrya-pṛthivī-śakra-pratibimbōdāharaṇam ādiṃ kṛtvā yāvan navabhir udāharaṇair etam evānutpadānirodha-tathāgatārtham adhikrityāha / evam eva mañjuśrīs tathāgato 'rhan samyak-saṃbuddho nēñjate na viḥhapeti na prapañcayati na kalpayati na vikalpayati / akalpo 'vikalpo 'citto 'manasi-kāraḥ śītī-bhūto 'nutpādo 'nirodho 'dṛṣṭo 'śruto 'nāghrāto 'nāsvādito 'spṛṣṭo 'nimitto 'vijñaptiko 'vijñapanīya ity evam-ādir upaśama-prabheda-pradeśa-nirdeśaḥ / anena sva-kriyāsu sarva-prapañca-vikalpōpaśāntatvād anābhogas tathāgata iti paridīpitam / tata ūrdhvam udāharaṇa-nirdeśād avaśiṣṭena granthena sarva-dharma-tathatābhisaṃbodha-mukheṣv aparapratyayādhisaṃbodhas tathāgatasya paridīpitaḥ / yat punar ante ṣoḍaśākārāṃ tathāgata-bodhiṃ nirdiśyāivam āha / tatra mañjuśrīs tathāgatasyāivaṃ-rūpān sarva-dharmān abhisaṃbudhya sattvānāṃ ca dharma-dhātuṃ vyavalokyāśuddham avimalaṃ sāṅganaṃ vikrīḍitā nāma sattveṣu mahā-karuṇā pravartata iti / anena tathāgatasy ānuttara-jñāna-karuṇānvitatvam udhhāvitam / tatrāivaṃ-rūpān sarva-dharmān iti yathā-pūrvaṃ nirdiṣṭān abhāva-svabhāvāt / abhisaṃbudhyēti yathā-bhūtam avikalpa-buddha-jñānena jñātvā / sattvānām iti niyatāniyata-mithyā-niyata-rāśi-vyavasthitānām / dharma-dhātum iti sva-dharmatā-prakṛti-nirviśiṣṭa-tathāgata-garbham / vyavalokyēti sarvākāram anāvaraṇena buddha-cakṣuṣā dṛṣṭvā / aśuddhaṃ kleśāvaraṇena bāla-pṛthag-janānām / avimalaṃ jñeyāvaraṇena śrāvaka-pratyekabuddhānām / sāṅganaṃ tad-ubhayānyatama-viśiṣṭatayā bodhi-sattvānām / vikṛīḍitā vividhā saṃpanna-vinayōpāya-mukheṣu supraviṣṭatvāt / sattveśu mahā-karuṇa pravartata iti samatayā sarva-sattva-nimittam abhisaṃbuddha-bodheḥ sva-dharmatādhigama-saṃprāpaṇāśayatvāt / yad ita ūrdhvam anuttara-jñāna-karuṇā-pravṛtter asama-dharma-cakra-pravartanābhinirhāra-prayogāśraṃsanam iyam anayoḥ parārtha-karaṇe śaktir veditavyā / tatrāiṣām eva yathā-kramaṃ ṣaṇṇāṃ tathāgata-guṇānām ādyais tribhir asaṃskṛtādibhir yogaḥ svārtha-saṃpat / tribhir avaśiṣṭair jñānadibhiḥ parārtha-saṃpat / api khalu jñānena parama-nityōpaśānti-pada-svābhisaṃbodhi-sthāna-guṇāt svārtha-saṃpat paridīpitā / karuṇā-śaktibhyām anuttara-mahā dharma-cakra-pravṛtti-sthāna-guṇāt parārtha-saṃpad iti /

ato buddha-ratnād dharma-ratna-prabhāvanēti tad-anantaraṃ tad adhikṛtya ślokaḥ /

yo nāsan na ca san na cāpi sad-asan nānyaḥ
sato nāsato 'śakyas tarkayituṃ nirukty-
apagataḥ pratyātma-vedyaḥ śivaḥ /
tasmai dharma-divākarāya vimala-jñānāvabhāsa-tviṣe
sarvārambaṇa-rāga-doṣa-timira-vyāghāta-kartre
namaḥ (9)

anena kiṃ darśitam /

acintyādvaya-niṣkalpa-śuddhi-vyakti-vipakṣataḥ /
yo yena ca virāgo 'sau dharmaḥ satya-dvi-
lakṣaṇaḥ (10)

anena samāsato 'ṣṭābhir guṇaiḥ saṃgṛhītaṃ dharma-ratnam udbhāvitam / aṣṭau guṇāḥ katame / acintyatvam advayatā nirvikalpatā śuddhir abhivyakti-karaṇaṃ pratipakṣatā virāgo virāga-hetur iti /

nirodha-mārga-satyābhyāṃ saṃgṛhītā virāgitā /
guṇais tribhis tribhiś cāite veditavye yathā-
kramam (11)

eṣāṃ eva yathā-kramaṃ ṣaṇṇāṃ guṇānāṃ tribhir ādyair acintyādvaya-nirvikalpatā-guṇair nirodha-satya-paridāpanād virāga-saṃgraho veditavyaḥ / tribhir avaśiṣṭaiḥ śuddhy-abhivyakti-pratipakṣatā-guṇair mārga-satya-paridāpanād virāga-hetu-saṃgraha iti / yaś ca virāgo nirodha-satyaṃ yena ca virāgo mārga-satyena tad ubhayam abhisamasya vyavadāna-satya-dvaya-lakṣaṇo virāga-dharma iti paridīpitam /

atarkyatvād alāpyatvād ārya-jñānād acintyatā /
śivatvād advayākalpau śuddhy-ādi trayam
arkavat (12)

samāsato nirodha-satyasya tribhiḥ kāraṇair acintyatvaṃ veditavyam / katamais tribhiḥ / asat-sat-sad-asan-nōbhaya-prakāraiś caturbhir api tarkāgocaratvāt / sarva-ruta-ravita-ghoṣa-vākpatha-nirukti-saṃketa-vyavahārābhilāpair anabhilāpyatvāt / āryāṇāṃ ca pratyātma-vedanīyatvāt /

tatra-nirodhasatyasya katham advayatā nirvikalpatā ca veditavyā / yathōktaṃ bhagavatā / śivo 'yaṃ śariputra dharma-kāyo 'dvaya-dharmāvikalpa-dharmā / tatra dvayam ucyate karma kleśāś ca / vikalpa ucyate karma-kleśa-samudaya-hetur ayoniśo-manasi-kāraḥ / tat-prakṛti-nirodha-prativedhād dvaya-vikalpāsamudācāra-yogena yo duḥkhasyātyantam anutpāda idam ucyate duḥkha-nirodha-satyam / na khalu kasya-cid dharmasya vināśād duḥkha-nirodha-satyam paridīpitam / yathōktam / anutpādānirodhe mañjuśrīś citta-mano-vijñānāi na pravartante / yatra citta-mano-vijñānāi na pravartante tatra na kaś-cit parikalpo yena parikalpenāyoniśo-manasi-kuryāt / sa yoniśo-manasi-kāra-pra yukto 'vidyām na samutthāpayati / yac cāvidyāsamutthānaṃ tad dvādaśānāṃ bhavāṅgānām asamutthānam / sājātir iti vistaraḥ / yathōktam / na khalu bhagavan dharma-vināśo duḥkha-nirodhaḥ / duḥkha-nirodha-nāmnā bhagavann anādi-kāliko 'kṛto 'jāto 'nutpanno 'kṣayaḥ kṣayāpagato nityo dhruvaḥ / śivaḥ śaśvataḥ prakṛti-pariśuddhaḥ sarva-kleśa-kośa-vinirmukto gaṅgā-vālikā-vyativṛttair avinirbhāgair acintyair buddha-dharmaiḥ samanvāgatas tathāgata-dharma-kāyo deśitaḥ / ayam eva ca bhagavaṃs tathāgata-dharma-kāyo 'vinirmukta-kleśa-kośas tathāgata-garbhaḥ sūcyate/ iti sarva-vistareṇa yathā-sūtram eva duḥkha-nirodha-satya-vyavasthānam anugantavyam /

asya khalu duḥkha-nirodha-saṃjñitasya tathāgata-dharma-kāyasya prāpti-hetur avikalpa-jñāna-darśana-bhāvanā mārgas tri-vidhena sādharmyeṇa dinakara-sadṛśaḥ veditavyaḥ / maṇḍala-viśuddhi-sādharmyeṇa sarvōpakleśa-mala-vigatatvāt / rūpābhivyakti-karaṇa-sādharmyeṇa sarvākāra-jñeyāvabhāsakatvāt / tamaḥ-pratipakṣa-sādharmyeṇa ca sarvākāra-satya-darśana-vibandha-pratipakṣa-bhūtatvāt /

vibandhaḥ punar abhūta-vastu-nimittārambaṇa-manasi-kāra-pūrvikā rāga-dveṣa-mohōtpattir anuśaya paryutthāna-yogāt / anuśayato hi bālānām abhūtam a-tat-svabhāvaṃ vastu śubhākāreṇa vā nimittaṃ bhavati rāgōtpattitaḥ / pratighākāreṇa vā dveṣōtpattitaḥ / avidyākāreṇa vā mohōtpattitaḥ / tac ca rāga-dveṣa-moha-nimittam a-yathā-bhūtam ārambaṇam kurvatām ayoniśo-manasi-kāraś cittaṃ paryādadāti / teṣām ayoniśo-manasi-kāra-paryavasthita-cetasāṃ rāga-dveṣa-mohānām anyatama-kleśa-samudācāro bhavati / te tato nidānaṃ kāyena vācā manasā rāgajam api karmābhisamskurvanti / dveṣajam api mohajam api karmābhisaṃskurvanti / karmataś ca punar-janmānubandha eva bhavati / evam eṣāṃ bālānām anuśayavatāṃ nimitta-grāhiṇām ārambaṇa-caritānām ayoniśo-manasi-kāra-samudācārāt kleśa-samudayaḥ / kleśa-samudayāt karma-samudayaḥ / karma-samudayāj janma-samudayo bhavati / sa punar eṣa sarvākāra-kleśa-karma-janma-saṃkleśo bālānām ekasya dhātor yathā-bhūtam ajñānād adarśanāc ca pravartate /

sa ca tathā draṣṭavyo yathā parigaveṣayan na tasya kiṃ-cin nimittam ārambaṇaṃ vā paśyati / sa yadā na nimittaṃ nārambaṇaṃ vā paśyati tadā bhūtaṃ paśyati / evam ete dharmās tathāgatenābhisaṃbuddhāḥ samatayā samā iti / ya evam asataś ca nimittārambaṇasyādarśanāt sataś ca yathā-bhūta sya paramārtha-satyasya darśanāt tad-ubhayor anutkṣepāprakṣepa-samatā-jñānena sarva-dharma-samatābhisaṃbodhaḥ so 'sya sarvākārasya tattva-darśana-vibandhasya pratipakṣo veditavyo yasyōdayād itarasyātyantam asaṃgatir asamavadhānaṃ pravartate / sa khalv eṣa dharma-kāya-prāpti-hetur avikalpa-jñāna-darśana-bhāvanā-mārgo vistareṇa yathā-sūtraṃ prajñā-pāramitānusāreṇānugantavyaḥ /

ato mahāyāna-dharma-ratnād avaivartika-bodhisattva-gaṇa-ratna-prabhāvanēti tad-anantaraṃ tad adhikṛtya ślokah /

ye samyak-pratividhya sarva-jagato nairātmya-
koṭiṃ śivāṃ tac-citta-prakṛti-prabhāsvaratayā
kleśāsvabhāvēkṣaṇāt /
sarvatrānugatām anāvṛta-dhiyaḥ paśyanti
saṃbuddhatāṃ tebhyaḥ sattva-viśuddhy-ananta-
viṣaya-jñānēkṣaṇebhyo namaḥ (13)

anena kiṃ darśitam /

yathāvadyāvad-adhyātma-jñāna-darśana-
śuddhitaḥ /
dhīmatām avivartyānām anuttara-guṇair
gaṇaḥ (14)

anena samāsato 'vaivartika-bodhisattva-gaṇa-ratnasya dvābhyām ākārābhyāṃ yathāvad-bhāvikatayā yāvad-bhāvikatayā ca lokōttara-jñāna-darśana-viśuddhito 'nuttara-guṇānvitatvam udhhāvitam /

yathāvat taj-jagac-chānta-dharmatāvagamāt
sa ca /
prakṛteḥ pariśuddhatvāt kleśasyādi-
kṣayēkṣaṇāt (15)

tatra yathāvad-bhāvikatā kṛtsnasya pudgala-dharmākhyasya jagato yathāvan nairātmya-koṭer avagamād veditavyā / sa cāyam avagamo 'tyantādi-śānta-svabhāvatayā pudgala-dharmāvināśa-yogena samāsato dvābhyāṃ kāraṇābhyām utpadyate / prakṛti-prabhāsvaratā-darśanāc ca cittasyādi-kṣaya-nirodha-darśanāc ca tad-upakleśasya / tatra yā cittasya prakṛti prabhāsvaratā yaś ca tad-upakleśa ity etad dvayam anāsrave dhātau kuśalākuśalayoś cittayor eka-caratvād dvitīya-cittānabhisaṃdhāna-yogena parama-duṣprativedhyam / ata āha / kṣaṇikaṃ bhagavan kuśalaṃ cittam /na kleśaiḥ saṃkliśyate / kṣaṇikam akuśalaṃ cittam / na saṃkliṣṭam eva tac cittaṃ kleśaih / na bhagavan klevśās tac cittaṃ spṛśanti / katham atra bhagavann asparśana-dharmi cittaṃ tamaḥ-kliṣṭaṃ bhavati / asti ca bhagavann upakleśaḥ / asty upakliṣṭaṃ cittam / atha ca punar bhagavan prakṛti-pariśuddhasya cittasyōpakleśārtho duḥprativedhyaḥ / iti vistareṇa yathāvadbhāvikatām ārabhya duḥprativedhārtha-nirdeśo yathā-sūtram anugantavyaḥ /

yāvad-bhāvikatā jñeya-paryanta-gatayā
dhiyā /
sarva-sattveṣu sarvajña-dharmatāstitva-
darśanāt (16)

tatra yāvad-bhāvikatā sarva-jñeya-vastu-paryanta-gatayā lokōttarayā prajñayā sarva-sattveṣv antaśas tiryag-yoni-gateṣv api tathāgata-garbhāstitva-darśanād veditavyā / tac ca darśanaṃ bodhisattvasya prathamāyām eva bodhisattva-bhūmav utpadyate sarvatragārthena dharma-dhātu-prativedhāt /

ity evaṃ yo 'vabodhas tat pratyātma-jñāna-
darśanam /
tac chuddhir amale dhātav asaṅgāpratighā tataḥ (17)

ity evam anena prakāreṇa yathāvad-bhāvikatayā ca yāvad-bhāvikatayā ca yo lokōttara-mārgāvabodhas tad āryāṇāṃ pratyātmam an-anya-sādhāraṇaṃ lokōttara-jñāna-darśanam abhipretam / tac ca samāsato dyābhyāṃ kāraṇābhyām itara-prādeśika-jñāna-darśanam upanidhāya suviśuddhir ity ucyate / katamābhyāṃ dvābhyām / asaṅgatvād apratihatatvāc ca / tatra yathāvad-bhāvikatayā sattva-dhātu-prakṛti-viśuddha-viṣayatvād asaṅgam yāvad-bhāvikatayānanta-jñeya-vastu-viṣayatvād apratihatam /

jñāna-darśana-śuddhyā buddha-jñānād anuttarāt /
avaivartyād bhavanty āryāḥ śaraṇaṃ sarva-
dehinām (18)

itīyaṃ jnāna-darśana-śuddhir avinivartanīya-bhūmi-samārūḍhānāṃ bodhisattvānām anuttarāyās tathāgata-jñāna-darśana-viśuddher upaniṣad-gatatvād anuttarā veditavyā tadanyebhyo vādāna-śīlādibhyo bodhisattva-guṇebhyo yad yogād avinivartanīyā bodhisattvāḥ śaraṇa-bhūtā bhavanti sarva-sattvānām iti /

śrāvaka-saṇgha-ratnāgrahaṇam bodhisattva-gaṇa-ratnānantaraṃ tatpūjānarhatvāt // na hi jātu paṇḍitā bodhisattva-śrāvaka-guṇāntara-jñā mahābodhi-vipula-puṇya-jñāna-saṃbhārāpūryamāṇa-jñāna-karuṇā-maṇḍalam aprameya-sattva-dhātu-gaṇa-saṃtānāvabhāsa-pratyupasthitam anuttara-tathāgata-pūrṇa-candra-gamanānukūla-mārga-pratipannaṃ bodhisatta-nava-candram utsṛjya prādeśika-jñāna-niṣḥā-gatam api tārā-rūpavat svasaṃtānāvabhāsa-pratyupasthitaṃ śrāvakamā namasyanti / para-hita-kriyāśaya-viśuddheḥ saṃniśraya-guṇenāiva hi prathama-cittōtpādiko 'pi boddhisattvo niran-ukrośam an-anya-poṣi-gaṇyam anāsrava-śīla-saṃvara-viśuddhi-niṣṭhā-gatam ārya-śrāvakam abhibhavati / prāg eva tad-anyair daśa-vaśitādibhir bodhisattva-guṇaih / vakṣyati hi /

yaḥ śīlam ātmārtha-karaṃ bibharti duḥśīla-
sattveṣu dayā-viyuktaḥ /
ātmaṃ-bhariḥ śīla-dhana-praśuddho viśuddha-
śīlaṃ na tam āhur āryam //
yaḥ śīlaṃ ādāya parōpajīvyaṃ karoti tejo-
'nila-vāri-bhūvat /
kāruṇyam utpādya paraṃ pareṣu sa śīlavāṃs
tat-pratirūpako 'nya iti //

tatra kenārthena kim adhikṛtya bhagavatā śaraṇa-trayaṃ prajñaptam /

śāstṛ-śāsana-śiṣyārthair adhikṛtya tri-yānikān /
kāra-trayādhimuktāṃś ca prajñaptaṃ śaraṇa-

trayam (19)

buddhaḥ śaraṇam agryatvād dvi-padānām iti śāstṛ-guṇōdbhāvanārthena buddha-bhāvāyōpagatān bodhisattvān pudgalān buddhe ca parama-kāra-kriyādhimuktān adhikṛtya deśitaṃ prajñaptam /

dharmaḥ śaraṇam agryatvād virāgāṇām iti śāstuḥ śāsana-guṇōdhhāvanārthena svayaṃ pratītya-gambhīra-dharmānubodhāyōpagatān pratyekabuddha-yānikān pudgalān dharme ca parama-kāra-kriyādhimuktān adhikṛtya deśitaṃ prajñaptam /

saṃghaḥ śaraṇam agryatvād gaṇānām iti śāstuḥ śāsane supratipanna-śiṣya-guṇōdbhāvanārthena parataḥ śrava-ghoṣasyānugamāyōpagatān śrāvakayānikān pudgalān saṃghe ca parama-kāra-kriyādhimuktān adhikṛtya deśitaṃ prajñaptam / ity anena samāsatas tri-vidhenārthena ṣaṭ pudgalān adhikṛtya prabhedaśo bhagavatā saṃvṛtipada-sthānena sattvānām anupūrva-nayāvatārārtham imāni trīṇi śaraṇāni deśitāni prajaptāni /

tyājyatvān moṣa-dharmatvād abhāvāt sabhayatvataḥ /
dharmo dvidhārya-saṃghaś ca nātyantaṃ
śaraṇaṃ param (20)

dvi-vidho dharmaḥ / deśanā-dharmo dhigama-dharmaś ca / tatra deśanā-dharmaḥ sūtrādi-deśanāyā nāma-pada-vyañjana-kāya-saṃgṛhītaḥ / sa ca mārgābhisamaya-paryavasānatvāt kolōpama ity uktaḥ / adhigama-dharmo hetu-phala-bhedena dvi-vidhaḥ / yad uta mārga-satyaṃ nirodha-satyaṃ ca / yena yad adhigamyata iti kṛtvā / tatra mārgaḥ saṃskṛta-lakṣaṇa-paryāpannaḥ / yat saṃskṛta-lakṣaṇa-paryāpannaṃ tan mṛṣāmoṣadharmi / yan mṛṣā-moṣa-dharmi tad asatyam / yad asatyaṃ tad anityam / yad anityaṃ tad aśaraṇam / yaś ca tena mārgeṇa nirodho 'dhigataḥ so 'pi śrāvaka-nayena pradīpōcchedavat kleśa-duḥkhābhāva-mātra-prabhāvitaḥ / na cābhāvaḥ śaraṇaṃ aśaraṇaṃ vābhavitum arhati /

saṃgha iti traiyānikasya gaṇasyāitad adhivacanam / sa ca nityaṃ sabhayas tathāgata-śaraṇa-gato niḥsaraṇa-paryesī śaikṣaḥ sakaraṇīyaḥ pratipannakaś cānuttarāyāṃ samyak-saṃbodhav iti / kathaṃ sabhayaḥ / yasmād arhatām api kṣīṇa-punar-bhavānām aprahīṇatvād vāsanāyāḥ satata-samitaṃ sarva-saṃskāreṣu tīvrā bhaya-saṃjñā pratyupasthitā bhavati syād yathāpi nāmōtkṣiptāsike vadhaka-puruṣe tasmāt te 'pi nātyanta-sukha-niḥsaraṇam adhigatāh / na hi śaraṇaṃ śaraṇaṃ paryeṣate / yathāivāśaraṇāḥ sattvā yena tena bhayena bhītās tatas tato niḥsaraṇaṃ paryeṣante tadvad arhatām apy asti tad bhayaṃ yatas te bhayād bhītās tathāgatam eva śaraṇam upagacchanti / yaś cāivaṃ sabhayatvāc charaṇam upagacchaty avaśyaṃ bhayān niḥsaraṇaṃ sa paryeṣate / niḥsaraṇa-paryeṣitvāc ca bhaya-nidāna-prahāṇam adhikṛtya śaikso bhavati sakaraṇīyaḥ / śaikṣatvāt pratipannako bhavaty abhayam ārṣabha-sthānam anuprāptuṃ yad utānuttarāṃ samyak-saṃbodhim / tasmāt so 'pi tad-aṅga-śaraṇatvān nātyantaṃ śaraṇam / evam ime dve śaraṇe paryanta-kāle śaraṇa ity ucyete /

> jagac-charaṇam ekatra buddhatvaṃ pāramārthikam /
> muner dharma-śarīratvāt tan-niṣṭhatvād
> gaṇasya ca (21)

anena tu pūrvōktena vidhinānutpādānirodha-prabhāvitasya muner vyavadāna-satya-dvaya-virāga-dharma-kāyatvād dharma-kāya-viśuddhi-niṣṭhādhigama-paryavasānatvāc ca trai-yānikasya gaṇasya pāramārthikam evātrāṇe 'śaraṇe loke 'parānta-koṭi-samam akṣaya-śaraṇaṃ nitya-śaraṇaṃ dhruva-śaraṇaṃ yad uta tathāgatā arhantaḥ samyak-saṃbuddhāḥ / eṣa ca nitya-dhruva-śiva-śāśvatāika-śaraṇa-nirdeśo vistareṇārya-śrī-mālā-sūtrānusāreṇānugantavyaḥ /

ratnāni durlabhōtpādān nirmalatvāt prabhā-vataḥ /
lokālaṃkāra-bhūtatvād agratvān nirvikārataḥ (22)

samāsataḥ ṣaḍ-vidhenā-ratna-sādharmyeṇāitāni buddha-dharma-saṃghākhyāni trīṇi ratnāny ucyante / yad uta durlabhōtpāda-bhāva-sādharmyeṇa bahubhir api kalpa-parivartair anavāpta-kuśala-mūlānāṃ tat samavadhānāpratilambhāt / vaimalya-sādharmyeṇa sarvācāra-mala-vigatatvāt / prabhāva-sādharmyeṇa ṣaḍ-abhijñādy-acintya-prabhāva-guṇa-yogāt / lokālaṃkāra-sādharmyeṇa sarva-jagad-āśaya-śobhā-nimittatvāt / ratna-prativarṇikāgrya-sādharmyeṇa lokōttaratvāt / stuti-nindādy-avikāra-sādharmyeṇāsaṃskṛta-svabhāvatvād iti /

ratna-traya-nirdeśānantaraṃ yasmin saty eva laukika-lokōttara-viśuddhi-yoni-ratna-trayam utpadyate tad adhikṛtya ślokaḥ /

samalā tathatātha nirmalā vimalā buddha-guṇā jina-kriyā /
viṣayaḥ paramārtha-darśināṃ śubha-ratna-traya-sargako yataḥ (23)

anena kiṃ paridīpitam /

gotraṃ ratna-trayasyāsya viṣayaḥ sarva-darśinām /
catur-vidhaḥ sa cācintyaś caturbhiḥ kāraṇaiḥ kramāt (24)

tatra samalā tathatā yo dhātur avinirmukta-kleśa-kośas tathāgata-garbha ity ucyate / nirmalā tathatā sa eva buddha-bhūmav āśraya-parivṛtti-lakṣaṇo yas tathāgata-dharma-kāya ity ucyate / vimala-buddha-guṇā ye tasminn evāśraya-parivṛtti-lakṣaṇe tathāgata-dharma-kāye lokōttarā daśa-balādayo buddha-dharmāḥ / jina-kriyā teṣām eva daśa-balādānāṃ buddha-dharmāṇāṃ pratisvam anuttaraṃ karma yad aniṣṭhitam aviratam apratipraśrabdhaṃ bodhisattva-vyākaraṇa-kathāṃ nōpacchinatti / tāni punar imāni catvāri sthānāni yathā-saṃkhyam eva caturbhiḥ kāraṇair acintyatvāt sarva-jña-viṣayā ity ucyante / katamaiś caturbhiḥ /

śuddhy-upakliṣṭatā-yogāt niḥsaṃkleśa-viśuddhitaḥ /
avinirbhāga-dharmatvād anābhogāvikalpataḥ (25)

tatra samalā tathatā yugapad eka-kālaṃ viśuddhā ca saṃkliṣṭā cēty acintyam etat sthānaṃ gambhīra-dharma-nayādhimuktānām api pratyekabuddhānām agocara-viṣayatvāt / yata āha / dvav imau devi dharmau duṣprativedhyau / prakṛti-pariśuddha-cittaṃ duṣprativedhyam / tasyāiva cittasyōpakliṣṭatā duṣprativedhyā / anayor devi dharmayoḥ śrotā tvaṃ vā bhaver atha vā mahā-dharma-samanvāgatā bodhisattvāḥ / śeṣāṇāṃ devi sarva-śrāvaka-pratyekabuddhānāṃ tathāgata-śraddhā-gamanīyav evāitau dharmay iti /

tatra nirmalā tathatā pūrva-malāsaṃkliṣṭā paścād viśuddēty acintyam etat sthānam / yata āha / prakṛti-prabhāsvaraṃ cittam / tat tathāiva jñānam / tata ucyate / eka-kṣaṇa-lakṣaṇa-samāyuktayā prajñayā samyak-saṃbodhir abhisaṃbuddēti /

tatra vimalā buddha-guṇāḥ paurvāparyeṇāikānta-saṃkliṣṭāyām api pṛthagjana-bhūmav avinirbhāga-dharmatayā nirviśiṣṭā vidyanta ity acintyam etat-sthānam / yata āha /

na sa kaś-cit sattvaḥ sattva-nikāye saṃvidyate yatra

tathāgata-jñānaṃ na sakalam anupraviṣṭam / api tu saṃjñā grāhatas tathāgata jñānaṃ na prajñāyate / saṃjñā-grāha-vigamāt punaḥ sarva-jñā-jñānaṃ svayaṃbhū-jñānam asaṅgataḥ prabhavati / tad-yathāpi nāma bho jina-putra tri-sāhasra-mahā-sāhasra-loka-dhātu-pramāṇaṃ mahā-pustaṃ bhavet / tasmin khalu punar mahā-puste tri-sāhasra-mahā-sāhasra-loka-dhātuḥ sakala-samāpta ālikhito bhavet / mahā-pṛthivī-pramāṇena mahā-prithivi / dvi-sāhasra-loka-dhātu-pramāṇena dvi-sāhasra-loka-dhātuḥ / sāhasra-loka-dhātuḥ-pramāṇena sāhasra-loka-dhātuḥ / cātur-dvīpika-pramāṇena cātur-dvīpikāḥ / mahā-samudra-pramāṇena mahā-samudrāḥ / jambū-dvīpa-pramāṇena jambū-dvīpāḥ / pūrva-videha-dvīpa-pramāṇena pūrva-videha-dvīpāḥ / godāvarī-dvīpa-pramāṇena godāvarī-dvīpāḥ / uttara-kuru-dvīpa-pramāṇenōttarakuru-dvīpaḥ / sumeru-pramāṇena sumeravaḥ / bhūmy-avacara-deva-vimāna-pramāṇena bhūmy-avacara-deva-vimānāni / kāmāvacara-deva-vimāna-pramāṇena kāmāvacara-deva-vimānāni / rūpāvacara-deva-vimāna-pramāṇena rūpāvacara-deva-vimānāni / tac ca mahā-pustaṃ tri-sāhasra-mahā-sāhasra-loka-dhātv-āyāma-vistara-pramāṇaṃ bhavet / tat khalu punar mahā-pustam ekasmin paramāṇu-rajasi prakṣiptaṃ bhavet / yathā cāika-paramāṇu-rajasi tan mahā-pustaṃ prakṣiptaṃ bhavet tathānyeṣu sarva-paramāṇu-rajaḥsu tat-pramāṇāny eva mahā-pustāny abhyantara-praviṣṭāni bhaveyuḥ / atha kaś-cid eva puruṣa utpadyate paṇḍito nipuṇo vyakto medhāvī tatrōpagamikayā mīmāṃsayā samanvāgatgḥ / divyaṃ cāsya cakṣuḥ samanta-pariśuddhaṃ prabhāsvaraṃ bhavet / sa divyena cakṣuṣā vyavalokayati / idaṃ mahā-pustam evaṃ-bhūtam ihāiva parītte paramāṇu-rajasy anutiṣṭhate / na kasya-cid api sattvasyōpakāri-bhūtaṃ bhavati / tasyāivaṃ syāt /

yan nv ahaṃ mahā-vīrya-bala-sthāmnā etat paramāṇu-rajo bhittvā etan mahā-pustaṃ sarva-jagad-upajīvyaṃ kuryām / sa mahā vīrya-bala-sthāma-saṃjanayitvā sūkṣmeṇa vajreṇa tat paramāṇu-rajo bhittvā yathābhiprāyaṃ tan mahā-pustaṃ sarva-jagad-upajīvyaṃ kuryāt / yathā cāikasmāt tathāśeṣebhyaḥ paramāṇubhyas tathāiva kuryāt / evam eva bho jina-putra tathāgata-jñānam apramāṇa-jñānaṃ sarva-sattvōpajīvya-jñānaṃ sarva-sattva-citta-saṃtāneṣu sakalam anupraviṣṭam / sarvāṇi ca tāni sattva-citta-saṃtānāny api tathāgatā-jñāna-pramāṇāni / atha ca punaḥ saṃjñā-grāha-vinibaddhā bālā na jānanti na prajānanti nānubhavanti na sākṣāt-kurvanti tathāgata-jñānam / tatas tathāgato 'saṅgena tathāgata-jñānena sarva-dharma-dhātu-sattva-bhavanāni vyavalokyācārya-saṃjñā bhavati / aho bata ime sattvā yathāvat tathāgata-jñānaṃ na prajānanti / tathāgata-jñānānupravistāś ca / yan nv aham eṣāṃ sattvānām āryeṇa mārgōpadeśena sarva-saṃjñā-kṛta-bandhanāpanayanaṃ kuryāṃ yathā svayam evārya-mārga-balādhānena mahatīṃ saṃjñā-granthīṃ vinivartya tathāgata-jñānaṃ pratyabhijānīran / tathāgata-samatāṃ cānuprāpnuyuḥ / te tathāgata-mārgōpadeśena sarva- saṃjñā-kṛta-bandhanāni vyapanayanti / apanīteṣu ca sarva-saṃjñā-kṛta-bandhaneṣu tat tathāgata-jñānam apramāṇaṃ bhavati sarva-jagadupajīvyam iti /

tatra jina-kriyā yugapat sarvatra sarva-kālam anābhogenāvikalpato yathāśayeṣu yathā-vainayikeṣu sattveṣv akṣuṇam anuguṇaṃ pravartata ity acintyam etat sthānam / yata āha / saṃkṣepa-mātrakeṇāvatāraṇārthaṃ sattvānām apramāṇam api tathāgata-karma pramāṇato nirdiṣṭam / api tu kula-putra yat tathāgatasya bhūtaṃ tathāgata-karma tad apramāṇam acintyam avijñeyaṃ sarva-lokena / anudāharaṇam akṣaraiḥ /

duḥsaṃpādaṃ parebhyaḥ / adhiṣṭhitaṃ sarva-buddha-kṣetreṣu / samatānugataṃ sarva-buddhaiḥ / samatikrāntaṃ sarvābhoga-kriyābhyaḥ / nirvikalpam ākāśa-samatayā / nirnānā-karaṇaṃ dharma-dhātu-kriyayā / iti vistareṇa yāvad viśuddha-vaiḍūrya-maṇi-dṛṣṭāntaṃ kṛtvā nirdiśati / tad anena kula-putra paryāyeṇāivaṃ veditavyam acintyaṃ tathāgata-karma samatānugataṃ ca sarvato 'navadyaṃ ca tri-ratna-vaṃśānupacchettṛ ca / yatrācintye tathāgata-karmaṇi pratiṣṭhitas tathāgata ākāśa-svabhāvatāṃ ca kāyasya na vijahāti sarva-buddha-kṣetreṣu ca darśanaṃ dadāti / anabhilāpya-dharmatāṃ ca vāco na vijahāti yathā-ruta-vijñaptyā ca sattvebhyo dharmaṃ deśayati / sarva-cittārambaṇa-vigataś ca sarva-sattva-citta-caritāśayāṃś ca prajānātīti /

bodhyaṃ bodhis tad-aṅgāni bodhaēti
yathā kramam /
hetur ekaṃ padaṃ trīṇi pratyayas tad-
viśuddhaye (26)

eṣāṃ khalv api caturṇām artha-padānāṃ sarva-jñeya-saṃgraham upādāya prathamaṃ boddhavya-padaṃ draṣṭavyam / tad-anubodho bodhir iti dvitīyaṃ bodhi-padam / bodher aṇga-bhūtā buddha-guṇā iti tritīyaṃ bodhy-aṇga-padam / bodhy-aṇgair eva bodhanaṃ pareṣām iti caturthaṃ bodhana-padam / itīmāni catvāri padāny adhikṛtya hetu-pratyaya-bhāvena ratna-traya-gotra-vyavasthānaṃ veditavyam /

tatrāiṣām caturṇāṃ padānāṃ prathamaṃ lokōttara-dharma-bījatvāt pratyātma-yoniśo-manasi-kāra-saṃniśrayeṇa tad viśuddhim upādāya tri-ratnōtpatti-hetur anugantavyaḥ / ity evam ekaṃ padaṃ hetuḥ / kathaṃ trīṇi pratyayaḥ / tathāgato 'nuttarāṃ samyak-saṃbodhim abhisaṃbudhya daśa-balādibhir buddha-dharmair dvātriṃśad-ākāraṃ tathāgata-karma kurvan parato ghoṣa-saṃniśrayeṇa tad viśuddhim upādāya tri-ratnōtpatti-pratyayo 'nugantavyaḥ / ity evaṃ trīṇi pratyayaḥ / ataḥ param eṣām eva caturṇāṃ padānām anupūrvam avaśiṣṭena granthena vistara-vibhāga-nirdeśo veditavyaḥ /

tatra samalāṃ tathatām adhikṛtya yad uktaṃ sarva-sattvās tathāgata-garbhā iti tat kenārthena /

buddha-jñānāntargamāt sattva-rāśes tan-
nairmalyasyādvayatvāt prakṛtyā /
bauddhe gotre tat-phalasyōpacārād uktāḥ
sarve dehino buddha-garbhāḥ (27)
saṃbuddha-kāya-spharaṇāt tathatā vyatibhedataḥ /
gotrataś ca sadā sarve buddha-garbhāḥ
śarīriṇaḥ (28)

samāsatas tri-vidhenārthena sadā sarva-sattvās tathāgatā-garbhā ity uktaṃ bhagavatā / yad uta sarva-sattveṣu tathāgata-dharma-kāya-parispharaṇārthena tathāgata-tathatā vyatibhedārthena tathāgata-gotra-saṃbhavārthena ca / eṣāṃ punas trayāṇām artha-padānām uttaratra tathāgata-garbha-sūtrānusāreṇa nirdeśo bhaviṣyati / pūrvataraṃ tu yenārthena sarvatrāviśeṣeṇa pravacane sarvākāraṃ tad-artha-sūcanaṃ bhavati tad apy adhikṛtya nirdekṣyāmi / uddānam /

svabhāva-hetvoḥ phala-karma-yoga-vṛttiṣv
avasthāsv atha sarva-gatve /
sadāvikāritva guṇeṣv abhede jñeyo 'rtha-
saṃdhiḥ paramārtha-dhātoḥ (29)

samāsato daśa-vidham artham abhisaṃdhāya parama-tattva-jñāna-viṣayasya tathāgata-dhātor vyavasthānam anugantavyam / daśa-vidho 'rthaḥ katamaḥ / tad-yathā svabhāvārtho hetv-arthaḥ phalārthaḥ karmārtho yogārtho vṛitty-artho 'vasthā-prabhedārthaḥ sarvatragārtho 'vikārārtho 'bhedārthaś ca / tatra svabhāvārthaṃ hetv-arthaṃ cārabhya ślokaḥ /

sadā prakṛty-asaṃkliṣṭaḥ śuddha-ratnāmbarāmbuvat /
dharmādhimukty-adhiprajñā-samādhi-
karuṇānvayaḥ (30)

tatra pūrveṇa ślokārdhena kiṃ darśayati /

prabhāvānanyathā-bhāva-snigdha-bhāva-
svabhāvataḥ /
cintā-maṇi-nabho-vāri-guṇa-sādharmyam
eṣu hi (31)

ya ete trayo 'tra pūrvam uddiṣṭā eṣu triṣu yathā-saṃkhyam eva sva-lakṣaṇaṃ sāmānya-lakṣaṇaṃ cārabhya tathāgata-dhātoś cintā-maṇi-nabho-vāri-viśuddhi-guṇa-sādharmyaṃ veditavyam / tatra tathāgata-dharma-kāye tāvac cintitārtha-samṛddhy-ādi-prabhāva-svabhāvatāṃ svalakṣaṇam ārabhya cintā-maṇi-ratna-sādharmyaṃ veditavyam / tathatāyām ananyathā-bhāva-svabhāvatāṃ svalakṣaṇam ārabhyākāśa-sādharmyaṃ veditavyam / tathāgata-gotre sattva-karuṇā-snigdha-svabhāvatāṃ sva-lakṣaṇam ārabhyavāri-sādharmyaṃ veditavyam / sarveṣāṃ cātra sadātyanta-prakṛty-anupakliṣṭatāṃ prakṛti-pariśuddhiṃ sāmānya-lakṣaṇaṃ ārabhya tad eva cintā-maṇi-nabho-vāri-viśuddhi-guṇa-sādharmyaṃ veditavyam /

tatra pareṇa ślokārdhena kiṃ darśitam /

caturdhāvaraṇaṃ dharma-pratigho 'py
ātma-darśanam /
saṃsāra-duḥkha-bhīrutvaṃ sattvārthaṃ
nirapekṣatā (32)

icchantikānāṃ tīrthyānāṃ śrāvakāṇāṃ
svayaṃbhuvām /
adhimukty-ādayo dharmāś catvāraḥ
śuddhi-hetavaḥ (33)

samāsata ime tri-vidhāḥ sattvāḥ sattva-rāśau saṃvidyante / bhavābhilāṣiṇo vibhavābhilāṣiṇas tad-ubhayānabhilāṣiṇaś ca / tatra bhavābhilāṣiṇo dvi-vidhā veditavyāḥ / moka-mārga-pratihatāśā aparinirvāṇa-gotrakāḥ sattvā ye saṃsāram evēcchanti na nirvāṇaṃ tan-niyati-patitāś cēha-dhārmikā eva / tad-ekatyā mahā-yāna-dharma-vidviṣo yān adhikṛtyāitad uktaṃ bhagavatā /
nāhaṃ teṣāṃ śāstā na te mama śrāvakāḥ / tān ahaṃ śāriputra tamasas tamo-'ntaram andhakārān mahāndhakāra-gāminas tamo-bhūyiṣṭhā iti vadāmi /

tatra vibhavābhilāṣiṇo dvi-vidhāḥ / anupāya-patitā upāya-patitāś ca / tatrānupāya-patitā api tri-vidhāḥ / ito bāhyā bahu-nānā-prakārāś caraka-parivrājaka-nirgranthi-putra-prabhṛtayo 'nya-tīrthyāḥ / iha-dhārmikāś ca tat-sabhāga-caritā eva śraddhā api durgṛhīta-grāhiṇaḥ / te ca punaḥ katame / yad uta pudgala-dṛṣṭayaś ca paramārthānadhimuktā yān prati bhagavatā śūnyatānadhimukto nirviśiṣṭo bhavati tīrthikair ity uktam / śūnyatā-dṛṣṭayacś cābhimānikā yeṣām iha tad-vimokṣa-mukhe 'pi śūnyatāyāṃ mādyamānānāṃ śūnyatāiva dṛṣṭir bhavati yān adhikṛtyāha / varaṃ khalu kāśyapa sumeru-mātrā pudgala-dṛṣṭir na tv evābhimānikasya śūnyatā- dṛṣṭir iti / tatrōpāya-patitā api dvi-vidhāḥ / śrāvaka-yānīyāś ca samyaktva-niyāmam avakrāntāḥ pratyekabuddha-yānīyāś ca /

tad-ubhayānabhilāṣiṇaḥ punar mahā-yāna-saṃprasthitāḥ parama-tīkṣṇēndriyāḥ sattvā ye nāpi saṃsāram icchanti yatēcchantikā nānupāya-patitās tīrthikādivan nāpy upāya-patitāḥ śrāvaka-pratyekabuddhavat / api tu saṃsāra-nirvāṇa-samatāpti-mārga-pratipannās te bhavanty apratiṣṭhita-nirvāṇāśayā nirupakliṣṭa-saṃsāra-gata-prayogā dṛḍha-karuṇādhyāśaya-pratiṣṭhita-mūla-pariśuddhā iti /

tatra ye sattvā bhavābhilāṣiṇa icchantikās tan-niyati-patitā iha-dhārmikā evōcyante mithyātva-niyataḥ sattva-rāśir iti / ye vibhavābhilāṣiṇo 'py anupāya-patitā ucyante 'niyataḥ sattva-rāśir iti / ye vibhavābhilāṣiṇa upāya-patitās tad-ubhayānabhilāṣiṇaś ca samatāpti-mārga-pratipannās ta ucyante samyaktva-niyataḥ sattva-rāśir iti / tatra mahā-yāna-saṃprasthitān sattvān anāvaraṇa-gāminaḥ sthāpayitvā ya ito 'nye sattvās tad-yathā / icchantikās tīrthyāḥ śrāvakāḥ pratyekabuddhāś ca / teṣām imāni catvāry āvaraṇāni tathāgatā-dhātor anadhigamāyāsākṣāt-kriyāyai saṃvartante / katamāni ca catvāri / tad-yathā mahā-yāna-dharma-pratigha icchantikānām āvaraṇaṃ yasya pratipakṣo mahā-yāna-dharmādhimukti-bhāvanā bodhisattvānām / dharmeṣv ātma-darśanam anya-tīrthānām āvaraṇaṃ yasya pratipakṣaḥ prajñā-pāramitā-bhāvanā bodhisattvānām / saṃsāre duḥkha-saṃjñā-duḥkha-bhīrutvaṃ śrāvaka-yānikānām āvaraṇaṃ yasya pratipakṣo gagana-gañjādi-samādhi-bhāvanā bodhisattvānām / sattvārtha-vimukhatā sattvārtha-nirapekṣatā pratyekabuddha-yānikānām āvaraṇaṃ yasya pratipakṣo mahā-karuṇā-bhāvanā bodhisattvānām iti /

etac catur-vidham āvaraṇam eṣāṃ catur-vidhānāṃ sattvānāṃ yasya pratipakṣān imāṃś caturo 'dhimukty-ādīn bhāvayitvā bodhisattvā niruttarārtha-dharma-kāya-viśuddhi-paramatām adhigacchanty ebhiś ca viśuddhi-samudāgama-kāraṇaiś caturbhir anugatā dharma-rāja-putrā bhavanti tathāgata-kule / katham iti /

bījaṃ yeṣām agra-yānādhimuktir mātā
prajñā buddha-dharma-prasūtyai /
garbha-sthānaṃ dhyāna-saukhyaṃ kṛpōktā
dhātrī putrās te 'nujātā munīnām (34)

tatra phalārthaṃ karmārthaṃ cārabhya ślokaḥ /

śubhātma-sukha-nityatva-guṇa-
pāramitā phalam /
duḥkha-nirvic-chama-prāpti-cchanda-praṇidhi-
karmakaḥ (35)

tatra pūrveṇa ślokārdhena kiṃ darśitam /

phalam eṣāṃ samāsena dharma-kāye viparyayāt /
catur-vidha-viparyāsa-pratipakṣa-prabhāvitam (36)

ya ete 'dhimukty-ādayaś catvāro dharmās tathāgata-dhātor viśuddhi-hetava eṣāṃ yathā-saṃkhyam eva samāsataś catur-vidha-viparyāsa-viparyaya-pratipakṣeṇa catur-ākārā tathāgata-dharma-kāya-guṇa-pāramitā phalaṃ draṣṭavyam / tatra yā rūpādike vastuny anitye nityam iti saṃjñā / duḥkhe sukham iti / anātmany ātēti / aśubhe śubham iti saṃjñā / ayam ucyate catur-vidho viparyāsaḥ / etad-viparyayeṇa catur-vidha evāviparyāso veditavyaḥ / katamaś catur-vidhaḥ / yā tasminn eva rūpādike vastuny anitya-saṃjñā / duḥkha-saṃjñā / anātma- saṃjñā / aśubha-saṃjñā / ayam ucyate catur-vidha-viparyāsa-viparyayaḥ / sa khalv eṣa nityādi-lakṣaṇaṃ tathāgata-dharma-kāyam adhikṛtyēha viparyāso 'bhipreto yasya pratipakṣeṇa catur-ākārā tathāgata-dharma-kāya-guṇa-pāramitā vyavasthāpitā / tad-yathā nitya-pāramitā-sukha-pāramitātma-pāramitā-śubha-pāramitēti / eṣa ca grantho vistareṇa yathāsūtram anugantavyaḥ / viparyastā bhagavan sattvā upātteṣu pañcasūpādāna-skandheṣu / te bhavanty anitye nitya-saṃjñinaḥ / duḥkhe sukha-saṃjñinaḥ / anātmany ātma- saṃjñinaḥ / aśubhe śubha-saṃjñinaḥ / sarva-śravaka-pratyekabuddhā api bhagavan śūnyatā-jñānenādṛṣṭa-pūrve sarva-jña-jñāna-viṣaye tathāgata-dharma-kāye viparyastāḥ / ye bhagavan sattvāḥ syur bhagavataḥ putrā aurasā nitya-saṃjñina ātma-saṃjñinaḥ sukha-saṃjñinaḥ śubha-saṃjñinas te bhagavan sattvāḥ syur aviparyastāḥ / syus te bhagavan samyag-darśinaḥ / tat kasmād dhetoḥ / tathāgata-dharma-kāya eva bhagavan nitya-pāramitā sukha-pāramitā ātma-pāramitā śubha-pāramitā / ye bhagavan sattvās tathāgata-dharma-kāyam evaṃ paśyanti et samyak paśyanti / ye samyak paśyanti te bhagavataḥ putrā anrasā iti vistaraḥ /

āsāṃ punaś catasṛṇāṃ tathāgata-dharma-kāya-guṇa-pāramitānāṃ hetv-ānupūrvyā pratiloma-kramo veditavyaḥ / tatra mahā-yāna-dharma-pratihatānām icchantikānām aśuci-saṃsārābhirati-viparyayeṇa bodhisattvānāṃ mahā-yāna-dharmādhimukti-bhāvanāyāḥ śubha-pāramitādhigamaḥ phalaṃ draṣṭavyam / pañcasūpādāna-skandhev ātma-darśinām anya-tīrthyānām asad-ātma-grahābhirati-viparyayeṇa prajñā-pāramitā-bhāvanāyāḥ paramātma-pāramitādhigamaḥ phalaṃ draṣṭavyam / sarve hy anya-tīrthyā rūpādikam atat-svabhāvaṃ vastv ātmēty upagatāḥ / tac cāiṣāṃ vastu yathāgraham ātma-lakṣaṇena visaṃvāditvāt sarva-kālam anātmā / tathāgataḥ punar yathā-bhūta-jñānena sarva-dharma-nairātmya-para-pā rami-prāptaḥ / tac cāsya nairātmyam anātma-lakṣaṇena yathā-darśanam avisaṃvāditvāt sarva-kālam ātmābhipreto nairātmyam evātmani kṛtvā / yathōktaṃ sthito 'sthāna-yogenēti / saṃsāra-duḥkha-bhīrūṇāṃ śrāvaka-yānikānāṃ saṃsāra-duḥkhōpaśama-mātrābhirati-viparyayeṇa gagana-gañjādi-samādhi-bhāvanāyāḥ sarva-laukika-lokōttara-sukha-pāramitādhigamaḥ phalaṃ draṣṭavyam / sattvārtha-nirapekṣāṇāṃ pratyekabuddha-yānīyānām asaṃsarga-vihārābhirati-viparyayeṇa mahā-karuṇā-bhāvanāyāḥ satata-samitam ā-saṃsārāt sattvārtha-phaligodha-pariśuddhatvān nitya-pāramitādhigamaḥ phalaṃ draṣṭavyam / ity etāsāṃ catasṛṇām adhimukti- prajñā-samādhi-karuṇā-bhāvanānāṃ yathā-saṃkhyam eva catur-ākāraṃ tathāgata-dharma-kāye śubhātma-sukha-nityatva-guṇa-pāramitākhyaṃ phalaṃ nirvartyate bodhisattvānāṃ / ābhiś ca tathāgato dharma-dhātu-parama ākāśa-dhātu-paryavasāno 'parānta-koṭi-niṣṭha ity ucyate / mahā-yāna-parama-dharmādhimukti-bhāvanayā hi tathāgato 'tyanta-śubha-dharma-dhātu-paramatādhigamād dharma-dhātu-paramaḥ saṃvṛttaḥ / prajñā-pāramitā-bhāvanayākāśōpama-sattva-bhājana-loka-nairātmya-niṣṭhā-gamanād gagana-gañjādi-samādhi-bhāvanayā ca sarvatra parama-dharmāiśvarya-vibhutva-saṃdarśanād ākāśa-dhātu-paryavasānaḥ / mahā-karuṇā-bhāvanayā sarva-sattveṣv aparyanta-kāla-kāruṇikatām upādāyāparānta-koṭi-niṣṭha iti /

āsāṃ punaś catasṛṇāṃ tathāgata-dharma-kāya-guṇa-pāramitānām adhigamāyānāsrava-dhātu-sthitānām apy arhatāṃ pratyekabuddhānāṃ vaśitā-prāptānāṃ ca bodhisattvānām ime catvāraḥ paripanthā bhavanti / tad-yathā pratyaya-lakṣaṇaṃ hetu-lakṣaṇaṃ saṃbhava-lakṣaṇam vibhava-lakṣaṇam iti / tatra pratyaya-lakṣaṇam avidyā-vāsa-bhūmir avidēva saṃskārāṇāṃ / hetu-lakṣaṇam avidyā-vāsa-bhūmi-pratyayam eva saṃskāravad anāsravaṃ karma / saṃbhava-lakṣaṇam avidyā-vāsa-bhūmi-pratyayānāsrava-karma-hetukī ca tri-vidhā mano-mayātma-bhāva-nirvṛttiś catur-upādāna-pratyayā sāsrava-karma-hetukīva tri-bhavābhinirvṛttiḥ / vibhava-lakṣaṇaṃ tri-vidha-mano-mayātma-bhāva-nirvṛtti-pratyayā jāti-pratyayam iva jarā-maraṇam acintyā pāriṇāmikī cyutir iti /

tatra sarvōpakleśa-saṃniśraya-bhūtāyā avidyā-vāsa-bhūmer aprahīṇatvād arhantaḥ pratyekabuddhā vaśitā-prāptāś ca bodhisattvāḥ sarva-kleśa-mala-daurgandhya-vāsanāpakarṣa-paryanta-śubha-pāramitāṃ nādhigacchanti / tām eva cāvidyā-vāsa-bhūmiṃ pratītya sūkṣma-nimitta-prapañca-samudācāra-yogād atyantam anabhisaṃskārām ātma-pāramitāṃ nādhigacchanti / tāṃ cāvidyā-vāsa-bhūmim avidyā-vāsa-bhūmi-pratyayaṃ ca sūkṣma-nimitta-prapañca-samudācāra-samutthāpitam anāsravaṃ karma-pratītya mano-maya-skandha-samudayāt tannirodham atyanta-sukha-pāramitāṃ nādhigacchanti / yāvac ca niravaśeṣa-kleśa-karma-janma-saṃkleśa-nirodha-samudbhūtaṃ tathāgata-dhātuṃ na sākṣāt-kurvanti tāvad acintya-pāriṇāmikyāś cyu ter avigamād atyantānanyathā-bhāvāṃ nitya-pāramitāṃ nādhigacchanti / tatra kleśa-saṃkleśavad avidyā-vāsa-bhūmiḥ / karma-saṃkleśavad anāsrava-karmābhisaṃskāraḥ / janma-saṃkleśavat tri-vidhā mano-mayātma-bhāva-nirvṛttir acintya-pāriṇāmikī ca cyutir iti /

eṣa ca grantho vistareṇa yathā-sūtram anugantavyaḥ / syād yathāpi nāma bhagavann upādāna-pratyayāḥ sāsrava-karma-hetukās trayo bhavāḥ saṃbhavanti / evam eva bhagavann avidyā-vāsa-bhūmi-pratyayā anāsrava-karma-hetukā arhatāṃ pratyekabuddhānāṃ vaśitā-prāptānāṃ ca bodhisattvānāṃ mano-mayās trayaḥ kāyāḥ saṃbhavanti / āsu bhagavan tisṛṣu bhūmiṣv eṣāṃ trayāṇāṃ mano-mayānāṃ kāyānāṃ saṃbhavāyānāsravasya ca karmaṇo 'bhinirvṛttaye pratyayo bhavaty avidyā-vāsa-bhūmir iti vistaraḥ / yata eteṣu triṣu mano-mayeṣv arhat-pratyekabuddha-bodhisattva-kāyeṣu śubhātma-sukha-nityatva-guṇa-pāramitā na saṃvidyante tasmāt tathāgata-dharma-kāya eva nitya-pāramitā sukha-pāramitātma-pāramitā śubha-pāramiēty uktam /

sa hi prakṛti-śuddhatvād vāsanāpagamāc chuciḥ /
paramātmātma-nairātmya-prapañca-kṣaya-
śāntitaḥ (37)
sukho mano-maya-skandha-tad-dhetu-
vinivṛttitaḥ /
nitvaḥ saṃsāra-nirvāṇa-samatā-prativedhataḥ (38)

samāsato dvābhyāṃ kāraṇāhhyāṃ tathāgata-dharma-kāye śubha-pāramitā veditavyā / prakṛti-pariśuddhyā sāmānya-lakṣaṇena / vaimalya-pariśuddhyā viśeṣa-lakṣaṇena/ dvābhyāṃ kāraṇābhyām ātma-pāramitā veditavyā / tīrthikānta-vivarjanatayā cātma-prapañca-vigamāc chrāvakānta-vivarjanatayā ca nairātmya-prapañca-vigamāt / dvābhyāṃ kāraṇābhyāṃ sukha-pāramitā veditavyā / sarvākāra-duḥkha-samudaya-prahāṇataś ca vāsanānusaṃdhi-samudghātāt sarvākāra-duḥkha-nirodha-sākṣāt-karaṇataś ca mano-maya-skandha-nirodha-sākṣāt-karaṇāt / dvābhyāṃ kāraṇābhyāṃ nitya-pāramitā veditavyā / anitya-saṃsārānapakarṣaṇataś cōcchedāntāpatanān nitya-nirvāṇāsamāropaṇataś ca śāśvatāntāpatan t / yathōktam anityāḥ samskārā iti ced bhagavan paśyeta sāsya syād uccheda-dṛṣṭiḥ / sāsya syān na samyag-dṛṣṭiḥ / nityaṃ nirvāṇam iti ced bhagavan paśyeta sāsya syāc chāśvata-dṛṣṭiḥ / sāsya syān na samyag-dṛṣṭir iti /

tad anena dharma-dhātu-naya-mukhena paramārthataḥ saṃsāra eva nirvāṇam ity uktam /

ubhayathāvikalpanāpratiṣṭhita-nirvāṇa-sākṣāt-karaṇataḥ / api khalu dvābhyāṃ kāraṇābhyāṃ aviśeṣeṇa sarva-sattvānām āsanna-dūrībhāva-vigamād apratiṣṭhita-pada-prāpti-mātra-paridīpanā bhavati / katamābhyāṃ dvābhyām / iha bodhisattvo 'viśeṣeṇa sarva-sattvānāṃ nāsannī-bhavati prajñāyaśeṣa-tṛṣṇānuśaya-prahāṇāt / na dūrī-bhavati mahā-karuṇayā tad-aparityāgād iti / ayam upāyo 'pratiṣṭhita-svabhāvāyāḥ samyak-saṃbodher anuprāptaye / prajñāyā hi bodhisattvo 'śeṣa-tṛṣṇānuśaya-prahāṇād ātma-hitāya nirvāṇa-gatādhyāśayaḥ saṃsāre na pratiṣṭhate 'parinirvāṇa-gotravat / mahā-karuṇayā duḥkhita-sattvāparityāgāt para-hitaya saṃsāra-gata-prayogo nirvāṇe na pratiṣṭhate śamāika-yāna-gotravat / evam idaṃ dharma-dvayam anuttarāyā bodher mūlaṃ pratiṣṭhānam iti /

chittvā snehaṃ prajñayātmany aśeṣaṃ sattva
-snehān nāiti śāntiṃ kṛpāvān /
niḥśrityāivam dhī-kṛpe bodhy-upāyau
nōpaity āryah saṃvṛtim nirvṛtiṃ vā (39)

tatra pūrvādhikṛtaṃ karmārtham ārabhya pareṇa ślokārdhena kiṃ darśitam /

buddha-dhātuḥ sa cen na syān nirvid
duḥkhe 'pi no bhavet /
nēcchā na prārthanā nāpi praṇidhir nirvṛtau
bhavet (40)

tathā cōktam / tathāgata-garbhaś ced bhagavan na syān na syād duḥkhe 'pi nirvin na nirvāṇa-icchā vā prārthanā vā praṇidhir vēti / tatra samāsato buddha-dhātu-viśuddhi-gotraṃ mithyātva-niyatānām api sattvānāṃ dvi-vidha-kārya-pratyupasthāpanaṃ bhavati / saṃsāre ca duḥkha doṣa-darśana-niḥśrayeṇa nirvidam utpādayati / nirvāṇe sukhānuśaṃsadarśana-niḥśrayeṇa cchandaṃ janayati / icchāṃ prārthanāṃ praṇidhim iti / icchābhilaṣitārtha-prāptav asaṃkocaḥ / prārthanābhilaṣitārtha-prāpty-upāya-parimārgaṇā / praṇidhir yābhilaṣitārthe cetanā-cittābhisaṃskāraḥ /

bhava-nirvāṇa-tad-duḥkha-sukha-doṣa-guṇēkṣaṇam /
gotre sati bhavaty etad agotrāṇāṃ na vidyate (41)

yad api tat saṃsāre ca duḥkha-doṣa-darśanaṃ bhavati nirvāṇe ca sukhānuśaṃsa-darśanam etad api śuklāṃśasya pudgalasya gotre sati bhavati nāhetukaṃ nāpratyayam iti / yadi hi tad gotram antareṇa syād ahetukam apratyayaṃ pāpa-samuccheda-yogena tad icchantikānām apy aparinirvāṇa-gotrāṇāṃ syāt / na ca bhavati tāvad yāvad āgantuka-mala-viśuddhi-gotraṃ trayāṇām anyatama-dharmādhimuktiṃ na samudānayati satpuruṣa-saṃsargādi-catuḥ-śukla-samavadhāna-yogena /

yatra ny āha / tatra paścād antaśo mithyātva-niyata-saṃtānānām api sattvānāṃ kāyeṣu tathāgata-sūrya-maṇḍala-raśmayo nipatanti (teṣu hitopakārayitvā) anāgata-hetu-saṃjananatayā saṃvardhayanti ca kuśalair dharmair iti / yat punar idam uktam icchantiko 'tyantam aparinirvāṇa-dharmēti tan mahā-yāna-dharma-pratigha icchantikatve hetur iti mahā-yāna-dharma-pratigha-nivartanārtham uktaṃ kālāntarābhiprāyeṇa / na khalu kaś-cit prakṛti-viśuddha-gotra-saṃbhavād atyantāviśuddhi-dharmā bhavitum arhati / yasmād aviśeṣeṇa punar bhagavatā sarva-sattveṣu viśuddhi-bhavyatāṃ saṃdhāyōktam /

anādi-bhūto 'pi hi cāvasānikaḥ svabhāva-
śuddho dhruva-dharma-saṃhitaḥ /
anādi-kośair bahir-vṛto na dṛśyate suvarṇa-

bimbaṃ paricchāditaṃ yathā //

tatra yogārtham ārabhya ślokaḥ /

mahōdadhir ivāmeya-guṇa-ratnākṣayākaraḥ /
pradīpavad anirbhāga-guṇa-yukta-svabhāvataḥ (42)

tatra pūrveṇa ślokārdhena kiṃ darśitam /

dharma-kāya-jina-jñāna-karuṇā-dhātu-saṃgrahāt /
pātra-ratnāmbubhiḥ sāmyam udadher asya
darśitam (43)

trayāṇāṃ sthānānāṃ yathā-saṃkhyam eva tri-vidhena mahā-samudra-sādharmyeṇa tathāgata-dhātor hetu-samanvāgamam adhikṛtya yogārtho veditavyaḥ / katamāni trīṇi sthānāni / tad-yathā dharma-kāya-viśuddhi-hetuḥ / buddha-jñāna-samudāgama-hetuḥ / tathāgata-maha-karuṇā-vṛtti-hetur iti / tatra dharma-kāya-viśuddhi-hetur mahā-yānādhimukti-bhāvanā draṣṭavyā / buddha-jñāna-samudāgama-hetuḥ prajñā-samādhi-mukha-bhāvanā / tathāgata-mahā-karuṇā-pravṛtti-hetur bodhisattva-karuṇā-bhāvanēti / tatra mahā-yānādhimukti-bhāvanāyā bhājana-sādharmyaṃ tasyām aparimeyākṣaya-prajñā -samādhi-ratna-karuṇā-vāri-samavasaraṇāt / prajñā-samādhi-mukha-bhāvanāyā ratna-sādharmyaṃ tasyā nirvikalpatvād acintya-prabhāva-guṇa-yogāc ca / bodhisattva-karuṇā-bhāvanāyā vāri-sādharmyaṃ tasyāḥ sarva-jagati parama-snigdha-bhāvāika-rasa-lakṣaṇa-prayogād iti / eṣāṃ trayāṇāṃ dharmāṇām anena tri-vidhena hetunā tat-saṃbaddhaḥ saṃanvāgamo yoga ity ucyate /

tatrāpareṇa ślokārdhena kiṃ darśayati /

abhijñā-jñāna-vaimalya-tathatāvyatirekataḥ /
dīpālokōṣṇa-varṇasya sādharmyaṃ vimalāśraye (44)

trayāṇāṃ sthānānāṃ yathā-saṃkhyam eva tri-vidhena

dīpa-sādharmyeṇa tathāgata-dhātoḥ phala-samanvāgamam adhikṛtya yogārtho veditavyaḥ / katamāni trīni sthānāni / tad-yathā / abhijñā-āsrava-kṣaya-jñānam āsrava-kṣayaś cēti / tatra pañcānām abhijñānāṃ jvālā-sādharmyaṃ tāsām arthānubhava-jñāna-vipakṣāndhakāra-vidhamana-pratyupasthāna-lakṣaṇatvāt / āsrava-kṣaya-jñānasyōṣṇa-sādharmyaṃ tasya niravaśeṣa-karma-kleśēndhana-dahana-pratyupasthāna-lakṣaṇatvāt / āśraya-parivṛtter āsrava-kṣayasya varṇa-sādharmyaṃ tasyātyanta-vimala-viśuddha-prabhāsvara-lakṣaṇatvāt / tatra vimalaḥ kleśāvaraṇa-prahāṇāt / viśuddho jñeyāvaraṇa-prahāṇāt / prabhāsvaras tad-ubhayāgantukatāprakṛtitah / ity eṣāṃ samāsataḥ saptānām abhijñā-jñāna-prahāṇa-saṃgṛhītānām aśaikṣa-sāntānikānāṃ dharmāṇām anāsrava-dhātav anyonyam avinirbhāgatvam apṛthagbhāvo dharma-dhātu-samanvāgamo yoga ity ucyate / eṣa ca yogārtham ārabhya pradīpa-dṛṣṭānto vistareṇa yathāsūtram anugantavyaḥ / tad-yathā śāriputra pradīpaḥ / avinirbhāga-dharmā / avinirmukta-guṇaḥ / yad-uta ālokōṣṇa-varṇatābhiḥ / maṇir vāloka-varṇa-saṃsthānaiḥ / evam eva śāriputra tathāgata-nirdiṣṭo dharma-kāyo 'vinirbhāga-dharmāvinirimukta-jñāna-guṇo yad-uta gaṅgā-nadī-vālikā-vyativṛttais tathāgata-dharmair iti /

tatra vṛtty-artham ārabhya ślokah /

pṛthag-janārya-saṃbuddha-tathatā vyatirekataḥ /
sattveṣu jina-garbho 'yaṃ deśitas tattva-
darśibhiḥ (45)

anena kiṃ darśitam /

pṛthag-janā viparyastā dṛṣṭa-satyā viparyayāt /
yathāvad aviparyastā niṣprapañcās tathāgatāḥ (46)

yad idaṃ tathāgata-dhātoḥ sarva-dharma-tathatā-viśuddhisāmānya-lakṣaṇam upadiṣṭaṃ prajñā-pāramitādiṣu nirvikalpa-jñāna-mukhāvavādam ārabhya bodhisattvānām asmin samāsatas trayāṇāṃ pudgalānāṃ pṛthag-janasyātattva-darśina āryasya tattva-darśino viśuddhi-niṣṭhāgatasya tathāgatasya tridhā bhinnā pravṛttir veditavyā / yad-uta viparyastāviparyastā samyag-aviparyastā niṣprapañcā ca yathā-kramam / tatra viparyastā saṃjñā-citta-dṛṣṭi-viparyāsād bālānām / aviparyastā viparyayeṇa tat-prahāṇād āryāṇām / samyag-aviparyastā niṣprapañcā ca savāsana-kleśa-jñeyāvaraṇa-samudghātāt samyak-saṃbuddhānām /

ataḥ param etam eva vṛtty-artham ārabhya tad-anye catvāro 'rthāḥ prabheda-nirdeśād eva veditavyāḥ / tatrāiṣaṃ trayāṇāṃ pudgalānām avasthā-prabhedārtham ārabhya ślokaḥ /

aśuddho ' śuddha-śuddho ' tha suviśuddho
yathā-kramam /
sattva-dhātur iti prokto bodhisattvas
tathāgataḥ (47)

anena kiṃ darśitam /

svabhāvādibhir ity ebhiḥ ṣaḍbhir arthaiḥ
samāsataḥ /
dhātus tisṛṣv avasthāsu vidito nāmabhis
tribhiḥ (48)

iti ye ke-cid anāsrava-dhātu-nirdeśa nānā-dharma-paryāya-mukheṣu bhagavatā vistareṇa nirdiṣṭāḥ sarve ta ebhir eva samāsataḥ ṣaḍbhiḥ svabhāva-hetu-phala-karma-yoga-vṛtty-arthaiḥ saṃgṛhītās tisṛṣv avasthāsu yathā-kramaṃ tri-nāma-nirdeśato nirdiṣṭā veditavyāḥ / yad-utāśuddhāvasthāyāṃ sattva-dhātur iti / aśuddha-śuddhāvasthāyāṃ bodhisattvā iti / suviśuddhāvasthāyāṃ tathāgata iti / yathōktaṃ bhagavatā /

ayam eva śāriputra dharma-kāyo 'paryanta-kleśa-kośa-koṭi-gūḍhaḥ / saṃsāra-srotasā uhyamāno 'navarāgra-saṃsāra-gati-cyuty-upapattiṣu saṃcaran sattva-dhātur ity ucyate / sa eva śāriputra dharma-kāyaḥ saṃsāra-sroto duḥkha-nirviṇṇo viraktaḥ sarva-kāma-viṣayebhyo daśa-pāramitāntargataiś catur-aśītyā dharma-skandha-sahasrair bodhāya caryāṃ caran bodhisattva ity ucyate / sa eva punaḥ śāriputra dharma-kāyaḥ sarva-kleśa-kośa-parimuktaḥ sarva-duḥkhātikrāntaḥ sarvōpakleśa-malāpagataḥ śuddho viśuddhaḥ parama-pariśuddha-dharmatāyāṃ sthitaḥ sarva-sattvālokanīyāṃ bhūmim ārūḍhaḥ sarvasyāṃ jñeya-bhūmav advitīyaṃ pauruṣaṃ sthāma prāpto 'nāvaraṇa-dharmāpratihata-sarva-dharmāiśvarya-balatām adhigatas tathāgato 'rhan samyak-saṃbuddha ity ucyate /

tāsv eva tisṛṣv avasthāsu tathāgata-dhātoḥ sarvatrgārtham ārabhya ślokaḥ /

sarvatrānugataṃ yadvan nirvikalpātmakaṃ
nabhaḥ /
citta-prakṛti-vaimalya-dhātuḥ sarvatragas
tathā (49)

anena kiṃ darśitam /

tad-doṣa-guṇa-niṣṭāsu vyāpi sāmānya-lakṣaṇam /
hīna-madhya-viśiṣṭeṣu vyoma rūpa-gateṣv
iva (50)

yāsau pṛthag-janārya-saṃbuddhānām avikalpa-citta-prakṛtiḥ sā tisṛṣv avasthāsu yathā-kramaṃ doṣeṣv api guṇeṣv api guṇa-viśuddhi-niṣṭhāyām api sāmānya-lakṣaṇatvād ākāśam iva mṛd-rajata-suvarṇa-bhājaneṣv anugatānupraviṣṭā samā nirviśiṣṭā prāptā sarva-kālam / ata evāvasthā-nirdeśānantaram āha / tasmāc chāriputra nānyaḥ sattva-dhātur nānyo dharma-kāyaḥ / sattva-dhātur eva dharma-kāyaḥ / dharma-kāya eva sattva-dhātuḥ / advayam etad arthena / vyañjana-mātra-bheda iti /

etāsv eva tisṛṣv avasthāsu tathāgata-dhātoḥ sarvatragasyāpi tat-saṃkleśa-vyavadānābhyām avikārārtham ārabhya catur-daśa-ślokāḥ / ayaṃ ca teṣāṃ piṇḍārtho veditavyaḥ /

doṣāgantukatā-yogād guṇa-prakṛti-yogataḥ /
yathā pūrvaṃ tathā paścād avikāritva-
dharmatā (51)

dvā-daśabhir ekena ca ślokena yathā-kramam aśuddhāvasthāyām aśuddha-śuddhāvasthāyāṃ ca kleśōpakleśa-doṣayor āgantuka-yogāc catur-daśamena ślokena suviśuddhāvasthāyāṃ gaṅgā-nadī-vālukā-vyativṛttair avinirbhāgair amukta-jñair acintyair buddha-guṇaiḥ prakṛti-yogād ākāśa-dhātor iva paurvāparyeṇa tathāgata-dhātor atyantāvikāra-dharmatā paridīpitā / tatrāśuddhāvasthāyām avikārārtham ārabhya katame dvā-daśa-ślokāḥ /

yathā sarva-gataṃ saukṣmyād ākāśaṃ nōpalipyate /
sarvatrāvasthitaḥ sattve tathāyaṃ nōpalipyate (52)
yathā sarvatra lokānām ākāśa udaya-vyayaḥ /
tathāivāsaṃskṛte dhātav indriyāṇāṃ vyayōdayaḥ (53)
yathā nāgnibhir ākāśaṃ dagdha-pūrvaṃ kadā-cana /
tathā na pradahaty enaṃ mṛtyu-vyādhi-
jarāgnayaḥ (54)
pṛthivy ambau jalaṃ vāyau vāyur vyomni
pratiṣṭhitaḥ /
apratiṣṭhitam ākāśaṃ vāyv-ambu-kṣiti-dhātuṣu (55)

skandha-dhātv-indriyaṃ tadvat karma-
kleśa-pratiṣṭhitaṃ /
karma-kleśāh sadāyoni-manas-kāra-pratiṣṭhitāḥ (56)
ayoniśo-manas-kāraś citta-śuddhi-pratiṣṭhitaḥ /
sarva-dharmeṣu cittasya prakṛtis tv apratiṣṭhitā (57)
pṛthivī-dhātuvaj jṅeyāḥ skandhāyatana-dhātavaḥ /
ab-dhātu-sadṛśā jṅeyāḥ karma-kleśāḥ śarīriṇām (58)
ayoniśo-manas-kāro vijñeyo vāyu-dhātuvat /
tad amūlāpratiṣṭhānā prakṛtir vyoma-dhātuvat (59)
citta-prakṛtim ālīnāyoniśo-manasaḥ-kṛtiḥ /
ayoniśo-manas-kāra-prabhave kleśa-karmaṇī (60)
karma-kleśāmbu-saṃbhūtāḥ skandhāyatana-
dhātavaḥ /
utpadyante nirudhyante tat-saṃvarta-
vivartavat (61)
na hetuḥ pratyayo nāpi na sāṃagrī na cōdayaḥ /
na vyayo na sthitiś citta-prakṛter vyoma-
dhātuvat (62)
cittasya yāsau prakṛtiḥ prabhāsvarā na
jātu sā dyaur iva yāti vikriyām /
āgantukai rāga-malādibhis tv asav upaiti
saṃkleśam abhūta-kalpa-jaiḥ (63)

katham anenākāśa-dṛṣṭānteṇa tathāgata-dhātor aśuddhāvasthāyām avikāra-dharmatā paridīpitā / tad ucyate /

nābhinirvartayaty enaṃ karma-kleśāmbu-
samācayaḥ /
na nirdahaty udīrṇo'pi mṛtyu-vyādhi-jarānalaḥ (64)

yadvad ayoniśo-manas-kāra-vāta-maṇḍala-saṃbhūtaṃ karma-kleśodaka-rāśiṃ pratītya skandha-dhātv-āyatana-lokanirvṛttyā citta-prakṛti-vyoma-dhātor vivarto na bhavati / tadvad ayoniśo-manas-kāra-karma-kleśa-vāyv-ap-skandha-pratiṣṭhitasya skandha-dhātv-āyatana-lokasyāstaṃgamāya mṛtyu-vyādhi-jarāgni-skandha-samudayād api tad-asaṃvarto veditavyaḥ / ity evam aśuddhāvasthāyāṃ bhājana-lokavad aśeṣa-kleśa-karma-janma-saṃkleśa-samudayāstaṃgame 'py ākāśavad asaṃskṛtasya tathāgata-dhātor anutpādānirodhād atyantam avikāra-dharmatā paridīpitā / eṣa ca prakṛti-viśuddhi-mukhaṃ dharmāloka-mukham ārabhyākāśa-dṛṣṭānto vistareṇa yathāsūtram anugantavyaḥ / kavir mārṣā kleśāḥ / āloko viśuddhiḥ / durbalāḥ kleśāḥ / balavatī vipaśyanā / āgantukāḥ kleśāḥ / mūla-viśuddhā prakṛtiḥ / parikalpāḥ kleśāḥ / aparikalpā prakṛtiḥ / tad-yathā mārṣā iyaṃ mahā-pṛthivy apsu pratiṣṭhitā / āpo vāyau pratiṣṭhitāḥ / vāyur ākāśe pratiṣṭhitaḥ / apratiṣṭhitaṃ cākāśam / evam eṣāṃ caturṇāṃ dhātūnāṃ pṛthivī-dhātor ab-dhātor vāyu-dhātor ākāśa-dhātur eva balīyo dṛḍho 'calo 'nupacayo 'napacayo 'nutpanno 'niruddhaḥ sthitaḥ sva-rasa-yogena / tatra ya ete trayo dhātavas ta utpāda-bhaṅga-yuktā anavasthitā acira-sthāyinaḥ / dṛśyata eṣāṃ vikāro na punar ākāśa-dhātoḥ kaś-cid vikāraḥ / evam eva skandha-dhātv-āyatanāni karma-kleśa-pratiḥhitāni / karma-kleśa ayoniśo-manas-kāra-pratiṣṭhitāḥ / ayoniśo-manas-kāraḥ prakṛti-pariśuddhi-pratiṣṭhitaḥ / tata ucyate prakṛti-prabhāsvaraṃ cittam āgantukair upakleśair upakliśyata iti / tatra paścād yo 'yoniśo-manas-kāro ye ca karma-kleśa yāni ca skandha-dhātv-āyatanāni sarva ete dharmā hetu-pratyaya-saṃgṛhīta utpadyante hetu-pratyaya-visāmagryā nirudhyante yā punaḥ sā prakṛtis tasyā na hetur na pratyayo na sāmagrī nōtpādo na nirodhaḥ / tatra yathākāśa-dhātus tathā prakṛtiḥ / yathā vāyu-dhātus tathāyoniśo-manasi-kāraḥ / yathāb-dhātus tathā karma-kleśāḥ / yathā pṛthivī-dhātus tathā skandha-dhātv-āyatanāni / tata ucyante sarva-dharmā asāra-mūlā apratiṣṭhāna-mūlāḥ śuddha-mūlā amūla-mūlā iti /

uktam aśuddhāvasthāyāṃ avikāra-lakṣaṇam ārabhya prakṛter ākāśa-dhātu-sādharmyaṃ tadāśritasyāyoniśo-manasi-kārasya karma-kleśānāṃ ca hetu-lakṣaṇam ārabhya vāyu-dhātu-sādharmyam ab-dhātu-sādharmyaṃ ca tat-prabhavasya skandha-dhātv-āyatanasya vipāka-lakṣaṇam ārabhya pṛthivī-dhātu-sādharmyam / tad-vibhava-kāraṇasya tu mṛtyu-vyādhi-jarāgner upasarga-lakṣaṇam ārabhya tejo-dhātu-sādharmyaṃ nōktam iti tad ucyate /

trayo 'gnayo yugānte 'gnir nārakaḥ prākṛtaḥ
kramāt /
trayas ta upamā jñeyā mṛtyu-vyādhi-jarāgnayaḥ (65)

tribhiḥ kāraṇair yathā-kramaṃ mṛtyu-vyādhi-jarāṇām agni-sādharmyaṃ veditavyam / ṣaḍ-āyatana-nirmamī-karaṇato vicitra-kāraṇānubhavanataḥ saṃskāra-paripākōpanayanataḥ / ebhir api mṛtyu-vyādhi-jarāgnibhir avikāratvam ārabhya tathāgata-dhātor aśuddhāvasthāyām idam uktam / loka-vyavahāra eṣa bhagavan mṛta iti vā jāta iti vā / mṛta iti bhagavann indriyōparodha eṣaḥ / jāta iti bhagavan navānām indriyāṇāṃ prādurbhāva eṣaḥ / na punar bhagavaṃs tathāgata-garbho jāyate vā jīryati vā mriyate vā cyavate vōtpadyate vā / tat kasmād dhetoḥ / saṃskṛta-lakṣaṇa-viṣaya-vyativṛtto bhagavaṃs tathāgata-garbho nityo dhruvaḥ śivaḥ śāśvata iti /

tatrāśuddha-śuddhāvasthāyām avikārārtham ārabhya ślokāḥ /

nirvṛtti-vyuparama-rug-jarā-vimuktā asyāiva

prakṛtim ananyathāvagamya /
janmādi-vyasanam ṛte 'pi tan-nidānaṃ
dhīmanto jagati kṛpōdayād bhajante (66)

anena kiṃ darśayati /

mṛtyu-vyādhi-jarā-duḥkha-mūlam āryair
apoddhṛtam /
karma-kleśa-vaśāj jātis tad-abhāvān na teṣu
tat (67)

asya khalu mṛtyu-vyādhi-jarā-duḥkha-vahner aśuddhavasthāyām ayoniśo-manasi-kāra-karma-kleśa-pūrvikā jātir indhanam ivōpādānaṃ bhavati / yasya mano-mayātma-bhāva-pratilabdheṣu bodhisattveṣu śuddhāśuddhāvasthāyām atyantam anābhāsa-gamanād itarasyātyantam anujjvalanaṃ prajñāyāte /

janma-mṛtyu-jarā-vyādhīn darśayanti
kṛpātmakāḥ /
jāty-ādi-vinivṛttāś ca yathā-bhūtasya
darśanāt (68)

kuśala-mūla-saṃyojanād dhi bodhisattvāḥ saṃcintyōpapatti-vaśitā-saṃniśrayeṇa karuṇayā trai-dhātuke saṃśliṣyante / jātim apy upadarśayanti jarām api vyādhim api maraṇam apy upadarśayanti / na ca teṣām ime jāty-ādayo dharmāḥ saṃvidyante / yathāpi tad asyāiva dhātor yathā-bhūtam ajāty-anutpatti-darśanāt / sā punar iyaṃ bodhisattvāvasthā vistareṇa yathā-sūtram anugantavyā / yad āha / katame ca te saṃsāra-pravartakāḥ kuśala-mūla-saṃprayuktāh kleśāḥ / yad uta puṇya-saṃbhāra-paryeṣṭy-atṛptatā / saṃcintya-bhavōpapatti-parigrahaḥ / buddha-samavaḍhāna-prārthanā / sattva-paripākāparikhedaḥ saddharma-parigrahōdyogaḥ / sattva-kiṃ-karaṇīyōtsukatā / dharma-rāgānuśayānutsargaḥ / pāramitā-saṃyojanānām aparityāgaḥ / ity ete sāgaramate kuśala-mūla-saṃprayuktāḥ kleśa yair bodhisattvāḥ saṃśliṣyante / na khalu kleśa-dośair lipyante / āha punaḥ / yadā bhagavan kuśala-mūlāni tat kena kāraṇena kleśā ity ucyante / āha / tathā hi sāgaramate ebhir evaṃ-rūpaiḥ kleśair bodhisattvās trai-dhātuke śliṣyante / kleśa-saṃbhūtaṃ ca trai-dhātukam / tatra bodhisattvā upāya-kauśalena ca kuśala-mūla-balānvādhānena ca saṃcintya trai-dhātuke śliṣyante / tenōcyante kuśala-mūla-saṃprayuktāḥ kleśa iti / yāvad eva trai-dhātuke śleṣatayā na punaś cittōpakleśatayā /

syād yathāpi nāma sāgaramate śreṣṭhino gṛha-pater eka-putraka iṣṭaḥ kāntaḥ priyo manāpo 'pratikūlo darśanena sa ca dārako bāla-bhavena nṛtyann eva mīḍha-kupe prapateta / atha te tasya dārakasya mātṛ-jñātayaḥ pacyeyus taṃ dārakaṃ mīḍha-kūpe prapatitam / dṛṣṭvā ca gambhīraṃ niśvaseyuḥ śoceyuḥ parideveran / na punas taṃ mīḍha-kūpam avaruhya taṃ dārakam adhyālamberan / atha tasya dārakasya pita taṃ pradeśam āgacchet / sa paśyetāika-putrakaṃ mīḍha-kūpe prapatitaṃ dṛṣṭvā ca śīghra-śīghraṃ tvaramāṇa-rūpa eka-putrakādhyāśaya-premānunīto 'jugupsamānas taṃ mīḍha-kūpam avaruhyāika-putrakam abhyutkṣipet / iti hi sāgaramate upamāisa kṛtā yāvad evārthasya vijñaptaye / kaḥ prabandho draṣṭavyaḥ / mīḍha-kūpa iti sāgaramate trai-dhātukasyāitad adhivacanam / eka-putraka iti sattvānām etad adhivacanam / sarva-sattvesu hi bodhisattvasyāika-putra- saṃjñā pratyupasthitā bhavati / mātṛ-jñātaya iti śrāvaka-pratyekabuddha-yānīyānāṃ pudgalānām etad adhivacanaṃ ye saṃsāra-prapatitān sattvān dṛṣṭvā śocanti paridevante na punaḥ samarthā bhavanty abhyutkṣeptum / śreṣṭhī gṛha-patir iti bodhisattvasyāitad adhivacanaṃ yaḥ śucir vimalo nirmala-citto 'saṃskṛta-dharma-pratyakṣa-gataḥ saṃcintya trai-dhātuke pratisaṃdadhāti sattva-paripākārtham / sēyaṃ sāgaramate bodhisattvasya mahā-karuṇā yad atyanta-parimuktaḥ sarva-bandhanebhyaḥ punar eva bhavōpapattim upādadāti / upāya-kauśalya- prajñā-parigṛhītaś ca saṃkleśair na lipyate / sarva-kleśa-bandhana-prahāṇāya ca sattvebhyo dharmaṃ deśayatīti / tad anena sūtra-pada-nirdeśena para-hita-kriyārthaṃ vaśino bodhisattvasya saṃcīntya bhavōpapattau kuśala-mūla-karuṇā-balābhyām upaśleṣād upāya-prajñā-balābhyāṃ ca tadasaṃkleśād aśuddha-śuddhāvasthā paridīpitā /

tatra yadā bodhisattvo yathā-bhutājāty-anutpatti-darśanam āgamya tathāgata-dhātor imāṃ bodhisattva-dharmatām anuprāpnoti tathā vistareṇa yathā-sūtram anugantavyam / yad āha / paśya sāgaramate dharmāṇām asāratām akārakatāṃ nirātmatāṃ niāsattvatāṃ nirjīvatāṃ niḥpudgalatām asvāmikatām / yatra hi nāma yathēṣyante tathā viṭhapyante viṭhapitāś ca samānā na cetayanti na prakalpayanti / imāṃ sāgaramate dharma-viṭhapanām adhimucya bodhisattvo na kasmiṃś-cid dharme parikhedam utpādayati / tasyāiva jñāna-darśanaṃ śuci-śuddhaṃ bhavati / nātra kaś-cid upakāro vāpakāro vā kriyata iti / evaṃ ca dharmāṇāṃ dharmatāṃ yathā-bhūtaṃ prajānāti / evaṃ ca mahā-karuṇā-saṃnāhaṃ na tyajati / syād yathāpi nāma sāgaramata 'narghaṃ vaiḍūrya-maṇi-ratnaṃ svavadāpitaṃ supariśuddhaṃ suvimalaṃ kardama-parikṣiptaṃ varṣa-sahasram avatiṣṭheta / tad varṣa-sahasrātyayena tataḥ kardamād abhyutkṣipya loḍyeta paryavadāpyeta / tat sudhautaṃ pariśodhitaṃ paryavadāpitaṃ samānaṃ tam eva śuddhavimala-maṇi-ratna-svabhāvaṃ na jahyāt / evam eva sāgaramate bodhisattvaḥ sattvānāṃ prakṛti-prabhāsvaratāṃ cittasya prajānāti / tāṃ punar āgantukō pakleśōpakliṣṭāṃ paśyati / tatra bodhisattvasyāivaṃ bhavati / nāite kleśāḥ sattvānāṃ citta-prakṛti-prabhāsvaratāyāṃ praviṣṭāḥ / āgantukā ete kleśa abhūta-parikalpa-samutthitāḥ / śaknuyām ahaṃ punar eṣāṃ sattvānām āgantu-kleśāpanayanāya dharmaṃ deśayitum iti / evam asya nāvalīyanā-cittam utpadyate / tasya bhūyasyā mātrayā sarva-sattvānām antike pramokṣa-cittōtpāda utpadyate / evaṃ cāsya bhavati / nāiteṣāṃ kleśānāṃ kiṃ-cid balaṃ sthāma vā / abalā durbalā ete kleśāḥ / nāiteṣāṃ kiṃ-cid bhūta-pratiṣṭhānam / abhūta-parikalpitā ete kleśāḥ / te yathā-bhūta-yoniśo-manasi-kāra-nirīkṣitā na kupyanti / te 'smābhis tathā pratyavekṣitavyā yathā na bhūyaḥ śliṣyeyuḥ / aśleṣo hi kleśānāṃ sādhur na punaḥ śleṣaḥ / yady ahaṃ kleśānāṃ śliṣyeya tat kathaṃ kleśa-bandhana-baddhānāṃ sattvānāṃ kleśa-bandhana-prahāṇāya dharmaṃ deśayeyam / hanta vayaṃ kleśānāṃ ca na śliṣyāmahe kleśa-bandhana-prahāṇāya ca sattvebhyo dharmaṃ deśayiṣyāmaḥ / ye punas te saṃsāra-prabandhakāḥ kuśala-mūla-saṃprayuktāḥ kleśās teṣv asmābhiḥ sattva-paripākāya śleṣṭavyam iti /

saṃsāraḥ punar iha trai-dhātuka-pratibimbakam anāsrava-dhātau manomayaṃ kāya-trayam abhipretam / tad dhy anāsrava-kuśala-mūlābhisaṃskṛtatvāt saṃsāraḥ / sasrava-karma-kleśānabhisaṃskṛtatvān nirvāṇam api tat / yad adhikṛtyāha / tasmād bhagavann asti saṃskṛto 'py asaṃskṛto 'pi saṃsāraḥ / asti saṃskṛtam apy asaṃskṛtam api nirvāṇam iti / tatra saṃskṛtāsaṃskṛta-saṃsṛṣṭa-citta-caitasika-samudācāra-yogād iyam aśuddha-śuddhāvastēty ucyate / sā punar āsravakṣayābhijñābhimukhy-asaṅga-prajñā-pāramitā-bhāvanayā mahā-karuṇā-bhāvanayā ca sarva-sattva-dhātu-paritrāṇāya tad-asākṣāt-karaṇād abhimukhyāṃ bodhisattva-bhūmau prādhānyena vyavasthāpyate /

yathōktam āsrava-kṣaya-jñānam ārabhya nagarōdāharaṇam / evam eva kula-putra bodhisattvo mahatā yatnena mahatā vīryeṇa dṛḍhayādhyāśaya-pratipattyā pañcābhijñā utpādayati / tasya dhyānābhijñā-parikarma-kṛta-cittasyāsrava-kayo 'bhimukhī-bhavati / sa mahā-karuṇā-cittōtpādena sarva-sattva-paritrāṇāyāsrava-kṣaya-jñāne parijayaṃ kṛtvā punar api suparikarma-kṛta-cetasaḥ ṣaṣṭhyām asaṅga-prajñōtpādād āsrava-kṣaye 'bhimukhī-bhavati / evam asyām abhimukhyām bodhisattva-bhūmav āsrava-kṣaya-sākṣāt-karaṇa-vaśitva-lābhino bodhisattvasya viśuddhāvasthā paridīpitā / tasyāivam ātmanā samyak-pratipannasya parān api cāsyām eva samyak-pratipattau sthāpayiṣyāmīti mahā-karuṇayā vipratipanna-sattva-paritrāṇābhiprāyasya śama-sukhānāsvādanatayā tad-upāya-kṛta-parijayasya saṃsārābhimukha-sattvāpekṣayā nirvāṇa-vimukhasya bodhy-aṅga-paripūraṇāya dhyānair vihṛtya punaḥ kāma-dhātau saṃcintyōpapatti-parigrahaṇato yāvad āśu sattvānām arthaṃ kartu-kāmasya vicitra-tiryag-yoni-gata-jātaka-prabhedena pṛthag-janātmabhāva-saṃdarśana-vibhutva-lābhino 'viśuddhā vasthā paridīpitā /

aparaḥ ślokārthaḥ /

dharmatāṃ prativicyēmām avikārāṃ jinātma-jaḥ /
dṛśyate yad avidyāndhair jāty-ādiṣu tad adbhutam (69)
ata eva jagad-bandhor upāya-karuṇe pare /
yad ārya-gocara-prāpto dṛśyate bāla-gocare (70)

sarva-loka-vyatīto 'sau na ca lokād viniḥsṛtaḥ /
loke carati lokārtham alipto laukikair malaiḥ (71)
yathāiva nāmbhasā padmaṃ lipyate jātam ambhasi /
tathā loke 'pi jāto 'sau loka-dharmair na lipyate (72)
nityōjjvalita-buddhiś ca kṛtya-saṃpādane 'gnivat /
śānta-dhyāna-samāpatti-pratipannaś ca sarvadā (73)
pūrvāvedha-vaśāt sarva-vikalpāpagamāc ca saḥ /
na punaḥ kurute yatnaṃ paripākāya dehinām (74)
yo yathā yena vaineyo manyate 'sau tathāiva tat /
deśanyā rūpa-kāyābhyāṃ caryayēryā-pathena vā (75)
anābhogena tasyāivam avyāhata-dhiyaḥ sadā /
jagaty ākāśa-paryante sattvārthaḥ saṃpravartate (76)
etāṃ gatim anuprāpto bodhisattvas tathāgataiḥ /
samatām eti lokeṣu sattva-saṃtāraṇaṃ prati (77)
atha cāṇoḥ pṛthivyāś ca goṣ-padasyōdadheś ca yat /
antaraṃ bodhisattvānāṃ buddhasya ca tad antaram (78)

eṣām daśānāṃ ślokānāṃ yathā-kramaṃ navabhiḥ ślokaiḥ pramuditāyā bodhisattva-bhūmer adhaś ca saṃkleśa-paramatāṃ daśamena ślokena dharma-meghāyā bodhisattva-bhūmer ūrdhvaṃ viśauddhi-paramatām upanidhāya samāsataś caturṇāṃ bodhisattvānāṃ daśaṣu bodhisattva-bhūmiṣu viśuddhir aviśuddhiś ca paridīpitā / catvāro bodhisattvāḥ prathama-cittōtpādikaḥ / caryā-pratipannaḥ / avaivartikaḥ / eka-jāti-pratibaddha iti / tatra prathama-dvitīyābhyāṃ ślokābhyām anādi-kālikam adṛṣṭa-pūrva-prathama-lokōttara-dharmatā-prativedhāt pramuditāyāṃ bhūmau prathama-cittōtpādika-bodhisattva-gaṇa-viśuddhi-lakṣaṇaṃ paridīpitam / tritīya-caturthābhyāṃ ślokābhyām anupalipta-caryā-caraṇād vimalāṃ bhūmim upādāya yāvad dūraṃgamāyāṃ bhūmau caryāpratipanna-bodhisattva-guṇa-viśuddhi-lakṣaṇaṃ paridīpitam / pañcamena ślokena nirantara-mahā-bodhi-samudāgama-prayoga-saṃdhiṣu vyavasthitatvād acalāyāṃ bhūmav avaivartika-bodhisattva-guṇa-viśuddhi-lakṣaṇaṃ paridīpitam / ṣaṣṭhena saptamenāṣṭamena ca ślokena sakala-sva-parārtha-saṃpādanōpāya-niṣṭhā-gatasya buddha-bhūmy-eka-carama-janma-pratibaddhatvād anuttara-paramābhisaṃbodhi-prāpter dharma-meghāyāṃ bodhisattva-bhūmav eka-jāti-pratibaddha-bodhisattva-guṇa-viśuddhi-lakṣaṇaṃ paridīpitam / navamena daśamena ca ślokena parārtham ātmārthaṃ cārabhya niṣṭhā-gata-bodhisattva-tathāgatayor guṇa-viśuddher aviśeṣo viśeṣaś ca paridīpitaḥ /

tatra suviśuddhāvasthāyām avikārārtham ārabhya ślokaḥ /

ananyathātmākṣaya-dharma-yogato jagac-
charaṇyo 'naparānta-koṭitaḥ /
sadādvayo 'sav avikalpakatvato 'vināśa-
dharmāpy akṛta-svabhāvataḥ (79)

anena kiṃ darśayati /

na jāyate na mriyate bādhyate no na jīryate /
sa nityatvād dhruvatvāc ca śivatvāc chāśvatatvataḥ (80)
na jāyate sa nityatvād ātmabhāvair mano-mayaiḥ /
acintya-pariṇāmena dhruvatvān mriyate na saḥ (81)
vāsanā-vyādhibhiḥ sūkṣumair bādhyate na śivatvataḥ /
anāsravābhisaṃskāraiḥ śāśvatatvān na jīryate (82)

sa khalv eṣa tathāgata-ddhātur buddha-bhūmav atyanta-vimala-viśuddha-prabhāsvaratāyāṃ sva-prakṛtau sthitaḥ pūrvāntam upādāya nityatvān na punar jāyate manomayair ātmabhāvaiḥ / aparāntam upādāya dhruvatvān na punar mriyate 'cintya-pāriṇāmikyā cyutyā / pūrvāparāntam upādāya śivatvān na punar bādhyate 'vidyā-vāsa-bhumi-parigraheṇa / yaś cāivam anarthāpatitaḥ sa śāśvatatvān na punar jīryaty anāsrava-karma-phala-pariṇāmena /

tatra dvābhyām atha dvābhyāṃ dvābhyāṃ
dvābhyāṃ yathā-kramam /
padābhyāṃ nityatādy-artho vijñeyo 'saṃsṛkite pade (83)

tad eṣām asaṃskṛta-dhātau caturṇāṃ nitya-dhruva-śiva-śāśvata-padānāṃ yathā-kramam ekāikasya padasya dvābhyāṃ dvābhyām uddeśa-nirdeśa-padābhyām artha-pravibhāgo yathā-sūtram anugantavyaḥ / yad āha nityo 'yaṃ śāriputra dharma-kāyo 'nanyatva-dharmākṣaya-dharmatayā / dhruvo 'yaṃ śāriputra dharma-kāyo dhruva-śaraṇo 'parānta-koṭi-samatayā / śivo 'yaṃ śāriputra dkarma-kāyo 'dvaya-dharmāvikalpa-dharmatayā / śāśvato 'yaṃ śāriputra dharma-kāyo 'vināśa-dharmākṛtrima-dharmatayēti /

asyām eva viśuddhāvasthāyām atyanta-vyavadā na-niṣṭhā-gamana-lakṣaṇasya tathāgata-garbhasyāsaṃbhedārtham ārabhya ślokaḥ /

sa dharma- kāyaḥ sā tathāgato yatas tad ārya-
satyaṃ paramārtha-nirvṛtiḥ /
ato na buddhatvam ṛte 'rka-raśmivad
guṇāvinirbhāgatayāsti nirvṛtiḥ (84)

tatra pūrva-ślokārdhena kiṃ darśayati /

dharma-kāyādi-paryāyā veditavyāḥ samāsataḥ /
catvāro 'nāsrave dhātau catur-artha-prabhedataḥ (85)

samāsato 'nāsrave dhātau tathāgata-garbhe caturo 'rthān adhikṛtya catvāro nāma-paryāyā veditavyāḥ / catvāro 'rthāḥ katame /

buddha-dharmāvinirbhāgas tad-gotrasya

tathāgamaḥ /

amṛṣāmoṣa-dharmitvam ādi-prakṛti-śāntatā (86)

buddha-dharmāvinirbhāgārthaḥ / yam adhikṛtyōktam / aśūnyo bhagavaṃs tathāgata-garbho gaṅgā-nadī-vālukā-vyativṛttair avinirbhāgair amukta-jñair acintyair buddha-dharmair iti / tad-gotrasya prakṛter acintya-prakāra-samudāgamārthaḥ / yam adhikṛtyōktam / ṣaḍ-āyatana-viśeṣaḥ sa tādṛśaḥ paraṃparāgato 'nādi-kāliko dharmatā-pratilabdha iti / amṛṣāmoṣārthaḥ / yam adhikṛtyōktam / tatra paramārtha-satyaṃ yad idam amoṣa-dharmi-nirvāṇam / tat kasmād dhetoḥ / nityaṃ tad-gotraṃ sama-dharmatayēti / atyantōpaśamārthaḥ / yam adhikṛtyōktam ādi-parinirvṛta eva tathāgato 'rhan samyak-saṃbuddho 'nutpanno 'niruddha iti / eṣu caturṣv artheṣu yathā-saṃkhyam ime catvāro nāma-paryāyā bhavanti / tad-yathā dharma-kāyas tathāgataḥ paramārtha-satyaṃ nirvāṇam iti / yata evam āha / tathāgata-garbha iti śāriputra dharma-kāyasyāitad adhivacanam iti / nānyo bhagavaṃs tathāgato 'nyo dharma-kāyaḥ / dharma-kāya eva bhagavaṃs tathāgata iti / duḥkha-nirodha-nāmnā bhagavann evaṃ-guṇa- samanvāgatas tathāgata-dharma-kāyo deśita iti / nirvāṇa-dhātur iti bhagavaṃs tathāgata-dharma-kāyasāitad adhivacanam iti /

tatrāpareṇa ślokārdhena kiṃ darśayati /

sarvākārābhisaṃbodhiḥ savāsana-malōddhṛtiḥ /

buddhatvam atha nirvāṇam advayaṃ paramārthataḥ (87)

yataete catvāro 'nāsrava-dhātu-paryāyās tathāgata-dhātav ekasminn abhinne 'rthe samavasaranti / ata eṣāṃ ekārthatvād advaya-dharma-naya-mukhena yac ca sarvākāra-sarva-dharmābhisaṃbodhād buddhatvam ity uktaṃ yac ca mahābhisaṃbodhāt savāsana-mala-prahāṇān nirvāṇam ity uktam etad ubhayam anāsrave dhātav advayam iti draṣṭavyam abhinnam acchinnam /

sarvākārair asaṃkhyeyair acintyair amalair
guṇaiḥ /
abhinna-lakṣaṇo mokṣo yo mokaṣaḥ sa
tathāgata iti //

yad uktam arhat-pratyekabuddha-parinirvāṇam adhikṛtya / nirvāṇam iti bhagavann upāya eṣa tathāgatānām iti / anena dīrghādhva-pariśrāntānām aṭavī-madhye nagara-nirmāṇavad avivartanōpāya eṣa dharma-paramēśvarāṇāṃ samyak-saṃbuddhānām iti paridīpitam / nirvāṇādhigamād bhagavaṃs tathāgatā bhavanty arhantaḥ samyak-saṃbuddhāḥ sarvāprameyācintya-viśuddhi-niṣṭhā-gata-guṇa-samanvāgatā iti / anena catur-ākāra-guṇa-niṣpatsv asaṃbhinna-lakṣaṇaṃ nirvāṇam adhigamya tad-ātmakāḥ samyak-saṃbuddhā bhavantīti / buddhatva-nirvāṇayor avinirbhāga-guṇa-yogād buddhatvam antareṇa kasya-cin nirvāṇādhigamo nāstīti paridīpitam /

tatra tathāgatānām anāsrave dhātau sarvākāra-varōpeta-śūnyatābhinirhārataś citra-kara-dṛṣṭāntena guṇa-sarvatā veditavyā /

anyonya-kuśalā yadvad bhaveyuś citra-lekhakāḥ /
yo yad aṅgaṃ prajānīyāt tad anyo nāvadhārayet (88)
atha tebhyaḥ prabhū rājā prayacched dūṣyam
ājñayā /
sarvair evātra yuṣmābhiḥ kāryā pratikṛtir mama (89)
tatas tasya pratiśrutya yuñjeraṃś citra-karmaṇi /
tatrāiko vyabhiyuktānām anya-deśa-gato bhavet (90)
deśāntara-gate tasmin pratimā tad-viyogataḥ /

na sā sarvāṅga-saṃpūrṇā bhaved ity upamā
kṛtā (91)
lekhakā ye tad-ākārā dāna-śīla-kṣamādayaḥ /
sarvākāra-varōpetā śūnyatā pratimōcyate (92)

tatrāiṣām eva dānādīnām ekāikasya buddha-viṣayāparyanta-prakāra-bheda-bhinnatvād aparimitatvaṃ veditavyam / saṃkhyā-prabhāvābhyām acintyatvam / mātsaryādi-vipakṣa-mala-vāsanāpakarṣitatvād viśuddhi-paramatvam iti / tatra sarvākāra-varōpeta-śūnyatā-samādhi-mukha-bhāvanayānutpattika-dharma-lābhād acalāyāṃ bodhisattva-bhūmav avikalpa-niśchidra-nirantara-sva-rasa-vāhi-mārga-jñāna-saṃṅiśrayeṇa tathāgatānām anāsrave dhātau guṇa-sarvatā samudāgacchati / sādhumatyāṃ bodhisattva-bhūmav asaṃkhyeya-samādhi-dhāraṇī-mukha-samudrair aparimāṇa-buddha-dharma-parigraha-jñāna-saṃniśrayeṇa guṇāprameyatā samudāgacchati / dharma-meghāyāṃ bodhisattva-bhūmau sarva-tathāgata-guhya-sthānāviparokṣa-jñāna saṃniśrayeṇa guṇācintyatā samudāgacchati / tad-anantaraṃ buddha-bhūmy-adhigamāya sarva-savāsana-kleśa-jñeyāvaraṇa-vimokṣa-jñāna-saṃniśrayeṇa guṇa-viśuddhi-paramatā samudāgacchati / yata eṣu caturṣu bhūmi-jñāna-saṃniśrayeṣv arhat-pratyekabuddhā na saṃdṛśyante tasmāt te dūrī-bhavanti catur-ākāra-guṇa-pariniṣpatty-asaṃbhinna-lakṣaṇān nirvāṇa-dhātor ity uktam /

prajñā-jñāna-vimuktīnāṃ dīpti-spharaṇa-
śuddhitaḥ /
abhedataś ca sādharmyaṃ prabhā-raśmy-
arka-maṇḍalaiḥ (93)

yayā prajñayā yena jñānena yayā vimuktyā sa catur-ākāra-guṇa-niṣpatty-asaṃbhinna-lakṣaṇo nirvāṇa-dhātuḥ sūcyate tāsāṃ yathā-kramaṃ tribhir ekena ca kāraṇena catur-vidham āditya-sādharmyaṃ paridīpitam / tatra buddha-sāntānikyā lokōttara-nirvikalpāyāḥ parama-jñeya-tattvāndhakāra-vidhamana-pratyupasthānatayā prajñāyā dīpti-sādharmyam / tat-pṛṣṭha-labdhasya sarvajña-jñānasya sarvākāra-niravaśeṣa-jñeya-vastu-pravṛttatayā raśmi-jāla-spharaṇa-sādharmyam / tad-ubhayāśrayasya citta-prakṛti-vimukter atyanta-vimala-prabhāsvaratayārka-maṇḍala-viśuddhi-sādharmyam / tisṛṇām api dharma-dhātv-asaṃbheda-svabhāvatayā tat-trayāvinirbhāga-sādharmyam iti /

ato 'nāgamya buddhatvaṃ nirvāṇaṃ nādhigamyate /
na hi śakyaḥ prabhā-raśmī nirvṛjya prekṣituṃ raviḥ (94)

yata evam anādi-sāṃnidhya-svabhāva-śubha-dharmōpahite dhātau tathāgatānām avinirbhāga-guṇa-dharmatvam ato na tathāgatatvam asaṅgāpratihata-prajñā-jñāna-darśanam anāgamya sarvāvaraṇa-vimukti-lakṣaṇasya nirvāṇa-dhātor adhigamaḥ sākṣāt-karaṇam upapadyate prabhā-raśmy-adarśina iva sūrya-maṇḍala-darśanam / ata evam āha / na hi bhagavan hīna-praṇīta-dharmāṇāṃ nirvāṇādhigamaḥ / sama-dharmāṇāṃ bhagavan nirvāṇādhigamaḥ / sama-jñānānāṃ sama-vimuktīnāṃ sama-vimukti-jñāna-darśanānāṃ bhagavan nirvāṇādhigamaḥ / tasmād bhagavan nirvāṇa-dhātur eka-rasaḥ sama-rasa ity ucyate / yad uta vidyā-vimukti-rasenēti /

jina-garbha-vyavasthānam ity evaṃ daśadhōditam /
tat kleśa-kośa-garbhatvaṃ punar jñeyaṃ
nidarśanaiḥ (95)

ity etad aparānta-koṭi-sama-dhruva-dharmatā-saṃvidyamānatām adhikṛtya daśa-vidhenārthena tathāgata-

garbha-vyavasthānam uktam / punar anādi-
sāṃnidhyāsaṃbaddha-svabhāva-kleśa-kcśatām anādi-
sāṃnidhya-saṃbaddha-svabhāva-śubha-dharmatāṃ cādhikṛtya
navabhir udāharaṇair aparyanta-kleśa-kośa-koṭi-gūḍhas
tathāgata-garbha iti yathā-sūtram anugantavyam /
navodāharaṇāni katamāni /

buddhaḥ ku-padme madhu makṣikāsu tuṣesu
sārāṇy aśucau suvarṇam /
nidhiḥ kṣitav alpa-phale 'nkurādi praklinna-
vastreṣu jinātmabhāvaḥ (96)
jaghanya-nārī-jaṭhare nṛpatvaṃ yathā
bhaven mṛtsu ca ratna-bimbam /
āgantuka-kleśa-malāvṛteṣ sattveṣu tadvat
sthita eṣa dhātuḥ (97)
padma-prāṇi-tuṣāśuci-kṣiti-phala-tvak-pūti-
vastrāvara-strī-duḥkha-jvalanābhitapta-pṛthivī-dhātu-
prakāśā malāḥ /
buddha-kṣaudra-sụsāra-kāñcana-nidhi-nyagrodha-
ratnākṛti- dvīpāgrādhipa-ratna-bimba-vimala-
prakhyaḥ sa dhātuḥ paraḥ (98)

kutsita-padma-kośa-sadṛśāḥ kleśāḥ / buddhavat tathāgata-dhātur iti /

yathā vivarṇāmbuja-garbha-veṣṭitaṃ tathāgataṃ
dīpta-sahasra-lakṣaṇam /
naraḥ samīkṣyāmala-divya-locano vimocayed
ambuja-pattra-kośataḥ (99)
vilokya tadvat sugataḥ sva-dharmatām
avīci-saṃstheṣv api buddha-cakṣuṣā /
vimocayaty āvaraṇād anāvṛto 'parānta-koṭi-

sthitakaḥ kṛpātmakaḥ (100)
yadvat syād vijugupsitaṃ jala-ruhaṃ saṃmiñjitaṃ
divya-dṛk tad-garbha-sthitam abhyudīkṣya sugataṃ
patrīṇi saṃchedayet /
rāga-dveṣa-malādi-kośa-nivṛtaṃ saṃbuddha-
garbhaṃ jagat-kāruṇyād avalokya tan nivaraṇaṃ
nirhanti tadvan muniḥ (101)

kṣudra-prāṇaka-sadṛśāḥ kleśāḥ / kṣaudravat tathāgata-dhātur iti /

yathā madhu prāṇi-gaṇōpagūḍhaṃ vilokya
vidvān puruṣas tad-arthī /
samantataḥ prāṇi-gaṇasya tasmād upāyato
'pakramaṇaṃ prakuryāt (102)
sarva-jña-cakṣur viditaṃ maha-ṛṣir madhūpamaṃ
dhātum imaṃ vilokya /
tad-āvṛtīnāṃ bhramarōpamānām aśleṣam
ātyantikam ādadhāti (103)
yadvat prāṇi-sahasra-koṭi-niyutair madhv āvṛtaṃ
syān naro madhv-arthī vinihatya tān madhu-karān
madhvā yathā-kāmataḥ /
kuryāt kāryam anāsravaṃ madhu-nibhaṃ jñānaṃ
tathā dehiṣu kleśāḥ kṣudra-nibhā jinaḥ puruṣavat tad
ghātane kovidaḥ (104)

bahis-tuṣa-sadṛśāḥ kleśāḥ / antaḥ-sāravat tathāgata-dhātur iti /

dhānyeṣu sāraṃ tuṣa-saṃprayuktaṃ nṛṇāṃ
na yadvat paribhogameti /
bhavanti ye 'nnādibhir arthinas tu te tat
tuṣebhyaḥ parimocayanti (105)

sattveṣv api kleśa-malōpasṛṣṭam evaṃ na
tāvat kurute jinatvam /
saṃbuddha-kāryaṃ tri-bhave na yāvad vimucyate
kleśa-malōpasargāt (106)
yadvat kaṅguka-śāli-kodrava-yava-vrīhiṣv amuktaṃ
tuṣāt sāraṃ khāḍy-asusaṃskṛtaṃ na bhavati
svādūpabhojyaṃ nṛṇām /
tadvat kleśa-tuṣād aniḥsṛta-vapuḥ sattveṣu
dharmēśvaro dharma-prīti-rasa-prado na bhavati
kleśa-kṣudhārte jane (107)

aśuci-saṃkāra-dhāna-sadṛśāh kleśāḥ / suvarṇavat tathāgata-dhātur iti /

yathā suvarṇaṃ vrajato narasya cyutaṃ
bhavet saṃkara-pūti-dhāne /
bahūni tad varṣa-śatāni tasmin tathāiva
tiṣṭhed avināśa-dharmi (108)
tad devatā divya-viśauddha-cakṣur vilokya
tatra pravaden narasya /
suvarṇam asmin navam agra-ratnaṃ viśodhya
ratnena kuruṣva kāryam (109)
dṛṣṭvā muniḥ sattva-guṇaṃ tathāiva kleśeṣv
amedhya-pratimeṣu magnam /
tat-kleśa-paṅka-vyavadāna-hetor dharmāmbu-
varṣaṃ vyasṛjat prajāsu (110)
yadvat saṃkara-pūti-dhāna-patitaṃ cāmīkaraṃ
devatā dṛṣṭvā dṛśyatamaṃ nṛṇām upadiśet
saṃśodhanārthaṃ malāt /
tadvat kleśa-mahāśuci-prapatitaṃ saṃbuddha-ratnaṃ
jinaḥ sattveṣu vyavalokya dharmam adiśat tac-

chuddhaye dehinām (111)

pṛthivī-tala-sadṛśāḥ kleśāḥ / ratna-nidhānavat tathāgata-dhātur iti /

yathā daridrasya narasya veśmany antaḥ-
pṛthivyāṃ nidhir akṣayaḥ syāt /
vidyān na cāinaṃ sa naro na cāsminn eṣo
'ham asmīti vaden nidhis tam (112)
tadvan mano-'ntar-gatam apy acintyam
akṣayya-dharmāmala-ratna-kośam /
abudhyamānānubhavaty ajasraṃ dāridrya-
duḥkhaṃ bahudhā prajēyam (113)
yadvad ratna-nidhir daridra-bhavanābhyantar-gataḥ
syān naraṃ na brūyād aham asmi ratna-nidhir ity
evaṃ na vidyān naraḥ /
tadvad dharma-nidhir mano-gṛha-gataḥ sattvā
daridrōpamās teṣāṃ tat pratilambha-kāraṇam riṣir
loke samutpadyate (114)

tvak-kośa-sadṛśāḥ kleśāḥ / bījāṅkuravat tathāgata-dhātur iti /

yathāmra-tālādi-phale drumāṇāṃ bījāṅkuraḥ san na
vināśa-dharmī /
uptaḥ pṛthivyāṃ salilādi-yogāt kramād
upaiti druma-rāja-bhāvam (115)
sattveṣv avidyā di-phala-tvag-antaḥ-
kośāvanaddhaḥ śubha-dharma- dhātuḥ /
upaiti tat-tat-kuśalaṃ pratītya krameṇa
tadvan muni-rāja-bhāvam (116)
ambv-āditya-gabhasti-vāyu-pṛthivī-kālāmbara-
pratyayair yadvat tāla-phalāmra-kośa-vivarād

utpadyate pādapaḥ / sattva-kleśa-phala-tvag-antara-
gataḥ saṃbuddha-bījāṅkuras tadvad vṛddhim upaiti
dharma-viṭapas tais taiḥ śubha-pratyayaiḥ (117)

pūti-vastra-sadṛśāḥ kleśāḥ / ratna-vigrahavat tathāgata-dhātur iti /

bimbaṃ yathā ratna-mayaṃ jinasya durgandha-pūty-
ambara-saṃniruddham /
dṛṣṭvōjjhitaṃ vartmani devatāsya muktyai
vaded adhva-gam etam artham (118)
nānā-vidha-kleśa-malōpagūḍham asaṅga-
cakṣuḥ sugatātma-bhāvam /
vilokya tiryakṣv api tad-vimuktiṃ praty abhyupāyaṃ
vidadhāti tadvat (119)
yadvad ratna-mayaṃ tathāgata-vapur durgandha-
vastrāvṛtaṃ vartmany ujjhitam ekṣya divya-nayano
muktyai nṛṇāṃ darśayet /
tadvat kleśa-vipūti-vastra-nivṛtaṃ saṃsāra-
vartmōjjhitaṃ tiryakṣu vyavalokya dhātum avadad
dharmaṃ vimuktyai jinaḥ (120)

āpanna-sattva-nārī-sadṛśāḥ kleśāḥ / kalala-mahā-bhūta-gata-cakra-vartivat tathāgata-dhātur iti /

nārī yathā kā-cid anātha-bhūtā vased anāthāvasathe
virūpā /
garbheṇa rāja-śriyam udvahantī na sāvabudhyeta
nṛpaṃ sva-kukṣau (121)
anātha-śālēva bhavōpapattir antarvatī strīvad
aśuddha-sattvāḥ /
tad-garbhavat teṣv amalaḥ sa dhātur bhavanti
yasmin sati te sanāthāḥ (122)

yadvat strī malināmbarāvṛta-tanur bībhatsa-rūpānvitā
vinded duḥkham anātha-veśmani paraṃ garbhāntara-
sthe nṛpe /
tadvat kleśa-vaśād aśānta-manaso duḥkhālaya-sthā
janāḥ san-nātheṣu ca satsv anātha-matayaḥ
svātmāntara-stheṣv api (123)

mṛt-paṅka-lepa-sadṛśāḥ kleśāḥ / kanaka-bimbavat tathāgata-dhātur iti /

hemno yathāntaḥ-kvathitasyā pūrṇaṃ bimbaṃ
bahir mṛn-mayam ekṣya śāntam /
antar-viśuddhyai kanakasya taj-jñaḥ saṃcodayed
āvaraṇaṃ bahirdhā (124)
prabhāsvaratvaṃ prakṛter malānām āgantukatvaṃ ca
sadāvalokya /
ratnākarābhaṃ jagad-agra-bodhir viśodhayaty
āvaraṇebhya evam (125)
yadvan nirmala-dīpta-kāñcana-mayaṃ bimbaṃ mṛd-
antar-gataṃ syāc chāntaṃ tad avetya ratna-kuśalaḥ
saṃcodayen mṛttikām /
tadvac chāntam avetya śuddha-kanaka-prakhyaṃ
manaḥ sarva-vid dharmākhyāna-naya-prahāra-
vidhitaḥ saṃcodayaty āvṛtim (126)
udāharaṇānāṃ piṇḍārthaḥ /
ambuja-bhramara-prāṇi-tuṣōccāra-kṣitiṣv atha /
phala-tvak-pūti-vastra-strī-garbha-mṛt-kośakeṣv api
(127)
buddhavan madhuvat sāra-suvarṇa-nidhi-vṛkṣavat /
ratna-vigrahavac cakra-vartivad dhema-bimbavat
(128)

sattva-dhātor asaṃbaddhaṃ kleśa-kośeṣv anādiṣu /
citta-prakṛti-vaimalyam anādimlad udāhṛitam (129)

samāsato 'nena tathāgata-garbha-sūtrōdāharaṇa-nirdeśena kṛtsnasya sattva-dhātor anādi-citta-saṃkleśa-dharmāgantukatvam anādi-citta-vyavadāna-dharma-sahajāvinirbhāgatā ca paridīpitā / tata ucyate / citta-saṃkleśāt sattvāḥ saṃkliśyante citta-vyavadānād viśudhyanta iti / tatra katamaś citta-saṃkleśo yam adhikṛtya navadhā padma-kośādi-dṛṣṭānta-deśanā /

rāga-dviṣ-moha-tat-tīvra-paryavasthīna-vāsanāḥ /
dṛṅ-mārga-bhāvanāśuddha-śuddha-bhūmi-gatā malāḥ (130)
padma-kośādi- dṛṣṭāntair navadhā saṃprakāśitāḥ /
aparyantōpasaṃkleśa-kośa-koṭyas tu bhedataḥ (131)

samāsata ime nava-kleśāḥ prakṛti-pariśuddhe 'pi tathāgata-dhātau padma-kośādaya iva buddha-bimbādiṣu sadāgantukatayā saṃvidyante / katame nava / tad-yathā rāgānuśaya-lakṣaṇaḥ kleśaḥ / dveṣānuśaya-lakṣaṇaḥ / mohānuśaya-lakṣaṇaḥ / tībra-rāga-dveṣa-moha-paryavasthāna-lakṣaṇaḥ / avidyā-vāsa-bhūmi-saṃgṛhītaḥ / darśana-prahātavyaḥ / bhāvanā-prahātavyaḥ / aśuddha-bhūmi-gataḥ / śuddha-bhūmi-gataś ca / tatra ye laukika-vīta-rāga-sāntānikāḥ kleśā āniñjya-saṃskārōpacaya-hetavo rūpārūpya-dhātu-nirvartakā lokōttara-jñāna-vadhyās ta ucyante rāga-dveṣa-mohānuśaya-lakṣaṇā iti / ye rāgādi-carita-sattva-sāntānikāḥ puṇyāpuṇya-saṃskārōpacaya-hetavaḥ kevala-kāma-dhātu-nirvartakā aśubhādi-bhāvanā-jñāna-vadhyās ta ucyante tībra-rāga-dveṣa-moha-paryavasthāna-lakṣaṇā iti / ye 'rhat-sāntānikā anāsrava-karma-pravṛtti-hetavo vimala-mano-mayātmabhāvanirvartakās tathāgata-bodhi-jñāna-vadhyās ta ucyante 'vidyā-vāsa-bhūmi-saṃgṛhītā iti / dvi-vidhaḥ śaikṣaḥ pṛthag-jana āryaś ca / tatra ye pṛthag-jana-śaikṣa-sāṃtānikāḥ prathama-lokōttara-dharma-darścana-jñāna-vadhyās ta ucyante darśana-prahātavyā iti / ya ārya-pudgala-śaikṣa-sāntānikā yathā-dṛṣṭa-lokōttara-dharma-bhāvanā-jñāna-vadhyās ta ucyante bhāvanā-prahātavyā iti / ye 'niṣṭhā-gata-bodhisattva- sāntānikāḥ sapta-vidha-jñāna-bhūmi-vipakṣā aṣṭamy-ādi-bhūmi-traya-bhāvanā-jñāna-vadhyās ta ucyante 'śuddha-bhūmi-gatā iti / ye niṣṭhā-gata-bodhisattva-sāntānikā aṣṭamy-ādi-bhūmi-traya-bhāvanā-jñāna-vipakṣā vajrōpama-samādhi-jñāna-vadhyās ta ucyante śuddha-bhūmi-gatā iti / ete

nava-rāgādayaḥ kleśāḥ saṃkṣepeṇa yathā-kramam /
navabhiḥ padma-kośādi-dṛṣṭāntaiḥ saṃprakāśitāḥ
(132)

vistareṇa punar eta eva catur-aśīti-sahasra-prakāra-bhedena tathāgata-jñānavad aparyantā-bhavanti yair aparyanta-kleśa-kośa-koṭi-gūḍhas tathāgata-garbha ucyate /

bālānām arhatām ebhiḥ śaikṣāṇāṃ dhīmatāṃ kramāt /
malaiś caturbhir ekena dvābhyāṃ dvābhyām
aśuddhatā (133)

yad uktaṃ bhagavatā / sarva-sattvās tathāgata-garbhā iti / tatra sarva-sattvāḥ saṃkṣepeṇōcyante catur-vidhās tad-yathā pṛthag-janā arhantaḥ śaikṣā bodhisattvāś cēti / tatrāiṣām anāsrave dhātau yathā-kramaṃ caturbhir ekena dvābhyāṃ dvābhyāṃ ca kleśa-malābhyām aśuddhiḥ paridīpitā /

kathaṃ punar ime nava-rāgādayaḥ kleśāḥ padma-kośādi-sadṛśā veditavyāḥ / kathaṃ ca tathāgata-dhātor buddha-bimbādi-sādharmyam anugantavyam iti /

tat-padmaṃ mṛdi saṃbhūtaṃ purā-bhūtvā mano-
ramam /
aramyam abhavat paścād yathā rāga-ratis tathā (134)
bhramarāḥ prāṇino yadvad daśanti kupitā bhṛśam /
duḥkhaṃ janayati dveṣo jāyamānas tathā hṛdi (135)
śāly-ādīnām yathā sāram avacchannaṃ bahis tuṣaiḥ /
mohāṇḍa-kośa-saṃchannam evaṃ sārārtha-darśanam
(136)
pratikūlam yathāmedhyam evaṃ kāmā virāgiṇām /
kāma-sevā-nimittatvāt paryutthānāny amedhyavat
(137)
vasudhāntaritaṃ yadvad ajñānān nāpnuyur nidhim /
svayaṃ bhūtvaṃ tathāvidyā-vāsa-bhūmy-āvṛtā janāḥ
(138)
yathā bīja-tvag-ucchittir aṅkurādi-kramōdayāt /
tathā darśana-heyānāṃ vyāvṛttis tattva-darśanāt (139)
hata-satkāya-sārāṇām ārya-mārgānuṣaṅgataḥ /
bhāvanā-jñāna-heyānāṃ pūti-vastra-nidarśanam
(140)
garbha-kośa-mala-prakhyāḥ sapta-bhūmi-gatā malāḥ /
vikośa-garbhavaj jñānam avikalpaṃ vipākavat (141)
mṛt-paṅka-lepavaj jñeyās tri-bhūmy-anugatā malāḥ /
vajrōpama-samādhāna-jñāna-vadhyā mahātmanām
(142)
evaṃ padmādibhis tulyā nava-rāgādayo malāḥ /
dhātor buddhādi-sādharmyaṃ svabhāva-traya-
saṃgrahāt (143)

tri-vidhaṃ svabhāvam adhikṛtya citta-vyavadāna-hetos tathāgata-garbhasya navadhā buddha-bimbādi-sādharmyam anugantavyam / tri-vidhaḥ svabhāvaḥ katamaḥ /

svabhāvo dharma-kāyo 'sya tathatā gotram ity api /
tribhir ekena sa jñeyaḥ pañcabhiś ca nidarśanaiḥ (144)

tribhir buddha-bimba-madhu-sāra-dṛṣṭāntair dharma-kāya-svabhāvaḥ sa dhātur avagantavyaḥ / ekena suvarṇa-dṛṣṭāntena tathatā-svabhāvaḥ / pañcabhir nidhi-taru-ratna-vigraha-cakra-varti-kanaka-bimba-dṛṣṭāntais tri-vidha-buddha-kāyōtpatti-gotra-svabhāva iti / tatra dharma-kāyaḥ katamaḥ /

dharma-kāyo dvidhā jñeyo dharma-dhātuḥ sunirmalaḥ /
tan-niṣyandaś ca gāmbhīrya-vaicitrya-naya-deśanā (145)

dvi-vidho buddhānāṃ dharma-kāyo 'nugantavyaḥ / suviśuddhaś ca dharma-dhātor avikalpa-jñāna-gocara-viṣayaḥ / sa ca tathāgatānāṃ pratyātmam adhigama-dharmam adhikṛtya veditavyaḥ / tat-prāpti-hetuś ca suviśuddha-dharma-dhātu-niṣyando yathā vaineyika-para-sattveṣu vijñapti-prabhāvaḥ / sa ca deśanā-dharmam adhikṛtya veditavyaḥ / deśanā punar dvi-vidhā sūkṣmāudārika-dharma-vyavasthīna-naya-bhedāt / yad uta gambhīra-bodhisattva-piṭaka-dharma-vyavasthīna-naya-deśanā ca paramārtha-satyam adhikṛtya vicitra-sūtra-geya-vyākaraṇa-gāthōdāna-nidānādi-vividha-dharma-vyavasthāna-naya-deśanā ca saṃvṛti-satyam adhikṛtya /

lokōttaratvāl loke 'sya dṛṣṭāntānupalabdhitaḥ /
dhātos tathāgatenāiva sādṛśyam upapāditam (146)
madhv-eka-rasavat sūkṣma-gambhīra-naya-deśanā /
nānāṇḍa-sāravaj jñeyā vicitra-naya-deśanā (147)

ity evaṃ ebhis tribhir buddha-bimba-madhu-sāradṛṣṭāntais tathāgata-dharma-kāyena niravaśeṣa-sattva-dhātu-parispharaṇārtham adhikṛtya tathāgatasyēme garbhāḥ sarva-sattvā iti paridīpitam / na hi sa kaś-cit sattvaḥ sattva-dhātau saṃvidyate yas tathāgata-dharma-kāyād bahir ākāśa-dhātor iva rūpam / evaṃ hy āha /

yathāmbaraṃ sarva-gataṃ sadā mateṃ tathāiva tat
sarva-gataṃ sadā matam /
yathāmbaraṃ rūpa-gateṣu sarva-gaṃ tathāiva
tat sattva-gaṇeṣu sarva-gam iti //
prakṛter avikāritvāt kalyāṇatvād viśuddhitaḥ /
hema-maṇḍalakāupamyaṃ tathatāyām udāhṛitam (148)

yac cittam aparyanta-kleśa-duḥkha-dharmānugatam api prakṛti-prabhāsvaṛatayā vikārānudāhṛter ataḥ kalyāṇa-suvarṇavad ananyathā-bhāvārthena tathatēty ucyate / sa ca sarveṣām api mithyātva-niyata-saṃtānānāṃ sattvānāṃ prakṛti-nirviśiṣṭānāṃ sarvāgantuka-mala-viśuddhim āgatas tathāgata iti saṃkhyāṃ gacchati / evam ekena suvarṇa-dṛṣṭāntena tathatāvyatibhedārtham adhikṛtya tathāgatas tathatāiṣāṃ garbhaḥ sarva-sattvānām iti paridīpitam / citta-prakṛti-viśuddhy advaya-dharmatām upādāya yathōktaṃ bhagavatā / tatra mañjuśrīs tathāgata ātmōpādāna-mūla-parijñātāvī / ātma-viśuddhyā sarva-sattva-viśuddhim anugataḥ / yā cātma-viśuddhir yā ca sattva-viśuddhir advayāiṣādvaidhī-kāra iti / evaṃ hy āha /

sarveṣām aviśiṣṭāpi tathatā śuddhim āgatā /
tathāgatatvaṃ tasmāc ca tad-garbhāḥ sarva-
dehina iti //
gotraṃ tad dvi-vidhaṃ jñeyaṃ nidhāna-phala-
vṛkṣavat /

anādi-prakṛtisthaṃ ca samudānītam uttaram (149)
buddha-kāya-trayāvāptir asmād gotra-dvayān matā /
prathamāt prathamaḥ kāyo dvitī yād dvau tu paścimau (150)
ratna-vigrahavaj jñeyaḥ kāyaḥ svābhāvikaḥ śubhaḥ /
akṛtrimatvāt prakṛter guṇa-ratnāśrayatvataḥ (151)
mahā-dharmādhirājatvāt sāmbhogaś cakra-vartivat /
pratibimba-svabhāvatvān nirmāṇaṃ hema-bimbavat (152)

ity evam ebhir avaśiṣṭaiḥ pañcabhir nidhi-taru-ratna-vigraha-cakra-varti-kanaka-bimba-dṛṣṭāntais tri-vidha-buddha-kāyōtpatti-gotra-svabhāvārtham adhikṛtya tathāgata-dhātur eṣāṃ garbhaḥ sarva-sattvānām iti paridīpitam / tri-vidha-buddha-kāya-prabhāvitatvaṃ hi tathāgatatvam / atas tat-prāptaye hetus tathāgata-dhātur iti / hetv-artho 'tra dhātv-arthaḥ / yata āha / tatra ca sattve sattve tathāgata-dhātur utpanno garbha-gataḥ saṃvidyate na ca te sattvā budhyanta iti / evaṃ hy āha /

anādi-kāliko dhātuḥ sarva-dharma-saṃāśrayaḥ /
tasmin sati gatiḥ sarvā nirvāṇādhigamo 'pi ca //

tatra katham anādi-kālikaḥ / yat tathāgata-garbham evādhikṛtya bhagavatā pūrva-koṭir na prajñāyata iti deśitaṃ prajñaptam / dhātur iti / yad āha / yo 'yaṃ bhagavaṃs tathāgata-garbho lokōttara-garbhaḥ prakṛti-pariśudda-garbha iti / sarva-dharma-samāśraya iti / yad āha / tasmād bhagavaṃs tathāgata-garbho niśraya ādhāraḥ pratiṣṭhā saṃbaddhānām avinirbhāgānām amukta-jñānānām asaṃskṛtānāṃ dharmāṇām / asaṃbaddhānām api bhagavan vinirbhāga-dharmāṇāṃ mukta-jñānānāṃ saṃskṛtānāṃ dharmāṇāṃ niśraya ādhāraḥ pratiṣṭhā tathāgata-garbha iti / tasmin sati gatiḥ sarvēti / yad āha / sati bhagavaṃs tathāgata-garbhe saṃsāra iti parikalpam asya vacanāyēti / nirvāṇādhigamo 'pi cēti / yad āha / tathāgata-garbhaś ced bhagavan na syān na syād duḥkhe 'pi nirvin na nirvāṇēcchā prārthanā praṇidhir vēti vistaraḥ /

sa khalv eṣa tathāgata-garbho dharma-kāyāvipralambhas tathatāsaṃbhinna-lakṣaṇo niyata-gotra-svabhāvaḥ sarvadā ca sarvatra ca niravaśeṣa-yogena sattva-dhātav iti draṣṭavyaṃ dharmatāṃ pramāṇī-kṛtya / yathōktam / eṣā kula-putra dharmāṇāṃ dharmatā / utpādād vā tathāgatānām anutpādād vā sadāivāite sattvās tathāgata-garbhā iti / yāiva cāsau dharmatā sāivātra yuktir yoga upāyaḥ paryāyaḥ / evam eva tat syāt / anyathā nāiva tat syād iti / sarvatra dharmatāiva pratiśaraṇam / dharmatāiva yuktiś citta-nidhyāpanāya citta-saṃjñāpanāya / sā na cintayitavyā na vikalpayitavyādhimoktavyēti /

> śraddhayāivānugantavyaṃ paramārthe svayaṃbhuvām /
> na hy acakṣuḥ prabhā-dīptam īkṣate sūrya-maṇḍalam (153)

samāsata ime catvāraḥ pudgalās tathāgata-garbha-darśanaṃ praty acakṣuṣmanto vyavasthitāḥ / katame catvāraḥ / yad uta pṛthag-janaḥ śrāvakaḥ pratyekabuddho nava-yāna-saṃprasthitaś ca bodhisattvaḥ / yathōktam / agocaro 'yaṃ bhagavaṃs tathāgata-garbhaḥ satkāya-dṛṣṭi-patitānāṃ viparyāsābhiratānāṃ śūnyatā-vikṣipta-cittānām iti / tatra satkāya-dṛṣṭi-patitā ucyante bāla-pṛthag-janāḥ / tathā hi te 'tyanta-sāsrava-skandhādīn dharmān ātmata ātmīyataś cōpagamyāhaṃkāra-mama-kārābhiniviṣṭāḥ satkāya-nirodham anāsrava-dhātum adhimoktum api nālam / kutaḥ punaḥ sarva-jña-viṣayaṃ tathāgata-garbham avabhotsyanta iti / nēdaṃ sthānaṃ vidyate / tatra viparyāsābhiratā ucyante śrāvaka-pratyekabuddhāḥ / tat kasmāt / te 'pi hi nitye tathāgata-garbhe saty uttari bhāvayitavye tan-nitya-saṃjñā-bhāvanā-viparyayeṇānitya-saṃjñā-bhāvanābhiratāḥ /sukhe tathāgata-garbhe saty uttari bhāvayitavye tat-sukha-saṃjñā-bhāvanā-viparyayeṇa duḥkha-saṃjñā-bhāvanābhiratāḥ /ātmani tathāgata-garbhe saty uttari bhāvayitavye tad-ātma- saṃjñā-bhāvanā-viparyayeṇānātma-saṃjñā-bhāvanābhiratāḥ /śubhe tathāgata-garbhe saty uttari bhāvayitavye tac-chubha-saṃjñā-bhāvanā-viparyayeṇāśubha-saṃjñā-bhāvanābhiratāh / evam anena paryāyeṇa sarva-śrāvaka-pratyekabuddhānām api dharma-kāya-prāpti-vidhura-mārgābhiratatvād agocaraḥ sa parama-nitya-sukhātma-śubha-lakṣaṇo dhātur ity uktam / yathā / ca sā viparyāsābhiratānām anitya-duḥkhānātmāśubha-saṃjñānām agocaras tathā vistareṇa mahā-parinirvāṇa-sūtre bhagavatā vāpī-toya-maṇi-dṛṣṭāntena prasādhitaḥ /

tad-yathāpi nāma bhikṣavo grīṣma-kāle vartamāne salila-bandhanaṃ baddhvā svaiḥ svair maṇḍanakōpabhogair janāḥ salile krīḍeyuḥ / atha tatrāiko jātyaṃ vaiḍūrya-maṇim antar-udake sthāpayet / tatas tasya vaiḍūryasyārthe sarve te maṇḍanakāni tyaktvā nimajjeyuḥ / atha yat tatrāsti śarkaraṃ kaṭhalyaṃ vā tat te maṇir iti manyamānā gṛhītvā mayā labdho maṇir ity utsṛjyōtsṛjya vāpī-tīre sthitvā nāyaṃ maṇir iti saṃjñāṃ pravarteyuḥ / tac ca vāpy-udakaṃ maṇi-prabhāvena tat-prabhēva bhrājeta / evaṃ teṣāṃ tad udakaṃ bhrājamānaṃ dṛṣṭvāho maṇir iti guṇa-saṃjñā pravarteta / atha tatrāika upāya-kuśalo medhāvī maṇiṃ tattvataḥ pratilabheta / evam eva bhikṣavo yuṣmābhiḥ sarvam anityaṃ sarvaṃ duḥkhaṃ sarvam anātmakaṃ sarvam aśubham iti sarva-grahaṇena bhāvita-bhāvitaṃ bahulī-kṛta-bahulī-kṛtaṃ dharma-tattvam ajānadbhis tat sarvaṃ ghaṭitaṃ nirarthakam / tasmād bhikṣavo vāpī-śarkara-kaṭhalya-vyavasthitā iva mā bhūta upāya-kuśalā yūyaṃ bhavata / yad yad bhikṣavo yuṣmābhiḥ sarvam anityaṃ sarvaṃ duḥkhaṃ sarvam anātmakaṃ sarvam aśubham iti sarva-grahaṇena bhāvita-bhāvitaṃ bahulī-kṛta-bahulī-kṛtaṃ tatra tatrāiva nitya-sukha-śubhātmakāni santīti vistareṇa parama-dharma-tattva-vyavasthānam ārabhya viparyāsa-bhūta-nirdeśo yathā-sūtram anugantavyaḥ /

tatra śūnyatā-vikṣipta-cittā ucyante nava-yāna-saṃprasthitā bodhisattvās tathāgata-garbha-śūnyatārtha-naya-vipranaṣṭāḥ / ye bhāva-vināśāya śūnyatā-vimokṣa-mukham icchanti sata eva dharmasyōttara-kālam ucchedo vināśaḥ parinirvāṇam iti / ye vā punaḥ śūnyatōpalambhena śūnyatāṃ pratisaranti śūnyatā nāma rūpādi-vyatirekeṇa kaś-cid bhāvo 'sti yam adhigamiṣyāmo bhāvayiṣyāma iti / tatra katamaḥ sa tathāgata-garbha-śūnyatārtha-naya ucyate /

nāpaneyam ataḥ kiṃ-cid upaneyaṃ na kiṃ-cana /
draṣṭavyaṃ bhūtato bhūtaṃ bhūta-darśī vimucyate
(154)
śūnya āgantukair dhātuḥ sa-vinirbhāga-lakṣaṇaiḥ /
aśūnyo 'nuttarair dharmair avinirbhāga-lakṣaṇaiḥ
(155)

kim anena paridīpitam / yato na kiṃ-cid apaneyam asty ataḥ prakṛti-pariśuddhāt tathāgata- dhātoḥ saṃkleśa-nimittam āgantuka-mala-śūnyatā-prakṛtitvād asya / nāpy atra kiṃ-cid upaneyam asti vyavadāna-nimittam avinirbhāga-śuddha-dharma-prakṛtitvāt / tata ucyate / śūnyas tathāgata-garbho vinirbhāgair mukta-jñaiḥ sarva-kleśa-kośaiḥ / aśūnyo gaṅgā-nadī-vālikā-vyativṛttair avinirbhāgair amukta- jñair acintyair buddha-dharmair iti / evaṃ yad yatra nāsti tat tena śūnyam iti samanupaśyati / yat punar atrāvaśiṣṭaṃ bhavati tai-sad ihāstīti yathā-bhūtaṃ prajānāti / saṃropāpavādānta-parivarjanād aparyantaṃ śūnyatā-lakṣaṇam anena śloka-dvayena paridīpitam / tatra yeṣām itaḥ śūnyatārtha-nayād bahiś cittaṃ vikṣipyate visarati na samādhīyate rāikāgrī-bhavati tena te śūnyatā-vikṣipta-cittā ucyante / na hi paramārtha-śūnyatā-jñāna-mukham antareṇa śakyate 'vikalpo dhātur adhigantuṃ sākṣātkartum / idaṃ ca saṃdhāyōktam / tathāgata-garbha-jñānam eva tathāgatānāṃ śūnyatā-jñānam / tathāgata-garbhaś ca sarva-śrāvaka-pratyekabuddhair adṛṣṭa-pūrvo 'nadhigata-pūrva iti vistaraḥ / sa khalv eṣa tathāgata-garbho yathā dharma-dhātu-garbhas tathā satkāya-dṛṣṭi-patitānām agocara ity uktaṃ dṛṣṭi-pratipakṣatvād dharma-dhātoḥ / yathā dharma-kāyo lokōttara-dharma-garbhas tathā viparyāsābhiratānām agocara ity uktam anityādi-loka-dharma-pratipakṣeṇa lokōttara-dharma-paridīpanāt / yathā prakṛti-pariśuddha-dharma-garbhas tathā śūnyatā-vikṣiptānām agocara ity uktam āgantuka-mala-śūnyatā-prakṛtitvād viśuddhi-guṇa-dharmāṇām avinirbhāga-lokōttara-dharma-kāya-prabhāvi tānām iti / tatra yad eka-naya-dharma-dhātv-asaṃbheda-jñāna-mukham āgamya lokōattara-dharma-kāya-prakṛti-pariśuddhi-vyavalokanam idam atra yathā-bhūta-jñāna-darśanam abhipretaṃ yena daśa-bhūmi-sthitā bodhisattvās tathāgata-garbham īṣat paśyantīty uktam / evaṃ hy āha /

chidrābhre nabhasīva bhāskara iha tvaṃ
śuddha-buddhīkṣaṇair āryair apy avalokyase

na sakalaḥ prādeśikī-buddhibhiḥ /
jñeyānanta-nabhas-tala-pravisṛtaṃ te dharma-kāyaṃ
tu te sākalyena vilokayanti
bhagavan yeṣām anantā matir iti //

yady evam asaṅga-niṣṭhā-bhūmi-pratiṣṭhitānām api paramāryāṇām a-sarva-viṣaya eṣa durdṛśo dhātuḥ / tat kim anena bāla-pṛthag-janam ārabhya deśitenēti / deśanā-prayojana-saṅgrahe ślokau / ekena praśno dvitīyena vyākaraṇam /

śūnyaṃ sarvaṃ sarvathā tatra tatra jñeyaṃ
megha-svapna-māyā-kṛtābham /
ity uktvāivaṃ buddha-dhātuḥ punaḥ kiṃ
sattve sattve 'stīti buddhair ihōktam (156)
līnaṃ cittaṃ hīna-sattveṣv avajñābhuta-grāho bhūta-dharmāpavādah /
ātma-snehaś cādhikaḥ pañca-doṣā yeṣāṃ
teṣāṃ tatprahāṇārtham uktam (157)

asya khalu śloka-dvayasyārthaḥ samāsena daśabhiḥ ślokair veditavyaḥ /

viviktaṃ saṃskṛtaṃ sarva-prakāraṃ bhūta-koṭiṣu /
kleśa-karma-vipākārthaṃ meghādivad udāhṛtam
(158)
kleśā meghōpamāḥ kṛtya-kriyā svapnōpabhogavat /
māyā-nirmitavat skandhā vipākāḥ kleśa-karmaṇām
(159)
pūrvam evaṃ vyavasthāpya tantre punar ihōttare /
pañca-doṣa-prahāṇāya dhātv-astitvaṃ prakāśitam
(160)
tathā hy aśravaṇād asya bodhau cittaṃ na jāyate /
keṣāṃ cin nīca-cittānām ātmāvajñāna-doṣataḥ (161)

bodhi-cittōdaye 'py asya śreyān asmīti manyataḥ /
bodhy-anutpanna-citteṣu hīna-saṃjñā pravartate
(162)
tasyāivaṃ matinaḥ samyag-jñānaṃ nōtpadyate tataḥ /
abhūtaṃ parigṛhṇāti bhūtam arthaṃ na vindate (163)
abhūtaṃ sattva-doṣās te kṛtrimāgantukatvataḥ /
bhūtaṃ tad-doṣa-nairātmyaṃ śuddhi-prakṛtayo guṇāḥ
(164)
gṛhṇan doṣān asad-bhūtān apavadan guṇān /
maitrīṃ na labhate dhīmān sattvātma-sama-darśikām
(165)
tac-chravāj jāyate tv asya protsāhaḥ śāstṛ-gauravam /
prajñā jñānaṃ mahā-maitrī pañca-dharmōdayāt tataḥ
(166)
niravajñaḥ sama-prekṣī nirdoṣo guṇavān asau /
ātma-sattva-sama-snehaḥ kṣipram āpnoti buddhatām
(167)

iti ratna-gotra-vibhāge mahā-yānōttara-tantra-śāstre tathāgata-garbhādhikāraḥ prathamaḥ paricchedaḥ ślokārtha-samgraha-vyākhyānataḥ samāptaḥ

II

uktā samalā tathatā / nirmalā tathatēdānīṃ vaktavyā / tatra katamā nirmalā tathatā yāsau buddhānāṃ bhagavatām anāsrava-dhātau sarvākāra-mala-vigamād āśraya-parivṛttir vyavasthāpyate / sā punar aṣṭau padārthān adhikṛtya saṃāsato veditavyā / aṣṭau padārthāḥ katame /

śuddhiḥ prāptir visaṃyogaḥ sva-parārthas tad-
āśrayaḥ /
gāmbhīryāudārya-māhātmyaṃ yāvat kālaṃ yathā ca
tat (1)

ity ete 'ṣṭau padārthā yathā-saṃkhyam anena ślokena paridīpitāḥ / tad-yathā svabhāvārtho hetv-arthaḥ phalārthaḥ karmārtho yogārtho vṛtty-artho nityārtho 'cintyārthaḥ / tatra yo 'sau dhātur avinirmukta-kleśa-kośas tathāgata-garbha ity ukto bhagavatā / tad-viśuddhir āśraya-parivṛtteḥ svabhāvo veditavyaḥ / yata āha / yo bhagavan sarva-kleśa-kośa-koṭi-gūḍhe tathāgata-garbhe niṣkāṅkṣaḥ sarva-kleśa-kośa-vinirmuktes tathāgata-dharma-kāye 'pi sa niṣkāṅkṣa iti / dvi-vidhaṃ jñānaṃ lokōttaram avikalpaṃ tat-pṛṣṭha-labdhaṃ ca / laukika-lokōttara-jñānam āśraya-parivṛtti-hetuḥ prāpti-śabdena paridīpitaḥ / prāpyate 'nenēti prāptiḥ / tat phalaṃ dvi-vidham / dvi-vidho visaṃyogaḥ kleśāvaraṇa-visaṃyogo jñeyāvaraṇa-visaṃyogaś ca / yathā-kramaṃ sva-parārtha-saṃpādanaṃ karma / tad-adhiṣṭhāna-samanvāgamo yogaḥ / tribhir gāmbhīryāudārya-māhātmya-prabhāvitair buddha-kāyair nityam ā-bhava-gater acintyena prakāreṇa vartanaṃ vṛttir iti / uddānam /

svabhāva-hetu-phalataḥ karma-yoga-pravṛttitaḥ /

tan-nityācintyataś cāiva buddha-bhūmiṣv avasthitiḥ (2)

tatra svabhāvārthaṃ hetv-arthaṃ cārabhya buddhatve tat-prāpty-upāye ca ślokaḥ /

buddhatvaṃ prakṛti-prabhāsvaram iti proktaṃ yad
āgantuka-kleśa-jñeya-ghanābhra-jāla-paṭala-cchannaṃ ravi-vyomavat /
sarvair buddha-guṇair upetam amalair nityaṃ
dhruvaṃ śāśvataṃ dharmāṇāṃ tad akalpana-pravicaya-jñānāśrayād āpyate (3)

asya ślokasyārthaḥ samāsena caturbhiḥ ślokair veditavyaḥ /

buddhatvam avinirbhāga-śukla-dharma-prabhāvitam /
ādityākāśavaj jñāna-prahāṇa-dvaya-lakṣaṇam (4)
gaṅgā-tīra-rajo-'tītair buddha-dharmaiḥ prabhāsvaraiḥ /
sarvair akṛtakair yuktam avinirbhāga-vṛttibhiḥ (5)
svabhāvāpariniṣpatti-vyāpitvāgantukatvataḥ /
kleśa-jñeyāvṛtis tasmān meghavat samudāhṛtā (6)
dvayāvaraṇa-viśleṣa-hetur jñāna-dvayaṃ punaḥ /
nirvikalpaṃ ca tat-pṛṣṭha-labdhaṃ taj jñānam iṣyate (7)

yad uktam āśraya-parivṛtteḥ svabhāvo viśuddhir iti tatra viśuddhiḥ samāsato dvi-vidhā / prakṛti-viśuddhir vaimalya-viśuddhiś ca / tatra prakṛti-viśuddhir yā vimuktir na ca visaṃyogaḥ prabhāsvarāyāś citta-prakṛter āgantuka-malāvisaṃyogāt / vaimalya-viśuddhir vimuktir visaṃyogaś ca vāry-ādīnām iva rajo-jalādibhyaḥ prabhāsvarāyāś citta-prakṛter anavaśeṣam āgantuka-malebhyo visaṃyogāt / tatra vaimalyaviśuddhau phalārtham ārabhya dvau ślokau /

hrada iva vimalāmbuḥ phulla-padma-kramāḍhyaḥ
sakala iva śaśāṅko rāhu-vaktrād vimuktaḥ /
ravir iva jaladādi-kleśe-nirmukta-raśmir vimala-
guṇa-yutatvād bhāti muktaṃ tad eva (8)
muni-vṛṣa-madhu-sāra-hema-ratna-pravara-
nidhāna-mahā-phala-drumābham /
sugata-vimala-ratna-vigrahāgra-kṣiti-pati-
kāñcana-bimbavaj jinatvam (9)

asya khalu śloka-dvayasyārthaḥ samāsato 'ṣṭābhiḥ ślokair veditavyaḥ /

rāgādy-āgantuka-kleśa-śuddhir ambu-hradādivat /
jñānasya nirvikalpasya phalam uktaṃ samāsataḥ (10)
sarvākāra-varōpeta-buddha-bhāva-nidarśanam /
phalaṃ tat-pṛṣṭha-labdhasya jñānasya paridīpitam
(11)
svacchāmbu-hradavad rāga-rajaḥ-kāluṣya-hānitaḥ /
vineyāmbu-ruha-dhyāna-vāry-abhiṣyandanāc ca tat
(12)
dveṣa-rāhu-pramuktatvān mahā-maitrī-kṛpāṃāśubhiḥ /
jagat-spharaṇataḥ pūrṇa-vimalēndūpamaṃ ca tat (13)
mohābhra-jāla-nirmokṣāj jagati jñāna-raśmibhiḥ /
tamo-vidhamanāt tac ca buddhatvam amalārkavat
(14)
atulya-tulya-dharmatvāt saddharma-rasa-dānataḥ /
phalgu-vyapagamāt tac ca sugata-kṣaudra-sāravat
(15)
pavitratvād guṇa-dravya-dāridrya-vinivartanāt /
vimukti-phala-dānāc ca suvarṇa-nidhi-vṛkṣavat (16)

dharma-ratnātma-bhāvatvād dvi-padāgrādhipatyataḥ /
rūpa-ratnākṛtitvāc ca tad ratna-nṛpa-bimbavat (17)

yat tu dvi-vidhaṃ lokōttaram avikalpaṃ tat-pṛṣṭha-lahdhaṃ ca jñānam āśraya-parivṛtter hetur visaṃyoga-phala-saṃjñitāyāḥ / tat karma sva-parārtha-saṃpādanam ity uktam / tatra katamā sva-parārtha-saṃpat / yā savāsana-kleśa-jñeyāvaraṇa-vimokṣād anāvaraṇa-dharma-kāya-prāptir iyam ucyate svārtha-saṃpattiḥ / yā taḏ ūrdhvam ā-lokād anābhogataḥ kāya-dvayena saṃdarśana-deśanā vibhutva-dvaya-pravṛttir iyam ucyate parārtha-saṃpattir iti / tasyāṃ sva-parārtha-saṃpattau karmārtham ārabhya trayaḥ ślokāḥ /

anāsravaṃ vyāpy avināśa-dharmi ca dhruvaṃ
śivaṃ śāśvatam acyutaṃ padam /
tathāgatatvaṃ gaganōpamaṃ satām ṣaḍ-
indriyārthānubhaveṣu kāraṇam (18)
vibhūti- rūpārtha-vidarśane sadā nimitta-
bhūtaṃ sukathā-śuci-śrave /
tathāgatānāṃ śuci-śīla-jighraṇe mahārya-
saddharma-rasāgra-vindane (19)
samādhi-saṃsparśa-sukhānubhūtiṣu svabhāva-
gāmbhīrya-nayāvabodhane /
susūkṣma-cintā-paramārtha-gahvaraṃ tathāgata-
vyoma-nimitta-varjitam (20)

asya khalu śloka-trayasyārthaḥ samāsato 'ṣṭabhiḥ ślokair veditavyaḥ /

karma jñāna-dvayasyāitad veditavyaṃ samāsataḥ /
pūraṇaṃ mukti-kāyasya dharma-kāyasya śodhanam
(21)
vimukti-dharma-kāyau ca veditavyau dvir ekadhā /

anāsravatvād vyāpitvād asaṃskṛta-padatvataḥ (22)
anāsravatvaṃ kleśānāṃ savāsana-nirodhataḥ /
asaṇgāpratighātatvāj jñānasya vyāpitā matā (23)
asaṃskṛtatvam atyantam avināśa-svabhāvataḥ /
avināśitvam uddeśas tan-nirdeśo dhruvādibhiḥ (24)
nāśaś catur-vidho jñeyo dhruvatvādi-viparyayāt /
pūtir vikṛtir ucchittir acintya-namana-cyutiḥ (25)
tad-abhāvād dhruvaṃ jñeyaṃ śivaṃ śāśvatam acyutam /
padaṃ tad amala-jñānaṃ śukla-dharmāspadatvataḥ (26)
yathānimittam ākāśaṃ nimittaṃ rūpa-darśane /
śabda-gandha-rasa-spṛśya-dharmāṇāṃ ca śravādiṣu (27)
indriyārtheṣu dhīrāṇām anāsrava-guṇōdaye /
hetuḥ kāya-dvayaṃ tadvad anāvaraṇa-yogataḥ (28)

yad uktam ākāśa-lakṣaṇo buddha iti tat pāramārthikam āveṇikaṃ tathāgatānāṃ buddha-lakṣaṇam abhisaṃdhāyōktam / evaṃ hy āha / sa ced dvātriṃśan-mahā-puruṣa-lakṣaṇais tathāgato draṣṭavyo 'bhaviṣyat tad-rājāpi cakra-vartī tathāgato 'bhaviṣyad iti / tatra paramārtha-lakṣaṇe yogārtham ārabhya ślokaḥ /

acintyaṃ nityaṃ ca dhruvam atha śivaṃ śāśvatam atha praśāntaṃ ca vyāpi vyapagata-vikalpaṃ gaganavat /
asaktaṃ sarvatrāpratigha-paruṣa-sparśa-vigataṃ na dṛśyaṃ na grāhyaṃ śubham api ca buddhatvam amalam (29)

atha khalv asya ślokasyārthaḥ samāsato 'ṣṭabhiḥ ślokair

veditavyaḥ /

vimukti-dharma-kāyābhyāṃ sva-parārtho nidarśitaḥ /
sva-parārthāśraye tasmin yogo 'cintyādibhir guṇaiḥ
(30)
acintyam anugantavyaṃ tri-jñānāviṣayatvataḥ /
sarva-jña-jñāna-viṣayaṃ buddhatvam jñāna-dehibhiḥ
(31)
śrutasyāviṣayaḥ saukṣmyāc cintāyāḥ paramārthataḥ /
laukyādi-bhāvanāyāś ca dharmatā gahvaratvataḥ (32)
dṛṣṭa-pūrvaṃ na tad yasmād bālair jāty-andha-
kāyavat /
āryaiś ca sūtikā-madhya-sthita-bālārka-bimbavat (33)
utpāda-vigamān nityaṃ nirodha-vigamād dhruvam /
śivam etad dvayābhāvāc chāśvataṃ dharmatā-sthiteḥ
(34)
śāntaṃ nirodha-satyatvād vyāpi sarvāvabodhataḥ /
akalpam apratiṣṭhānād asaktaṃ kleśa-hānitaḥ (35)
sarvatrāpratighaṃ sarva-jñeyāvaraṇa-śuddhitaḥ /
paruṣa-sparśa-nirmuktaṃ mṛdu-karmaṇya-bhāvataḥ
(36)
adṛśyaṃ tad arūpitvād agrāhyam animittataḥ /
śubhaṃ prakṛti-śuddhatvād amalaṃ mala-hānitaḥ
(37)

yat punar etad ākāśavad asaṃskṛta-guṇāvinirbhāga-vṛttyāpi tathāgatatvam ā-bhavagater acintya-mahōpāya-karuṇā-jñāna-parikarma-viśeṣena jagad-dhita-sukhādhāna-nimittam amalais tribhiḥ svābhāvika-sāṃbhogika-nairmāṇikaiḥ kāyair anuparatam anucchinnam anābhogena pravartata iti draṣṭavyam āveṇika-dharma-yutatvād iti / tatra vṛtty-artham ārabhya buddha-kāya-vibhāge catvāraḥ ślokāh /

anādi-madhyāntam abhinnam advayaṃ tridhā-
vimuktaṃ vimalāvikalpakam /
samāhitā yoginas tat-prayatnāḥ paśyanti
yaṃ dharma-dhātu-svabhāvam (38)
ameya-gaṅgā-sikatātivṛttair gaṇair acintyair
asamair upetaḥ /
savāsanōnmūlita-sarva-doṣas tathāgatānām
amalaḥ sa dhātuḥ (39)
vicitra-saddharma-mayūkha-vigrahair jagad-
vimokṣārtha-saṃhṛtōdyamaḥ /
kriyāsu cintā-maṇi-rāja-ratnavad vicitra-
bhāvo na ca tat-svabhāvavān (40)
lokeṣu yac chānti-pathāvatāra-prapācanā-
vyākaraṇe nidānam /
bimbaṃ tad apy atra sadāvaruddham ākāśa-
dhātav iva rūpa-dhātuḥ (41)

eṣāṃ khalu caturṇāṃ ślokānāṃ piṇḍārtho viṃśati-ślokair veditavyaḥ /

yat tad buddhatvam ity uktaṃ sarva-jñatvaṃ svayaṃ-
bhuvām /
nirvṛtiḥ paramācintya-prāptiḥ pratyātma-veditā (42)
tat-prabhedas tribhiḥ kāyair vṛttiḥ svābhāvikādibhiḥ /
gāmbhīryāudārya-māhātmya-guṇa-dharma-
prabhāvitaiḥ (43)
tatra svābhāvikaḥ kāyo buddhānāṃ pañca-lakṣaṇaḥ /
pañcākāra-guṇōpeto veditavyaḥ samāsataḥ (44)
asaṃskṛtam asaṃbhinnam anta-dvaya-vivarjitam /
kleśa-jñeya-samāpatti-trayāvaraṇa-niḥsṛtam (45)

vaimalyād avikalpatvād yogināṃ gocaratvataḥ /
prabhāsvaraṃ viśuddhaṃ ca dharma-dhātoḥ svabhāvataḥ (46)
aprameyair asaṃkhyeyair acintyair asamair guṇaiḥ /
viśuddhi-pāramī-prāptair yuktaṃ svābhāvikaṃ vapuḥ (47)
udāratvād agaṇyatvāt tarkasyāgocaratvataḥ /
kaivalyād vāsanōcchitter aprameyādayaḥ kramāt (48)
vicittra-dharma-saṃbhoga-rūpa-dharmāvabhāsataḥ /
karuṇā-śuddhi-niṣyanda-sattvārthāsraṃsanatvataḥ (49)
nirvikalpaṃ nirābhogaṃ yathābhiprāya-pūritaḥ /
cintā-maṇi-prabhāvārddheḥ sāṃbhogasya vyavasthitiḥ (50)
deśane darśane kṛtyāsraṃsane 'nabhisaṃskṛtau /
atat-svabhāvākhyāne ca citratōktā ca pañcadhā (51)
raṇga-pratyaya-vaicitryād atad-bhāvo yathā maṇeḥ /
sattva-pratyaya-vaicitryād atad-bhāvas tathā vibhoḥ (52)
mahā-karuṇayā kṛtsnaṃ lokam ālokya loka-vit /
dharma-kāyād aviralaṃ nirmāṇaiś citra-rūpibhiḥ (53)
jātakāny upapattiṃ ca tuṣiteṣu cyutiṃ tataḥ /
garbhāvakramaṇaṃ janma śilpa-sthānāni kauśalam (54)
antaḥ-pura-rati-krīḍāṃ naiṣkramyaṃ duḥkha-cārikām /
bodhi-maṇḍōpasaṃkrāntiṃ māra-sainya-pramardanam (55)
saṃbodhiṃ dharma-cakraṃ ca nirvāṇādhigama-kriyām /

kṣetreṣv apariśuddheṣu darśayaty ā-bhava-sthiteḥ
(56)
anitya-duḥkha-nairātmya-śānti-śabdair upāya-vit /
udvejya tri-bhavān sattvān pratārayati nirvṛtau (57)
śānti-mārgāvatīrṇāṃś ca prāpya nirvāṇa-saṃjñinaḥ /
saddharma-puṇḍarīkādi-dharma-tattva-prakāśanaiḥ
(58)
pūrva-grahān nivartyāitān prajñōpāya-parigrahāt /
paripācyōttame yāne vyākaroty agra-bodhaye (59)
saukṣmyāt prabhāva-saṃpatter bāla-sārthātivāhanāt /
gāmbhīryāudārya-māhātmyam eṣu jñeyaṃ yathā-
kramam (60)
prathamo dharma-kāyo 'tra rūpa-kāyau tu paścimau /
vyomni rūpa-gatasyēva prathame 'ntyasya vartanam
(61)

tasyāiva kāya-trayasya jagad-dhita-sukhādhāna-vṛttau nityārtham ārabhya ślokaḥ /

hetv-ānantyāt sattva-dhātv-akṣayatvāt kāruṇyārddhi-
jñāna-saṃpatti-yogāt /
dharmāiśvaryān mṛtyu-mārāvabhaṅgān
naiḥsvābhāvyāc chāśvato loka-nāthaḥ (62)
asya piṇḍārthaḥ ṣaḍbhiḥ ślokair veditavyaḥ /
kāya-jīvita-bhogānāṃ tyāgaiḥ saddharma-saṃgrahāt /
sarva-sattva-hitāyādi-pratijñōttaraṇatvataḥ (63)
buddhatve suviśuddhāyāḥ karuṇāyāḥ pravṛttitaḥ /
ṛddhi-pāda-prakāśāc ca tair avasthāna-śaktitaḥ (64)
jñānena bhava-nirvāṇa-dvaya-graha-vimuktitaḥ /
sadācintya-samādhāna-sukha-saṃpatti-yogataḥ (65)
loke vicarato loka-dharmair anupalepataḥ /

śamāmṛta-pada-prāptau mṛtyu-mārāpracārataḥ (66)
asaṃskṛta-svabhāvasya muner ādi-praśāntitaḥ /
nityam aśaraṇānāṃ ca śaraṇābhyupapattitaḥ (67)
saptabhiḥ kāraṇair ādyair nityatā rūpa-kāyataḥ /
paścimaiś ca tribhiḥ śastur nityatā dharma-kāyataḥ (68)

sa cāyam āśraya-parivṛtti-prabhāvitas tathāgatānāṃ prāpti-nayo 'cintya-nayenānugantavya iti / acintyārtham ārabhya ślokaḥ /

avākyavattvāt paramārtha-saṃgrahād atarka-bhūmer upamā-nivṛttitaḥ /
niruttaratvād bhava-śānty-anudgrahād acintya āryair api buddha-gocaraḥ (69)

asya piṇḍārthaś caturbhiḥ ślokair veditavyaḥ /

acintyo 'nabhilāpyatvād alāpyaḥ paramārthataḥ /
paramārtho 'pratarkyatvād atarkyo vyanumeyataḥ (70)
vyanumeyo 'nuttaratvād ānuttaryam anudgrahāt /
anudgraho 'pratiṣṭhānād guṇa-doṣāvikalpanāt (71)
pañcabhiḥ kāraṇaiḥ saukṣmyād acintyo dharma-kāyataḥ /
ṣaṣṭhenātattva-bhāvitvād acintyo rūpa-kāyataḥ (72)
anuttara-jñāna-mahā-kṛpādibhir guṇair acintyā guṇa-pāragā jināḥ /
ataḥ kramo 'ntyo 'yam api svayaṃbhuvo 'bhiṣeka-labdhā na mahārṣayo vidur iti (73)

iti ratna-gotra-vibhāge mahā-yānōttara-tantra-śāstre bodhy-adhikāro nāma dvitīyaḥ paricchedaḥ

III

uktā nirmalā tathatā / ye tad-āśritā maṇi-prabhā-varṇa-saṃsthānavad abhinna-prakṛtayo 'tyanta-nirmalā guṇās ta idānīṃ vaktavyā iti / anantaraṃ buddha-guṇa-vibhāgam ārabhya ślokaḥ /

svārthaḥ parārthaḥ paramārtha-kāyas tad-
āśritā saṃvṛti-kāyatā ca /
phalaṃ visaṃyoga-vipāka-bhāvād etac catuḥ-
ṣaṣṭti-guṇa-prabhedam (1)
kim uktaṃ bhavati /
ātma-saṃpatty-adhiṣṭhānaṃ śarīraṃ pāramārthikam /
para-saṃpatty-adhiṣṭhānaṃ ṛṣeḥ sāṃketikaṃ vapuḥ
(2)
visaṃyoga-guṇair yuktaṃ vapur ādyaṃ balādibhiḥ /
vaipākikair dvitīyaṃ tu mahā-puruṣa-lakṣaṇaiḥ (3)

ataḥ paraṃ ye ca balādayo yathā cānugantavyās tathatām adhikṛtya granthaḥ /

balatvam ajñāna-vṛteṣu vajravad viśāradatvaṃ
pariṣatsu siṃhavat /
tathāgatāveṇikatāntarīkṣavan muner dvidhā-
darśanam ambu-candravat (4)
balānvita iti /
sthānāsthāne vipāke ca karmaṇām indriyeṣu ca /
dhātuṣv apy adhimuktau ca mārge sarvatra-gāmini
(5)
dhyānādi-kleśa-vaimalye nivāsānusmṛtav api /
divye cakṣuṣi śantau ca jñānaṃ daśa-vidhaṃ balam
(6)

vajravad iti /
sthānāsthāna-vipāka-dhātuṣu jagan-nānādhimuktau
naye saṃkleśa-vyavadāna indriya-gaṇe pūrve nivāsa-
smṛtau /
divye cakṣuṣi cāsrava-kṣaya-vidhav ajñāna-
varmācala-prākāra-druma-bhedana-prakiraṇa-
cchedād balaṃ vajravat (7)
catur-vaiśāradya-prāpta iti /
sarva-dharmābhisaṃbodhe vibandha-pratiṣedhane /
mārgākhyāne nirodhāptau vaiśāradyaṃ catur-vidham
(8)
jñeye vastuni sarvathātma-parayor jñānāt svayaṃ
jñāpanād dheye vastuni hāni-kāraṇa-kṛteḥ sevye
vidhau sevanāt /
prāptavye ca niruttare 'tivimale prāpteḥ para-
prāpaṇād āryāṇāṃ sva-parārtha-satya-kathanād
astambhitatvaṃ kva-cit (9)
siṃhavad iti /
nityaṃ vanānteṣu yathā mṛgēndro nirbhīr
anuttrasta-gatir mṛgebhyaḥ /
munīndra-siṃho 'pi tathā gaṇeṣu svastho
nirāsthaḥ sthira-vikrama-sthaḥ (10)
aṣṭā-daśāveṇika-buddha-dharma-samanvāgata iti /
skhalitaṃ ravitaṃ nāsti śāstur na muṣitā-smṛtiḥ /
na cāsamāhitaṃ cittaṃ nāpi nānātva-saṃjñitā (11)
nōpekṣāpratisaṃkhyāya hānir na cchanda-vīryataḥ /
smṛti- prajñā-vimuktibhyo vimukti-jñāna-darśanāt
(12)
jñāna-pūrvaṃ-gamaṃ karma try-adhva-jñānam

anāvṛtam /
ity ete 'ṣṭa-daśānye ca guror āveṇikā guṇāḥ (13)
nāsti praskhalitaṃ ravo muṣitatā cittena saṃbhedataḥ
saṃjñā na sva-rasādhyupekṣaṇam ṛṣer hānir na
ca cchandataḥ /
vīryāc ca smṛtito viśuddha-vimala-prajñā-vimukteḥ
sadā mukti-jñāna-nidarśanāc ca nikhila-jñeyārtha-
saṃdarśanāt (14)
sarva-jñāna-puro-javānuparivarty artheṣu karma-
trayam triṣv adhvasv aparāhatā suvipula-jñāna-
pravṛttir dhruvam /
ity eṣā jinatā mahā-karuṇayā yuktāvabuddhā jinair
yad bodhāj jagati pravṛttam abhayadaṃ saddharma
-cakraṃ mahat (15)
ākāśavad iti /
yā kṣity-ādiṣu dharmatā na nabhasaḥ sā dharmatā
vidyate ye cānāvaraṇādi-lakṣaṇa-guṇā vyomno na te
rūpiṣu /
kṣity-ambu-jvalanānilāmbara-samā lokeṣu sādhāraṇā
buddhāveṇikatā na cāṇv api punar lokeṣu sādhāraṇā
(16)
dvātriṃśan-mahā-puruṣa-lakṣaṇa-rūpa-dhārīti /
supratiṣṭhita-cakrāṅka-vyāyatōtsaṅga-pādatā /
dīrghāṅgulikatā jāla-pāṇi-pādāvanaddhatā (17)
tvaṇ-mṛdu-śrī-taruṇatā saptōtsada-śarīratā /
eṇeya-jaṅghatā nāga-kośavad vasti-guhyatā (18)
siṃha-pūrvārdha-kāyatvaṃ nirantara-citāṃśatā /
saṃvṛtta-skandhatā vṛtta-ślakṣṇānunnāma-bāhutā
(19)

pralamba-bāhutā śuddha-prabhā-maṇḍala-gātratā /
kambu-grīvatvam amalaṃ mṛgēndra-hanutā samā
(20)
catvāriṃśad-daśanatā svacchāvirala-dantatā /
viśuddha-sama-dantatvaṃ śukla-pravara-daṃṣṭratā
(21)
prabhūta-jihvatānantācintya-rasa-rasāgratā /
kalaviṅka-rutaṃ brahma-svaratā ca svayaṃbhuvaḥ
(22)
nīlōtpala-śrī-vṛṣa-pakṣma-netra-sitāmalōrṇōdita-cāru-vaktraḥ /
uṣṇiṣa-śīrṣa-vyavadāta-sūkṣma-suvarṇa-varṇa-cchavir agra-sattvaḥ (23)
ekaika-viśliṣṭa-mṛdūrdhva-deha-pradakṣiṇāvarta-susūkṣma-romā /
mahēndra-nīlāmala-ratna-keśo nyagrodha-pūrṇa-druma-maṇḍalābhaḥ (24)
nārāyaṇa-sthāma-dṛḍhātma-bhāvaḥ samanta-bhadro 'pratimo maha-rṣiḥ /
dvātriṃśad etāny amita-dyutīni narēndra-cihnāni vadanti śāstuḥ (25)
daka-candravad iti /
vyabhre yathā nabhasi candramaso vibhūtiṃ paśyanti nīla-śarad-ambu-mahā-hrade ca /
saṃbuddha-maṇḍala-taleṣu vibhor vibhūtiṃ tadvaj jinātmaja-gaṇā vyavalokayanti (26)

itīmāni daśa-tathāgata-balāni catvāri vaiśāradyāny aṣṭādaśāveṇikā buddha-dharmā dvātriṃśac ca mahā-puruṣa-lakṣaṇāny ekenābhisaṃkṣipya catuḥ-ṣaṣṭir bhavanti /

guṇāś cāite catuḥ-ṣaṣṭiḥ sanidānāḥ pṛthak-pṛthak /
veditavyā yathā-saṃkhyaṃ ratna-sūtrānusārataḥ (27)

eṣāṃ khalu yathōddiṣṭānām eva catuḥ-ṣaṣṭes tathāgata-guṇānām api yathānupūrvyā vistara-vibhāge nirdeśo ratna-dārikā-sūtrānusāreṇa veditavyaḥ / yat punar eṣu sthāneṣu catur-vidham eva yathā-kramaṃ vajra-siṃhāmbara-daka-candrōdāharaṇam

udāhṛtam asyāpi piṇḍārtho dvā-daśabhiḥ ślokair veditavyaḥ /

nirvedhikatva-nirdainya-niṣkaivalya-nirīhataḥ /
vajra-siṃhāmbara-svaccha-daka-candra-nidarśanam
(28)
balādiṣu belaiḥ ṣaḍbhis tribhir ekena ca kramāt /
sarva-jñeya-samāpatti-savāsana-malōddhṛteḥ (29)
bhedād vikaraṇāc chedād varma-prākāra-vṛkṣavat /
guru-sāra-dṛdhābhedyaṃ vajra-prakhyam ṛṣer balam
(30)
guru kasmād yataḥ sāraṃ sāraṃ kasmād yato dṛḍham /
dṛḍhaṃ kasmād yato 'bhedyam abhedyatvāc ca
vajravat (31)
nirbhayatvān nirāsthatvāt sthairyād vikrama-
saṃpadaḥ /
parṣad-gaṇeṣv aśāradyaṃ muni-siṃhasya siṃhavat
(32)
sarvābhijñatayā svastho viharaty akuto-bhayaḥ /
nirāsthaḥ śnddha-sattvebhyo 'py ātmano 'sama-
darśanāt (33)
sthiro nitya-samādhānāt sarva-dharmeṣu cetasaḥ /
vikrāntaḥ paramāvidyā-vāsa-bhūmi-vyatikramāt (34)
laukika-śrāvakāikānta-cāri-dhīmat-svayaṃbhuvām /

uttarottara-dhī-saukṣmyāt pañcadhā tu nidarśanam (35)
sarva-lokōpajīvyatvād bhūmy-ambv-agny-anilōpamāḥ /
laukya-lokōttarātīta-lakṣaṇatvān nabho-nibhāḥ (36)
guṇā dvā-triṃśad ity ete dharma-kāya-prabhāvitāḥ /
maṇi-ratna-prabhā-varṇa-saṃsthānavad abhedataḥ (37)
dvā-triṃśal-lakṣaṇāḥ kāye darśanāhlādakā guṇāḥ /
nirmāṇa-dharma-saṃbhoga-rūpa-kāya-dvayāśritāḥ (38)
śuddher dūrāntika-sthānāṃ loke 'tha jina-maṇḍale /
dvidhā tad darśanaṃ śuddhaṃ vāri-vyomēndu-bimbavat (39)

iti ratne gotra-vibhāge mahāyānōttara-tantra-śāstre guṇādhikāro nāme tritīyaḥ paricchedaḥ

IV

uktā vimalā buddha-guṇāḥ / tatkarma jina-kriyēdānīṃ vaktavyā / sā punar anābhogataś cāpraśrabdhitaś ca samāsato dvābhyām ākārābhyāṃ pravartata iti / anantaram anābhogāpraśrabdhaṃ buddha-kāryam ārabhya dvau ślokau /

vineya-dhātau vinayābhyupāye vineya-dhātor
vinaya-kriyāyām /
tad-deśa-kāle gamane ca nityaṃ vibhor
anābhogata eva vṛttiḥ (1)
kṛtsnaṃ niṣpādya yānaṃ pravara-guṇa-gaṇa-jñāna-
ratna-sva-garbhaṃ puṇya-jñānārka-raśmi-pravisṛta-
vipulān-anta-madhyāmbarābham /
buddhatvaṃ sarva-sattve vimala-gaṇa-nidhiṃ
nirviśiṣṭaṃ vilokya kleśa-jñeyābhra-jālaṃ vidhamati
karuṇā vāyu-bhūtā jinānām (2)

etayor yathā-kramaṃ dvābhyām aṣṭābhiś ca ślokaiḥ piṇḍārtho veditavyaḥ /

yasya yena ca yāvac ca yadā ca vinaya-kriyā /
tad-vikalpōdayābhāvād anābhogaḥ sadā muneḥ (3)
yasya dhātor vineyasya yenōpāyena bhūriṇā /
yā vinīti-kriyā yatra yadā tad-deśa-kālayoḥ (4)
niryāṇe tad-upastambhe tat-phale tat-parigrahe /
tad-āvṛtau tad-ucchitti-pratyaye cāvikalpataḥ (5)
bhūmayo daśa niryāṇaṃ tad-dhetuḥ saṃbhṛti-
dvayam /
tat-phalaṃ paramā bodhir bodheḥ sattvaḥ parigrahaḥ
(6)
tad-āvṛtir aparyanta-kleśōpakleśa-vāsanāḥ /

karuṇā tat-samudghāta-pratyayaḥ sārva-kālikaḥ (7)
sthānāni veditavyāni ṣaḍ etāni yathā-kramam /
mahōdadhi-ravi-vyoma-nidhānāmbuda-vāyuvat (8)
jñānāmbu-guṇa-ratnatvād agra-yānaṃ samudravat /
sarva-sattvōpajīvyatvāt saṃbhāra-dvayam arkavat (9)
vipulān-anta-madhyatvād bodhir ākāśa-dhātuvat /
samyak-saṃbuddha-dharmatvāt sattva-dhātur nidhānavat (10)
āgantu-vyāpty-aniṣpattes tat-saṃkleśo 'bhra-rāśivat /
tat-kṣipti-pratyupasthānāt karuṇōdvṛtta-vāyuvat (11)
parādhikāra-niryāṇāt sattvātma-sama-darśanāt /
kṛtyāparisamāpteś ca kriyāpraśrabdhir ā-bhavāt (12)

yad anutpādānirodha-prabhāvitaṃ buddhatvam ity uktaṃ tat katham ihāsaṃskṛtād apravṛtti-lakṣaṇād buddhatvād anābhogāpratipraśrabdham ā-lokād avikalpaṃ buddha-kāryaṃ pravartata iti / buddha-māhātmya-dharmatām ārabhya vimati-saṃdeha-jātānām acintya-buddha-viṣayādhimukti-saṃjananārthaṃ tasya māhātmye ślokaḥ /

śakra-dundubhivan megha-brahmārka-maṇi-ratnavat /
pratiśrutir ivākāśa-pṛthivīvat tathāgataḥ (13)

asya khalu sūtra-sthānīyasya ślokasya yathā-kramaṃ pariśiṣṭena granthena vistara-vibhāga-nirdeśo veditavyaḥ /

śakra-pratibhāsatvād iti /
viśuddha-vaiḍūrya-mayaṃ yatēdaṃ syān mahī-talam /
svacchatvāt tatra dṛśyeta devēndraḥ sāpsaro-gaṇaḥ (14)
prāsādo vaijayantaś ca tad-anye ca divāukasaḥ /
tad-vimānāni citrāṇi tāś ca divyā-vibhūtayaḥ (15)
atha nārī-nara-gaṇā mahī-tala-nivāsinaḥ /

pratibhāsaṃ tam ālokya praṇidhiṃ kuryur īdṛśam
(16)
adyāiva na cirād evaṃ bhavemas tridaśēśvarāḥ /
kuśalaṃ ca samādāya varteraṃs tad-avāptaye (17)
pratibhāso 'yam ity evam avijñāyāpi te bhuvaḥ /
cyutvā divy upapadyeraṃs tena śuklena karmaṇā
(18)
pratibhāsaḥ sā cātyantam avikalpo nirīhakaḥ /
evaṃ ca mahatārthena bhuvi syāt pratyupasthitaḥ
(19)
tathā śraddhādi-vimale śraddhādi-guṇa-bhāvite /
sattvāḥ paśyanti saṃbuddhaṃ pratibhāsaṃ svacetasi
(20)
lakṣaṇa-vyañjanōpetaṃ vicitrēryā-patha-kriyam /
caṅkramyamāṇaṃ tiṣṭhantaṃ niṣaṇṇaṃ
śayanasthitam (21)
bhāṣamāṇaṃ śivaṃ dharmam tūṣṇīṃ-bhūtaṃ
samāhitam /
citrāṇi prātihāryāṇi darśayantaṃ mahā-dyutim (22)
taṃ ca dṛṣṭvābhiyujyante buddhatvāya spṛhānvitāḥ /
tad-dhetuṃ ca samādāya prāpnuvantīpsitam padam
(23)
pratibhāsaḥ sa cātyantam avikalpo nirīhakaḥ /
evaṃ ca mahatārthena lokeṣu pratyupasthitaḥ (24)
svacitta-pratibhāso ayam iti nāivaṃ pṛthag-janāḥ /
jānanty atha ca tat teṣām avandhyaṃ bimba-
darśanam (25)
tad dhi darśanam āgamya kramād asmin naye sthitāḥ /
saddharma-kāyaṃ madhya-sthaṃ paśyanti jñāna-

cakṣuṣā (26)
bhūr yadvat syāt samanta-vyapagata-viṣama-
sthānāntar amalā vaiḍūrya-spaṣṭa-śubhrā vimala-
maṇi-guṇā śrīmat-sama-talā /
śuddhatvāt tatra bimbaṃ surapati-bhavanaṃ
māhēndra-marutām utpadyeta krameṇa kṣiti-guṇa-
vigamād astaṃ punar iyāt (27)
tad-bhāvāyōpavāsa-vrata-niyamatayā dānādy-
abhimukhāḥ puṣpādīni kṣipeyuḥ praṇihita-manaso
nārī-nara-gaṇāḥ /
vaiḍūrya-svaccha-bhūte manasi muni-pati-
cchāyādhigamane citrāṇy utpādayanti pramudita-
manasas tadvaj jina-sutāḥ (28)
yathāiva vaiḍūrya-mahī-tale śucau surēndra-
kāya-pratibimba-saṃbhavaḥ /
tathā jagac-citta-mahī-tale śucau munīndra
-kāya-pratibimba-saṃbhavaḥ (29)
bimbōdaya-vyayam anāvilatāvila-svacitta-pravartana
-vaśāj jagati pravṛttam /
lokeṣu yadvad avabhāsam upaiti bimbaṃ tadvan
na tat sad iti nāsad iti prapaśyet (30)
deva-dundubhivad iti /
yathāiya divi devānāṃ pūrva-śuklānubhāvataḥ /
yatna-sthāna-mano-rūpa-vikalpa-rahitā satī (31)
anitya-duḥkha-nairātmya-śānta-śabdaiḥ pramādinaḥ /
codayaty amarān sarvān asakṛd deva-dundubhiḥ (32)
vyāpya buddha-svareṇāivaṃ vibhur jagad aśeṣataḥ /
dharmaṃ diśati bhavyebhyo yatnādi-rahito 'pi san
(33)

devānāṃ divi divya-dundubhi-ravo yadvat sva-
karmōdbhavo dharmōdāharaṇaṃ muner api tathā
loke sva-karmōdhhavam /
yatna-sthāna-śarīra-citta-rahitaḥ śabdaḥ sa śānty-
āvaho yadvat tadvad ṛte catuṣṭaya-mayaṃ dharmaḥ
sa śānty-āvahaḥ (34)
saṃgrāma-kleśa-vṛttav asura-bala-jaya-krīḍā-
praṇudanaṃ dundubhyāḥ śabda-hetu-prabhavam
abhayadaṃ yadvat sura-pure /
sattveṣu kleśa-duḥkha-pramathana-śamanaṃ
mārgōttama-vidhau dhyānārūpyādi-hetu-prabhavam
api tathā loke nigaditam (35)

kasmād iha dharma-dundubhir evādhikṛtā na tad-anye divyās tūrya-prakārāḥ te 'pi hi divaukasāṃ pūrva-kṛta-kuśala-karma-vaśād aghaṭṭitā eva divya-śravaṇa-mano-hara-śabdam anuruvanti / tais tathāgata-ghoṣasya catuḥ-prakāra-guṇa-vaidharmyāt / tat punaḥ katamat / tad-yathā prādeśikatvam ahitatvam asukhatvam anairyāṇikatvam iti / dharma-dundubhyāḥ punar aprādeśikatvam aśeṣa-pramatta-deva-gaṇa-saṃcodanatayā ca tat-kālānatikramaṇatayā ca paridīpitam / hitatvam asurādi-para-cakrōpadrava-bhaya-paritrāṇatayā cāpramāda-saṃniyojanatayā ca / sukhatvam asat-kāma-rati-sukha-vivecanatayā ca dharmārāma-rati-sukhōpasaṃharaṇatayā ca / nairyāṇikatvam anitya-duḥkha-śūnyānātma-śabdōccāraṇatayā ca sarvōpadravōpāyāsōpaśānti-karaṇatayā ca paridīpitam / ebhiḥ samāsataś caturbhir ākārair dharma-dundubhi-sādharmyeṇa buddha-svara-maṇḍalaṃ viśiṣyata iti / buddha-svara-maṇḍala-viśeṣaṇa-ślokah /

sārva-janyo hita-sukhaḥ prātihārya-trayānvitaḥ /

muner ghoṣo yato divya-tūryebhyo 'to viśiṣyate (36)
eṣāṃ khalu caturṇām ākārāṇām yathā-saṃkhyam eva
caturbhiḥ ślokaiḥ samāsa-nirdeśo veditavyaḥ /
śabdā mahānto divi dundubhīnāṃ kṣiti-
sthitāḥ śravaṇaṃ na yānti /
saṃsāra-pātāla-gateṣu loke saṃbuddha-
tūryasya tu yāti śabdaḥ (37)
bahvyo 'marāṇāṃ divi tūrya-koṭyo nadanti
kāma-jvalanābhivṛddhau /
ekas tu ghoṣaḥ karuṇātmakānāṃ duḥkhāgni-
hetu-praśama-pravṛttaḥ (38)
śubhā manojñā divi tūrya-nisvanā bhavanti
cittōddhati-vṛddhi-hetavaḥ /
tathāgatānāṃ tu rutaṃ mahātmanāṃ
samādhi-cittārpaṇa-bhāva-vācakam (39)
samāsato yat sukha-kāraṇaṃ divi kṣitav
anantāsv api loka-dhātuṣu /
aśeṣa-loka-spharaṇāvabhāsanaṃ praghoṣam
āgamya tad apy udāhṛtam (40)

kāya-vikurvitena daśa-dig-aśeṣa-loka-dhātu-spharaṇam ṛddhi-prātihāryam iti sūcitam / cetaḥ-paryāya-jñānena tat paryāpannaṃ sarva-sattva-citta-carita-gahanāvabhāsanam ādeśanā-prātihāryam / vāg-ghoṣōdāharaṇena nairyāṇikīṃ pratipadam ārabhya tad avavādānuśāsanam anuśāsti-prātihāryam / ity evam avyāhata-gater ākāśa-dhātuvad aparicchinna-vartino 'pi buddha-svara-maṇḍalasya yan na sarvatra sarva-ghoṣōpalabdhiḥ prajñāyāte na tatra buddha-svara-maṇḍalasyāparādha iti / pratyāyanārtham a-tat-prahitānām ātmāparādhe ślokaḥ /

yathā sūkṣmān śabdān anubhavati na śrotra-vikalo na
divya-śrotre 'pi śravaṇa-patham āyānti nikhilam /
tathā dharmaḥ sūkṣmaḥ parama-nipuṇa-jñāna-
viṣayaḥ prayāty ekeṣāṃ tu śravaṇa-patham akliṣṭa-
manasām (41)
meghavad iti /
prāvṛt-kāle yathā meghaḥ pṛthivyām abhivarṣati/
vāri-skandhaṃ nirābhogo nimittaṃ sasya-saṃpadaḥ
(42)
karuṇāmbudatas tadvat saddharma-salilaṃ jinaḥ /
jagat-kuśala-sasyeṣu nirvikalpaṃ pravarṣati (43)
loke yathākuśala-karma-patha-pravṛtte
varṣanti vāyu-janitaṃ salilaṃ payodāḥ /
tadvat kṛpānila-jagat-kuśalābhivṛddheḥ
saddharma-varṣam abhivarṣati buddha-
meghaḥ (44)
bhaveṣu saṃvit-karuṇāvabhṛtkaḥ kṣarākṣarāsaṅga
-nabhas-tala-sthaḥ /
samādhi-dhāraṇy-amalāmbu-garbho
munīndra-meghaḥ śubha-sasya-hetuḥ (45)
bhājana-vimātratāyām /
śītaṃ svādu-prasannaṃ mṛdu laghu ca payas tat-
payodād vimuktaṃ kṣārādi-sthāna-yogād atibahu-
rasatām eti yadvat pṛthivyām /
āryāṣṭāṅgāmbu-varṣaṃ suvipula-karuṇā-megha-
garbhād vimuktaṃ santāna-sthāna-bhedād bahu-
vidha-rasatām eti tadvat prajāsu (46)
nirapekṣa-pravṛttau /
yānāgre 'bhiprasannānāṃ madhyānāṃ pratighātinām /

manuṣya-cātaka-preta-sadṛśā rāśayas trayaḥ (47)
grīṣmānte 'mbudhareṣv asatsu manujā vyomny-
apracārāḥ khagā varṣāsv apy ativarṣaṇa-prapatanāt
pretāḥ kṣitau duḥkhitāḥ /
aprādurbhavanōdaye 'pi karuṇā-meghābhra-
dharmāmbhaso dharmākāṅkṣiṇi dharmatā-pratihate
lokc ca sāivōpamā (48)
sthūlair bindu-nipātanair aśanibhir vajrāgni-
saṃpātanaiḥ sūkṣma-prāṇaka-śaila-deśa-gamikān
nāpekṣate toyadaḥ /
sūkṣmāudārika-yukty-upāya-vidhibiḥ prajñā-
kṛpāmbho-dharas tadvat kleśa-gatān dṛṣṭy-anuśayān
nāpekṣate sarvathā (49)
duḥkhāgni-praśamane /
saṃsāro 'navarāgra-jāti-maraṇas tat-saṃsṛtau
pañcadhā mārgaḥ pañca-vidhe ca vartmani sukhaṃ
nōccāra-saugandhyavat /
tad duḥkhaṃ dhruvam agni-śastra-śiśira-kṣārādi-
saṃsparśa-jaṃ tac-chāntyai ca sṛjan kṛpā-jala-dharaḥ
saddharma-varṣaṃ mahat (50)
deveṣu cyuti-duḥkham ity avagamāt paryeṣṭi-
duḥkhaṃ nṛṣu prājñā nābhilaṣanti deva-manujeṣv
aiśvaryam apy uttamam /
prajñāyāś ca tathāgata-pravacana-śraddhānumānyād
idaṃ duḥkaṃ hetur ayaṃ nirodha iti ca jñānena
saṃprekṣaṇāt (51)
vyādhir jñeyo vyādhi-hetuḥ praheyaḥ svāsthyaṃ
prāpyaṃ bheṣajaṃ sevyam evam /
duḥkhaṃ hetus tan-nirodho 'tha margo

jñeyaṃ heyaḥ sparśitavyo niṣevyaḥ (52)
mahā-brahmavad iti /
sarvatra deva-bhavane brāhmyād avicalan padāt /
pratibhāsaṃ yathā brahmā darśayaty aprayatnataḥ
(53)
tadvan munir anābhogān nirmāṇaiḥ sarva-dhātuṣu /
dharma-kāyād avicalan bhavyānām eti darśanam (54)
yadvad brahmā vimānān na calati satataṃ kāma-
dhātu-praviṣṭaṃ devāḥ paśyanti cāinaṃ viṣaya-rati-
haraṃ darśanaṃ tac ca teṣām /
tadvat saddharma-kāyān na calati sugataḥ sarva-
lokeṣu cāinaṃ bhavyāḥ paśyanti śaśvat sakala-mala-
haraṃ darśanaṃ tac ca teṣām (55)
svasyāiva pūrva-praṇidhāna-yogān marud-
gaṇānāṃ ca śubhānubhāvāc /
brahmā yathā bhāsam upaity ayatnān
nirmāṇa-kāyena tathā svayaṃbhūḥ (56)
anābhāsa-gamane /
cyutiṃ garbhākrāntiṃ janana-pitṛ-veśma-praviśanaṃ
rati-krīḍāraṇya-pravicaraṇa-māra-pramathanam /
mahā-bodhi-prāptiṃ praśama-pura-mārga-
praṇayanaṃ nidarśyādhanyānāṃ nayana-patham
abhyeti na muniḥ (57)
sūryavad iti /
sūrye yathā tapati padma-gaṇa-prabuddhir
ekatra kāla-samaye kumuda-prasuptiḥ /
buddhi-prasupti-guṇa-doṣa-vidhav akalpaḥ sūryo
'mbujeṣv atha ca tadvad ihārya-sūryaḥ (58)

dvi-vidhaḥ sattva-dhātur avineyo vineyaś ca / tatra yo

vineyas tam adhikṛtya padmōpamatā svaccha-jala
bhājanōpamatā ca /

nirvikalpo yathādityaḥ kamalāni sva-raśmibhiḥ /
bodhayaty eka-muktābhiḥ pācayaty aparāṇy api (59)
saddharma-kiraṇair evaṃ tathāgata-divā-karaḥ /
vineya-jana-padmeṣu nirvikalpaḥ pravartate (60)
dharma-rūpa-śarīrābhyāṃ bodhi-maṇḍāmbarōditaḥ /
jagat-spharati sarva-jña-dinakṛj jñāna-raśmibhiḥ (61)
yataḥ śucini sarvatra vineya-salilāśaye /
ameya-sugatāditya-pratibimbōdayaḥ sakṛt (62)

evam avikalpatve 'pi sati buddhānāṃ tri-vidhe sattva-
rāśau darśanādeśanā-pravṛtti-kramam adhikṛtya śailōpamatā /

sadā sarvatra visṛte dharma-dhātu-nabhas-tale /
buddha-sūrye vineyādri-tan-nipāto yathārhataḥ (63)
udita iha samantāl lokam ābhāsya yadvat pratata-
daśaśatāṃśuḥ sapta-saptiḥ krameṇa /
pratapati vara-madhya-nyūna-śaileṣu tadvat pratapati
jina-sūryaḥ sattva-rāśau krameṇa (64)
prabhā-maṇḍala-viśeṣaṇe /
sarva-kṣetra-nabhas-tala-spharaṇatā bhānor na
saṃvidyate nāpy ajñāna-tamo 'ndha-kāra-gahana-
jñeyārtha-saṃdarśanam /
nānā-varṇa-vikīrṇa-raśmi-visarair ekaika-
romōdbhavair bhāsante karuṇātmakā jagati tu
jñeyārtha-saṃdarśakāḥ (65)
buddhānāṃ nagara-praveśa-samaye cakṣur-vihīnā
janāḥ paśyanty artham anartha-jāla-vigamaṃ
vindanti tad-darśanāt /
mohāndhāś ca bhavārṇavāntara-gatā dṛṣṭy-andha-

kārāvṛtā buddhārka-prabhayāvabhāsita-dhiyaḥ
paśyanty adṛṣṭaṃ padam (66)
cintā-maṇivad iti /
yugapad-gocara-sthānāṃ sarvābhiprāya-pūraṇam /
kurute nirvikalpo 'pi pṛthak-cintā-maṇir yathā (67)
buddha-cintā-maṇiṃ tadvat sametya pṛthag-āśayāḥ /
śṛṇvanti dharmatāṃ citrāṃ na kalpayati tāṃś ca saḥ
(68)
yathāvikalpaṃ maṇi-ratnam īpsitaṃ dhanaṃ
parebhyo visṛjaty ayatnataḥ /
tathā munir yatnam ṛte yathārhataḥ parārtham
ātiṣṭhati nityam ā bhavāt (69)
durlabha-prāpta-bhāvās tathāgatā iti /
iha śubha-maṇi-prāptir yadvaj jagaty atidurlabhā jala-
nidhi-gataṃ pātāla-sthaṃ yataḥ spṛhayanti tam /
na sulabham iti jñeyaṃ tadvaj jagaty atidurbhage
manasi vividha-kleśa-graste tathāgata-darśanam (70)
pratiśrutkā-śabdavad iti /
pratiśrutkā-rutaṃ yadvat para-vijñapti-saṃbhavam /
nirvikalpam anābhogaṃ nādhyātmaṃ na bahiḥ
sthitam (71)
tathāgata-rutaṃ tadvat para-vijñapti-saṃbhavam /
nirvikalpam anābhogaṃ nādhyātmaṃ na bahiḥ
sthitam (72)
ākāśavad iti /
niṣkiṃ-cane nirābhāse nirālambe nirāśraye /
cakṣuṣ-patha-vyatikrānte 'py arūpiṇy anidarśane (73)
yathā nimnōnnataṃ vyomni dṛśyate na ca tat tathā /
buddheṣv api tathā sarvaṃ dṛśyate na ca tat tathā (74)

pṛthivīvad iti /
sarve mahī-ruhā yadvad avikalpāṃ vasuṃ-dharām /
niśritya vṛddhiṃ vairūḍhiṃ vaipulyam upayānti ca
(75)
saṃbuddha-pṛthivīm evam avikalpām aśeṣataḥ /
jagat-kuśala-mūlāni vṛddhim āśritya yānti hi (76)
udāharaṇānāṃ piṇḍārthaḥ /
na prayatnam ṛte kaś-cid dṛṣṭaḥ kurvan kriyām ataḥ /
vineya-saṃśaya-cchittyai navadhōktaṃ nidarśanam
(77)
sūtrasya tasya nāmnāiva dīpitaṃ tat prayojanam /
yatrāite nava-dṛṣṭāntā vistareṇa prakāśitāḥ (78)
etac-chruta-mayōdāra-jñānālokādy-alaṃkṛtāḥ /
dhīmanto 'vataranty āśu sakalaṃ buddha-gocaram
(79)
ity-arthaṃ śakra-vaidūrya-pratibimbādy-udāhṛtiḥ /
navadhōdāhṛtā tasmin tat-piṇḍārtho 'vadhāryate (80)
darśanādeśanā vyāptir vikṛtir jñāna-niḥsṛtiḥ /
mano-vāk-kāya-guhyāni prāptiś ca karuṇātmanām
(81)
sarvābhoga-parispanda-praśāntā nirvikalpikāḥ /
dhiyo vimala-vaiḍūrya-śakra-bimbōdayādivat (82)
pratijñābhoga-śantatvaṃ hetur dhī-nirvikalpatā /
dṛṣṭāntaḥ śakra-bimbādiḥ prakṛtārtha-susiddhaye (83)
ayaṃ ca prakṛto 'trārtho navadhā darśanādikam /
janmāntardhim ṛte śāstur anābhogāt pravartate (84)

etam evārtham adhikṛtyōdāharaṇa-saṃgrahe catvāraḥ ślokāḥ /

yaḥ śakravad dundubhivat payodavad brahmārka

-cintā-maṇi-rāja-ratnavat /
pratiśruti-vyoma-mahīvad ā-bhavāt parārtha-
kṛd yatnam ṛte sa yoga-vit (85)
surendra-ratna-pratibhāsa-darśanaḥ sudaiśiko
dundubhivad vibho rutam /
vibhur mahā-jñāna-kṛpābhra-maṇḍalaḥ
spharaty anantaṃ jagad-ā-bhavāgrataḥ (86)
anāsravād brahmavad acyutaḥ padād anekadhā
darśanam eti nirmitaiḥ /
sadārkavaj jñāna-viniḥsṛta-dyutir viśuddha-
cintā-maṇi-ratna-mānasaḥ (87)
pratirava iva ghoṣo 'nakṣarōkto jinānāṃ gaganam iva
śarīraṃ vyāpy arūpi dhruvaṃ ca /
kṣitir iva nikhilānāṃ śukla-dharmāuṣadīnāṃ jagata
iha samantād āspadaṃ buddha-bhūmiḥ (88)

kathaṃ punar anenōdāharaṇa-nirdeśena satatam anutpannā aniruddhāś ca buddhā bhagavanta utpadyamānā nirudhyamānāś ca saṃdṛśyante sarva-jagati cāiṣām anābhogena buddha-kāryāpratipraśrabdhir iti paridīpitam /

śubhaṃ vaiḍūryavac citte buddha-darśana-hetukam /
tad-viśuddhir asaṃhārya-śraddēndriya-virūḍhitā (89)
śubhōdaya-vyayād buddha-pratibimbōdaya-vyayaḥ /
munir nōdeti na vyeti śakravad dharma-kāyataḥ (90)
ayatnāt kṛtyam ity evaṃ darśanādi pravartate /
dharma-kāyād anutpādānirodhād ā-bhava-sthiteḥ (91)
ayam eṣāṃ samāsārtha-aupamyānāṃ kramaḥ punaḥ /
pūrvakasyōttareṇōkto vaidharmya-parihārataḥ (92)
buddhatvaṃ pratibimbābhaṃ tadvan na ca na
ghoṣavat /

deva-dundubhivat tadvan na ca no sarvathārtha-kṛt
(93)
mahā-meghōpamaṃ tadvan na ca no sārtha-bījavat /
mahā-brahmōpamaṃ tadvan na ca nātyanta-pācakam
(94)
sūrya-maṇḍalavat tadvan na nātyanta-tamo 'paham /
cintā-maṇi-nibhaṃ tadvan na ca no durlabhōdayam
(95)
pratiśrutkōpamaṃ tadvan na ca pratyaya-saṃbhavam /
ākāśa-sadṛśaṃ tadvan na ca śuklāspadaṃ ca tat (96)
pṛthivī-maṇḍala-prakhyaṃ tat-pratiṣṭhāśrayatvataḥ /
laukya-lokōttarāśeṣa-jagat-kuśala-saṃpadam (97)
buddhānāṃ bodhim āgamya lokōttara-pathōdayāt /
śukla-karma-patha-dhyānāpramāṇārūpya-saṃbhava
iti (98)

iti ratna-gotra-vibhāge mahā-yānōttara-tantra-śāstre tathāgata-kṛtya-kriyādhikāraś caturthaḥ paricchedaḥ ślokārtha-saṃgraha-vyākhyānataḥ samāptaḥ

V

ataḥ param eṣv eva yathā parikīrtiteṣu sthāneṣv adhimuktānām adhimukty-anuśaṃse ṣaṭ-ślokāḥ /

buddha-dhātur buddha-bodhir buddha-dharmā
buddha-kṛtyam /
gocaro 'yaṃ nāyakānāṃ śuddha-sattvair apy acintyaḥ
(1)
ihajina-viśaye 'dhimukta-buddhir guṇa-gaṇa-
bhājanatām upaiti dhīmān /
abhibhavati sa sarva-sattva-puṇya-prasavam
acintya-guṇābhilāṣa-yogāt (2)
yo dadyān maṇi-saṃskṛtāni kanaka-kṣetrāṇi bodhy-
arthiko buddha-kṣetra-rajaḥ-samāny ahar-aho
dharmēśvarebhyaḥ sadā /
yaś cānyaḥ śṛṇuyād itaḥ padam api śrutvādhimucyed
ayaṃ tasmād dāna-mayāc chubhād bahu-taraṃ
puṇyaṃ samāsādayet (3)
yaḥ śīlaṃ tanu-vāṇ-manobhir amalaṃ rakṣed
anābhogavad dhīmān bodhim anuttarām abhilaṣan
kalpān anekān api /
yaś cānyaḥ śṛṇuyād itaḥ padam api śrutvādhimucyed
ayaṃ tasmāc chīla-mayāc chubhād bahu-taraṃ
puṇyaṃ samāsādayet (4)
dhyāyed dhyānam apīha yas tri-bhuvana-kleśāgni-
nirvāpakaṃ divya-brahma-vihāra-pārami-gataḥ
saṃbodhy-upāyācyutaḥ /
yaś cānyaḥ śṛṇuyād itaḥ padam api śrutvādhimucyed
ayaṃ tasmād dhyāna-mayāc chubhād bahu-taraṃ

puṇyaṃ samāsādayet (5)
dānaṃ bhogān āvahaty eva yasmāc chīlaṃ
svargaṃ bhāvanā kleśa-hānim /
prajñā kleśa-jñeya-sarva-prahāṇaṃ sātaḥ
śreṣṭhā hetur asyāḥ śravo 'yam (6)
eṣāṃ ślokānāṃ piṇḍārtho navabhiḥ ślokair
veditavyaḥ /
āśraye tat-parāvṛttau tad-guṇeṣv artha-sādhane /
catur-vidhe jina-jñāna-viṣaye 'smin yathōdite (7)
dhīmān astitva-śaktatva-guṇavattvādhimuktitaḥ /
tathāgata-pada-prāpti-bhavyatām āśu gacchati (8)
asty asau viṣayo 'cintyaḥ śakyaḥ prāptuṃ sa
mādṛśaiḥ /
prāpta evaṃ guṇaś cāsav iti śraddhādhimuktitaḥ (9)
chanda-vīrya-smṛti-dhyāna-prajñādi-guṇa-bhājanam /
bodhi-cittam bhavaty asya satataṃ pratyupasthitam
(10)
tac-citta-pratyupasthā nād avivartyo jinātmajaḥ /
puṇya-pāramitā pūri-pariśuddhiṃ nigacchati (11)
puṇyaṃ pāramitāḥ pañca tredhā tad avikalpanāt /
tat-pūriḥ pariśuddhis tu tad-vipakṣa-prahāṇataḥ (12)
dānaṃ dāna-mayaṃ puṇyaṃ śīlaṃ śīla-mayaṃ
smṛtam /
dve bhāvanā-mayaṃ kṣānti-dhyāne vīryaṃ tu sarva-
gam (13)
tri-maṇḍala-vikalpo yas taj jñeyāvaraṇaṃ matam /
mātsaryādi-vipakṣo yas tat kleśāvaraṇaṃ matam (14)
etat-prahāṇa-hetuś ca nānyaḥ prajñām ṛte tataḥ /
śreṣṭhā prajñā śrutaṃ cāsya mūlaṃ tasmāc chrutaṃ

param (15)
itīdam āptāgama-yukti-saṃśrayād udāhṛtaṃ
kevalam ātma-śuddhaye /
dhiyādhimuktyā kuśalōpasaṃpadā samanvitā
ye tadanugrahāya ca (16)
pradīpa-vidyun-maṇi-candra-bhāskarān pratītya
paśyanti yathā sacakṣuṣaḥ /
mahārtha-dharma-pratibhā-prabhākaraṃ
muniṃ pratītyēdam udāhṛtaṃ tathā (17)
yad arthavad dharma-padōpasaṃhitaṃ tri-
dhātu-saṃkleśa-nibarhaṇaṃ vacaḥ /
bhavec ca yac chānty-anuśaṃsa-darśakaṃ
tad uktam ārṣaṃ viparītam anyathā (18)
yat syād avikṣipta-manobhir uktaṃ śāstāram
ekaṃ jinam uddiśadbhiḥ /
mokṣāpti-saṃbhāra-pathānūkūlaṃ
mūrdhnā tad apy ārṣam iva pratīcchet (19)
yasmān nēha jināt supaṇḍita-tamo loke 'sti kaś-cit
kva-cit sarva-jñaḥ sakalaṃ sa veda vidhivat tattvaṃ
paraṃ nāparaḥ /
tasmād yat svayam eva nītam ṛṣiṇā sūtraṃ vicālyaṃ
na tat saddharma-pratibādhanaṃ hi tad api syān niti-
bhedān muneḥ (20)
āryāṃś cāpavadanti tannigaditaṃ dharmaṃ ca
garhanti yat sarvaḥ so 'bhiniveśa-darśana-kṛtaḥ kleśo
vimūḍhātmanām /
tasmān nābhiniveśa-dṛṣṭi-maline tasmin ni veśyā
matiḥ śuddhaṃ vastram upaiti raṅga-vikṛtiṃ na
sneha-paṅkāṅkitam (21)

dhī-māndyād adhimukti-śukla-virahān
mithyābhimānāśrayāt saddharma-
vyasanāvṛtātmakaṭayā neyārtha-
tattva-grahāt /
lobha-gredhatayā ca darśana-vaśād dharma-dviṣāṃ
sevanād ārād dharma-bhṛtāṃ ca hīna-rucayo dharmān
kṣipanty arhatām (22)
nāgner nōgra-viṣād aher na vadhakān naivāśanibhyas
tathā bhetavyaṃ viduṣām atīva tu yathā gambhīra-
dharma-kṣateḥ /
kuryur jīvita-viprayogam anala-vyālāri-vajrāgnayas
tad-dhetor na punar vrajed atibhayām āvīcikānāṃ
gatim (23)
yo 'bhīkṣṇaṃ pratisevya pāpa-suhṛdaḥ syād buddha-
duṣṭāśayo mātā-pitr-arihad-vadhācaraṇa-kṛt
saṅghāgra-bhettā naraḥ /
syāt tasyāpi tato vimuktir aciraṃ dharmārtha-
nidhyānato dharme yasya tu mānasaṃ pratihataṃ
tasmai vimuktiḥ kutaḥ (24)
ratṇāni vyavadāna-dhātum amalāṃ bodhiṃ guṇān
karma ca vyākṛtyārtha-padāni sapta vidhivad yat
puṇyamāptaṃ mayā /
tenēyaṃ janatāmitāyuṣam ṛṣiṃ paśyed ananta-dyutiṃ
dṛṣṭvā cāmala-dharma-cakṣur udayād bodhiṃ
parāmāpnuyāt (25)

eṣām api daśānāṃ ślokānāṃ piṇḍārthas tribhiḥ ślokair veditavyaḥ /

yataś ca yan nimittaṃ ca yathā ca yad udāhṛtam /
yan niṣyanda-phalaṃ ślokaiś caturbhiḥ paridīpitam

(26)
ātma-saṃrakṣaṇōpāyo dvābhyām ekena ca kṣateḥ /
hetuḥ phalam atha dvābhyāṃ ślokābhyāṃ
paridīpitam (27)
saṃsāra-maṇḍala-kṣāntir bodhi̯-prāptiḥ samāsataḥ /
dvidhā-dharmārtha-vādasya phalam antyena darśitam
(28)

iti ratna-gotra-vibhāge mahā-yānōttara-tantra-śāstre 'nuśaṃsādhikāro nāma pañcamaḥ paricchedaḥ ślokārtha-saṃgraha-vyākhyānataḥ samāptaḥ

大・中・觀・系・列

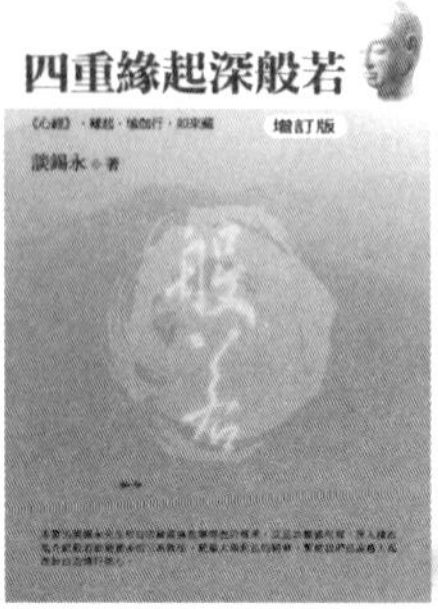

《四重緣起深般若》(增定版)—
《心經》・緣起・瑜伽行・如來藏

談錫永 著/平裝/NT$420元

本書由談錫永先生依自宗藏傳佛教寧瑪派的傳承，立足於觀修而寫，深入淺出地介紹般若波羅蜜多的三系教法，統攝大乘教法的精華，幫助我們迅速趨入甚深教法的修行核心。

《心經內義與究竟義》—
印度四大論師釋《心經》

談錫永等 著譯/平裝/NT$350元

《心經》為般若經典的精華，也是能解脫煩惱苦厄得到究竟安樂的智慧經典。本書精彩而豐富地闡述《心經》的釋論精華，讀者藉由本書不僅可窺見八世紀至十一世紀印度大論師詮釋《心經》的風範，也能對《心經》於漢藏兩地的弘播與繙譯，提供更深入的認識。

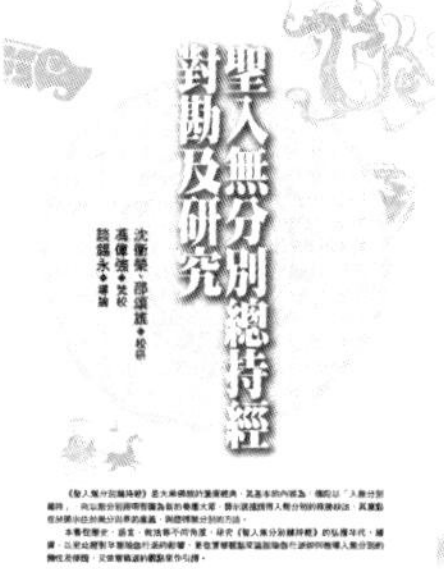

《聖入無分別總持經》對勘及研究

沈衛榮、邵頌雄 校研・馮偉強 梵校・談錫永 導論/NT$390元

《聖入無分別總持經》是大乘佛教的重要經典，其基本的內容為：佛陀以「入無分別總持」，向以無分別照明菩薩為首的眷屬大眾，開示速捷證得入無分別的殊勝妙法，其重點在於開示住於無分別界的意義，與證得無分別的方法。

本書從歷史、語言、教法等不同角度，研究《聖入無分別總持經》的弘播年代、繙譯、以至此經對早期瑜伽行派的影響，更從實修觀點來論說瑜伽行派如何教導入無分別的體性及修證，又依甯瑪派的觀點來作引證。

《入楞伽經》梵本新譯

談錫永 譯著/平裝/NT$320元

印度瑜伽行派、漢土早期禪宗、西藏甯瑪、噶舉、薩迦等佛家宗派，皆以《入楞伽經》為根本經典，亦以經中所說之如來藏思想為觀修之究竟見。

談錫永上師今取現存之《楞伽》梵本，重新繙譯此經，細註舊譯之誤譯與添譯處，並於重要之文句附上梵文的羅馬字轉寫；復依自宗甯瑪派了義大中觀的見地，闡明「如來藏藏識」之義理，希望本譯能破解學者對研讀《入楞伽經》的疑難。

《寶性論》梵本新譯

談錫永 譯著/平裝/NT$320元

《寶性論》為佛教重要論典，本論建立了「七金剛句」，將佛寶、法寶、僧寶、如來藏、證菩提、功德、事業等這七個主題並列，以佛法僧三寶為觀修的因，並以佛及眾生依本具的如來藏為觀修的中心，經過實踐修行的歷程，最後證得佛果菩提，具足一切佛法功德，圓滿濟度眾生的事業。

透過本書作者精湛的分析與釋論，能幫助讀者清晰地掌握修行的脈絡，迅疾趨入究竟的解脫大道。

《如來藏論集》

談錫永、邵頌雄 著/平裝/NT$330元

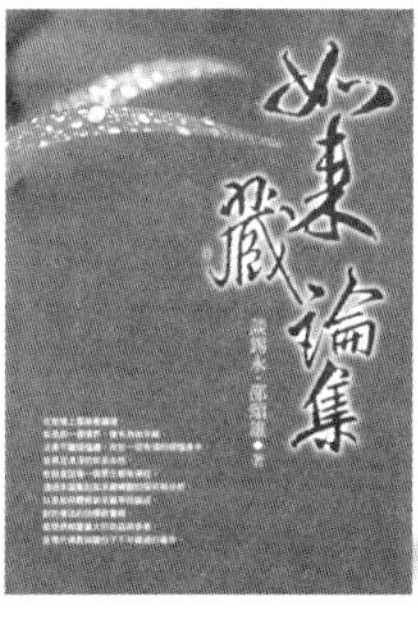

在智境上覆障著識境，如是的一個境界，便名為如來藏。法身不離煩惱纏，故於一切有情的煩惱身中，皆具足清淨的如來本性，也就是說每一個眾生都有佛性。

透過本論集對如來藏精闢的探究與分析，以及如何觀修如來藏等談論述，對於佛法的抉擇與實修，能提供相當廣大的助益與參考，是現代佛教知識份子不可錯過的著作。

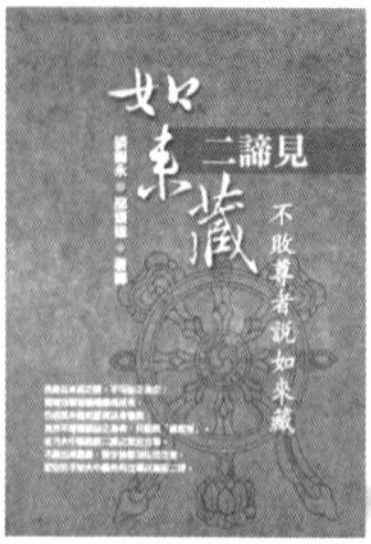

《如來藏二諦見－不敗尊者說如來藏》

談錫永、邵頌雄 著譯/平裝/NT$360元

法身以本具功德，不可說之為空；識境自顯現雖隨緣而成有，但因其未嘗剎那與法身離異，故亦不得籠統說之為有，只能說「緣起有」。此乃大中觀施設二諦之堅定立場。不解如來藏義，橫生枝節加以否定者，即由於不知大中觀持何立場以施設二諦。

《聖妙吉祥真實名經》梵本校譯

談錫永 譯著・馮偉強 梵校/平裝/NT$390元

《聖妙吉祥真實名經》為無上密續部重要經典，說如來藏之觀修，亦即妙吉祥不二法門之觀修。由此開展，則可建立為依金剛薩埵為主尊之《大幻化網續》，以及一切無二續。

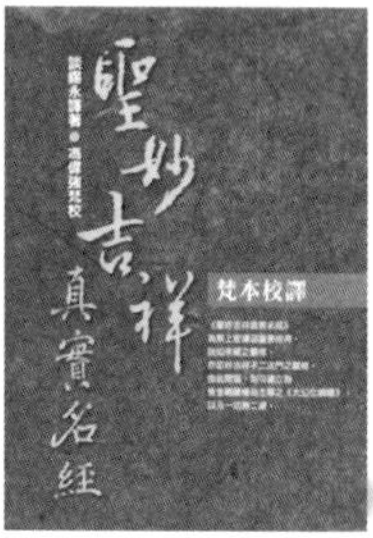

《聖妙吉祥真實名經》釋論三種

談錫永 導論・馮偉強、黃基林 校譯/平裝/NT$390元

《聖妙吉祥真實名經》為觀修三轉法輪教法的重要經典。本經藉「幻化網現證菩提」壇城，令行者藉觀修而得現證妙吉祥不二法門。談錫永上師早前根據今傳四種梵本重新校譯本經，解決古譯文句互異的問題，更譯出釋論三種，解決文義難明與具體觀修無所依等二疑難。

《辨中邊論釋》校疏

談錫永 校疏・邵頌雄 前論/平裝/NT$400元

依甯瑪派教法，本論可依大中觀的加行道來作抉擇。以加行道的層次來治本論，亦為印度瑜伽行派的傳統。

離・言・叢・書・系・列

《解深密經密意》

談錫永著　平裝/NT$390元

密義的意思就是語言之外所含之意，沒有明白地講出來，他雖然用語言來表達，但讀者卻須理解言外之意。
本經既稱為「解深密」，也就是說，根據本經之所說，就能得到佛言說以外的密意。

《無邊莊嚴會密意》

談錫永著　平裝/NT$190元

《大寶積經・無邊莊嚴會》是說陀羅尼門的經典，可以將其視為釋迦演密法，故亦可以視其為密續。
全經主要是說三陀羅尼門——無上陀羅尼、出離陀羅尼、清淨陀羅尼，依次攝境、行、果三者。

《如來藏經密意》

談錫永著　平裝/NT$300元

《如來藏經》說眾生皆有如來藏，常住不變，然後用九種喻說如來藏為煩惱所纏，是故眾生不自知有如來藏。
這是如來藏的根本思想。由此可將一切眾生心性的清淨分說為如來藏，雜染分說為阿賴耶識。

《勝鬘師子吼經密意》

談錫永著　平裝/NT$340元

本經對如來藏的演述，是由真實功德來建立如來藏，因此便很適應觀修行人的觀修次第。
欲入一乘，欲觀修如來藏，須先由認識如來真實功德入手，這是觀修的關鍵。勝鬘說三種人可以領受如來藏，便即是依其是否能領受如來真實功德而說。

《文殊師利二經密意》

談錫永 著/平裝/NT$420元

文殊師利菩薩不二法門有眾多經典，現在先選出兩本詮釋其密意。
所選兩經為《文殊師利說般若會》及《文殊師利說不思議佛境界經》。選這兩本經的原故，是由於兩經所說彼此可以融匯。

《龍樹二論密意》

談錫永 著/平裝/NT$260元

本書特選出龍樹論師《六正理聚》中《六十如理論》及《七十空性論》兩篇，加以疏釋，用以表達龍樹說「緣起」、說「性空」、說「真實義」、說「法智」，以至說「無生」的密意。

《菩提心釋密意》

談錫永 著/平裝/NT$230元

本論專說菩提心，立論點即在於如何次第現證勝義菩提心以及建立世俗菩提心。於前者，及涉及觀修次第，而不僅是對勝義作理論或概念的增上。

全佛文化圖書出版目錄

佛教小百科系列

□ 佛菩薩的圖像解說1-總論•佛部	320	□ 佛教的塔婆	290
□ 佛菩薩的圖像解說2-菩薩部•觀音部•明王部	280	□ 中國的佛塔-上	240
□ 密教曼荼羅圖典1-總論•別尊•西藏	240	□ 中國的佛塔-下	240
□ 密教曼荼羅圖典2-胎藏界上	300	□ 西藏著名的寺院與佛塔	330
□ 密教曼荼羅圖典2-胎藏界中	350	□ 佛教的動物-上	220
□ 密教曼荼羅圖典2-胎藏界下	420	□ 佛教的動物-下	220
□ 密教曼荼羅圖典3-金剛界上	260	□ 佛教的植物-上	220
□ 密教曼荼羅圖典3-金剛界下	260	□ 佛教的植物-下	220
□ 佛教的真言咒語	330	□ 佛教的蓮花	260
□ 天龍八部	350	□ 佛教的香與香器	280
□ 觀音寶典	320	□ 佛教的神通	290
□ 財寶本尊與財神	350	□ 神通的原理與修持	280
□ 消災增福本尊	320	□ 神通感應錄	250
□ 長壽延命本尊	280	□ 佛教的念珠	220
□ 智慧才辯本尊	290	□ 佛教的宗派	295
□ 令具威德懷愛本尊	280	□ 佛教的重要經典	290
□ 佛教的手印	290	□ 佛教的重要名詞解說	380
□ 密教的修法手印-上	350	□ 佛教的節慶	260
□ 密教的修法手印-下	390	□ 佛教的護法神	320
□ 簡易學梵字(基礎篇)-附CD	250	□ 佛教的宇宙觀	260
□ 簡易學梵字(進階篇)-附CD	300	□ 佛教的精靈鬼怪	280
□ 佛教的法器	290	□ 密宗重要名詞解說	290
□ 佛教的持物	330	□ 禪宗的重要名詞解說-上	360
		□ 禪宗的重要名詞解說-下	290
		□ 佛教的聖地-印度篇	200

佛菩薩經典系列

□ 阿彌陀佛經典	350	□ 地藏菩薩經典	260
□ 藥師佛•阿閦佛經典	220	□ 彌勒菩薩•常啼菩薩經典	250
□ 普賢菩薩經典	180	□ 維摩詰菩薩經典	250
□ 文殊菩薩經典	260	□ 虛空藏菩薩經典	350
□ 觀音菩薩經典	220	□ 無盡意菩薩•無所有菩薩經典	260

佛法常行經典系列

□ 妙法蓮華經	260	□ 大乘本生心地觀經•勝鬘經•如來藏經	200
□ 悲華經	260		

- ☐ 小品般若波羅密經 220
- ☐ 金光明經•金光明最勝王經 280
- ☐ 楞伽經•入楞伽經 360
- ☐ 楞嚴經 200
- ☐ 解深密經•大乘密嚴經 200
- ☐ 大日經 220
- ☐ 金剛頂經•金剛頂瑜伽念誦經 200

三昧禪法經典系列

- ☐ 念佛三昧經典 260
- ☐ 般舟三昧經典 220
- ☐ 觀佛三昧經典 220
- ☐ 如幻三昧經典 250
- ☐ 月燈三昧經典(三昧王經典) 260
- ☐ 寶如來三昧經典 250
- ☐ 如來智印三昧經典 180
- ☐ 法華三昧經典 260
- ☐ 坐禪三昧經典 250
- ☐ 修行道地經典 250

修行道地經典系列

- ☐ 大方廣佛華嚴經(10冊) 1600
- ☐ 長阿含經(4冊) 600
- ☐ 增一阿含經(7冊) 1050
- ☐ 中阿含經(8冊) 1200
- ☐ 雜阿含經(8冊) 1200

佛經修持法系列

- ☐ 如何修持心經 200
- ☐ 如何修持金剛經 260
- ☐ 如何修持阿彌陀經 200
- ☐ 如何修持藥師經-附CD 280
- ☐ 如何修持大悲心陀羅尼經 220
- ☐ 如何修持阿閦佛國經 200
- ☐ 如何修持華嚴經 290
- ☐ 如何修持圓覺經 220
- ☐ 如何修持法華經 220
- ☐ 如何修持楞嚴經 220

守護佛菩薩系列

- ☐ 釋迦牟尼佛-人間守護主 240
- ☐ 阿彌陀佛-平安吉祥 240
- ☐ 藥師佛-消災延壽(附CD) 260
- ☐ 大日如來-密教之主 250
- ☐ 觀音菩薩-大悲守護主(附CD) 280
- ☐ 文殊菩薩-智慧之主(附CD) 280
- ☐ 普賢菩薩-廣大行願守護主 250
- ☐ 地藏菩薩-大願守護主 250
- ☐ 彌勒菩薩-慈心喜樂守護主 220
- ☐ 大勢至菩薩-大力守護主 220
- ☐ 準提菩薩-滿願守護主(附CD) 260
- ☐ 不動明王-除障守護主 220
- ☐ 虛空藏菩薩-福德大智守護(附CD) 260
- ☐ 毘沙門天王-護世財寶之主(附CD) 280

輕鬆學佛法系列

- ☐ 遇見佛陀-影響百億人的生命導師 200
- ☐ 如何成為佛陀的學生-皈依與受戒 200
- ☐ 佛陀的第一堂課-四聖諦與八正道 200
- ☐ 業力與因果-佛陀教你如何掌握自己的命運 220

洪老師禪座教室系列

□	靜坐-長春.長樂.長效的人生	200	□	沒有敵者-強化身心免疫力的修鍊法(附CD)	280
□	放鬆(附CD)	250	□	夢瑜伽-夢中作主.夢中變身	260
□	妙定功-超越身心最佳功法(附CD)	260	□	如何培養定力-集中心靈的能量	200
□	妙定功VCD	295			
□	睡夢-輕鬆入眠•夢中自在(附CD)	240			

禪生活系列

□	坐禪的原理與方法-坐禪之道	280	□	禪師的生死藝術-生死禪	240
□	以禪養生-呼吸健康法	200	□	禪師的開悟故事-開悟禪	260
□	內觀禪法-生活中的禪道	290	□	女禪師的開悟故事(上)-女人禪	220
□	禪宗的傳承與參禪方法-禪的世界	260	□	女禪師的開悟故事(下)-女人禪	260
□	禪的開悟境界-禪心與禪機	240	□	以禪療心-十六種禪心療法	260
□	禪宗奇才的千古絕唱-永嘉禪師的頓悟	260			

密乘寶海系列

□	現觀中脈實相成就-開啟中脈實修秘法	290	□	密宗修行要旨-總攝密法的根本要義	430
□	智慧成就拙火瑜伽	330	□	密宗成佛心要-今生即身成佛的必備書	240
□	蓮師大圓滿教授講記-藏密寧瑪派最高解脫法門	220	□	無死-超越生與死的無死瑜伽	200
□	密宗的源流-密法內在傳承的密意	240	□	孔雀明王行法-摧伏毒害煩惱	260
□	恒河大手印-傾瓶之灌的帝洛巴恒河大手印	240	□	月輪觀•阿字觀-密教觀想法的重要基礎	350
□	岡波巴大手印-大手印導引顯明本體四瑜伽	390	□	穢積金剛-滅除一切不淨障礙	290
□	大白傘蓋佛母-息災護佑行法(附CD)	295	□	五輪塔觀-密教建立佛身的根本大法	290
			□	密法總持-密意成就金法總集	650

其他系列

□	入佛之門-佛法在現代的應用智慧	350	□	神通-佛教神通學大觀	590
□	如觀自在-千手觀音與大悲咒的實修心要	650	□	認識日本佛教	360
□	普賢法身之旅-2004美東弘法紀行	450	□	仁波切我有問題-一本關於空的見地、禪修與問答集	240
			□	萬法唯心造-金剛經筆記	230
			□	覺貓悟語	280

禪觀寶海系列

□ 禪觀秘要	1200	□ 首楞嚴三昧-降伏諸魔的大悲勇健三昧	420

高階禪觀系列

□ 通明禪禪觀-迅速開啟六種神通的禪法	200	□ 三三昧禪觀-證入空、無相、無願三解脫門的禪法	260
□ 十種遍一切處禪觀-調練心念出生廣大威力的禪法	280	□ 大悲如幻三昧禪觀-修行一切菩薩三昧的根本	380
□ 四諦十六行禪觀-佛陀初轉法輪的殊勝法門	350	□ 圓覺經二十五輪三昧禪觀-二十五種如來圓覺境界的禪法	400

蓮花生大士全傳系列

□ 蓮花王	320	□ 廣大圓滿	320
□ 師子吼聲	320	□ 無死虹身	320
□ 桑耶大師	320	□ 蓮花生大士祈請文集	280

光明導引系列

□ 阿彌陀經臨終光明導引-臨終救度法	350	□ 送行者之歌(附國台語雙CD)	480

佛家經論導讀叢書系列

□ 雜阿含經導讀-修訂版	450	□ 楞伽經導讀	400
□ 異部宗論導讀	240	□ 法華經導讀-上	220
□ 大乘成業論導讀	240	□ 法華經導讀-下	240
□ 解深密經導讀	320	□ 十地經導讀	350
□ 阿彌陀經導讀	320	□ 大般涅槃經導讀-上	280
□ 唯識三十頌導讀-修訂版	520	□ 大般涅槃經導讀-下	280
□ 唯識二十論導讀	300	□ 維摩詰經導讀	220
□ 小品般若經論對讀-上	400	□ 菩提道次第略論導讀	450
□ 小品般若經論對讀-下	420	□ 密續部總建立廣釋	280
□ 金剛經導讀	220	□ 四法寶鬘導讀	200
□ 心經導讀	160	□ 因明入正理論導讀-上	240
□ 中論導讀-上	420	□ 因明入正理論導讀-下	200
□ 中論導讀-下	380		

離言叢書系列

□ 解深密經密意	390	□ 無邊莊嚴會密意	190
□ 如來藏經密意	300	□ 勝鬘師子吼經密意	340
□ 文殊師利二經密意	420	□ 龍樹二論密意	260

談錫永作品系列

- [ ] 閒話密宗 200
- [ ] 西藏密宗占卜法-妙吉祥占卜法（組合） 580
- [ ] 細說輪迴生死書-上 200
- [ ] 細說輪迴生死書-下 200
- [ ] 西藏密宗百問-修訂版 210
- [ ] 觀世音與大悲咒-修訂版 190
- [ ] 佛家名相 220
- [ ] 密宗名相 220
- [ ] 佛家宗派 220
- [ ] 佛家經論-見修法鬘 180
- [ ] 生與死的禪法 260
- [ ] 細說如來藏 280
- [ ] 如來藏三談 300

大中觀系列

- [ ] 四重緣起深般若-增訂版 420
- [ ] 心經內義與究竟義-印度四大論師釋《心經》 350
- [ ] 聖入無分別總持經對堪及研究 390
- [ ] 《入楞伽經》梵本新譯 320
- [ ] 《寶性論》梵本新譯 320
- [ ] 如來藏論集 330
- [ ] 如來藏二諦見 360
- [ ] 《聖妙吉祥真實名經》梵本校譯 390
- [ ] 《聖妙吉祥真實名經》釋論三種 390
- [ ] 《辨中邊論釋》校疏 400

甯瑪派叢書-見部系列

- [ ] 九乘次第論集-佛家各部見修差別 380
- [ ] 甯瑪派四部宗義釋 480
- [ ] 辨法法性論及釋論兩種 480
- [ ] 決定寶燈 480
- [ ] 無修佛道-現證自性大圓滿本來面目教授 360
- [ ] 幻化網秘密藏續釋-光明藏 560
- [ ] 善說顯現喜宴-甯瑪派大圓滿教法 650

甯瑪派叢書-修部系列

- [ ] 大圓滿心性休息導引 395
- [ ] 大圓滿前行及讚頌 380
- [ ] 幻化網秘密藏續 480
- [ ] 六中有自解脫導引 520

藏傳佛教叢書系列

- [ ] 章嘉國師(上)-若必多吉傳 260
- [ ] 章嘉國師(下)-若必多吉傳 260
- [ ] 紅史 360
- [ ] 蒙古佛教史 260
- [ ] 西藏生死導引書(上)-揭開生與死的真相 290
- [ ] 西藏生死導引書(下)-六種中陰的實修教授 220
- [ ] 西藏不分教派運動大師 390
- [ ] 西藏-上 360
- [ ] 西藏 下 450

密法傳承系列

- [ ] 天法大圓滿掌中佛前行講義中疏 680

頂果欽哲法王文選(雪謙)

- ☐ 修行百頌-在俗世修行的101個忠告 260
- ☐ 覺醒的勇氣-阿底峽之修心七要 220
- ☐ 如意寶-上師相應法 260
- ☐ 你可以更慈悲-頂果欽哲法王說明(菩薩37種修行之道) 350
- ☐ 證悟者的心要寶藏-唵嘛呢唄美吽 280
- ☐ 成佛之道-殊勝證悟道前行法 250
- ☐ 明月-頂果欽哲法王自傳與訪談錄 650
- ☐ 頂果欽哲法王傳-西藏精神(百歲紀念版) 650

精選大師系列(雪謙)

- ☐ 遇見•巴楚仁波切-觸動心靈的真心告白 200
- ☐ 大藥-戰勝視一切為真的處方 250

格薩爾王傳奇系列

- ☐ 格薩爾王傳奇1-神子誕生 280
- ☐ 格薩爾王傳奇2-魔國大戰 260
- ☐ 格薩爾王傳奇3-奪寶奇謀 280
- ☐ 格薩爾王傳奇4-爭霸天下 290
- ☐ 格薩爾王傳奇5-萬王之王 280
- ☐ 格薩爾王傳奇6-地獄大圓滿 290

山月文化系列

- ☐ 西藏繪畫藝術欣賞-平裝本 480
- ☐ 西藏繪畫藝術欣賞-精裝本 680
- ☐ 西藏傳奇大師密勒日巴唐卡畫傳 580
- ☐ 密勒日巴唐卡畫傳(精裝經摺本) 890
- ☐ 西藏健身寶卷 390
- ☐ 達瓦，一隻不丹的流浪犬 240
- ☐ 西藏格薩爾圖像藝術欣賞-上 480
- ☐ 西藏格薩爾圖像藝術欣賞-下 480

特殊文化之旅系列

- ☐ 西藏吉祥密碼(上)-符號、顏色、動植物 260
- ☐ 西藏吉祥密碼(下)-裝飾藝術、圖案、儀式 260
- ☐ 西藏的節慶-拉薩篇 399
- ☐ 西藏《格薩爾》說唱藝人(附贈超值DVD) 350
- ☐ 西藏民間樂器(附贈西藏傳統音樂CD) 350
- ☐ 西藏的節慶-各地采風篇 399

達賴喇嘛全傳

- ☐ 五世達賴-第一函-上 380
- ☐ 五世達賴-第一函-下 390
- ☐ 五世達賴-第二函-上 250
- ☐ 五世達賴-第二函-下 250
- ☐ 五世達賴-第三函-上 220
- ☐ 五世達賴-第三函-下 220
- ☐ 四世達賴-雲丹嘉措傳 220
- ☐ 三世達賴-索南嘉措傳 295
- ☐ 二世達賴-根敦嘉措傳 220
- ☐ 一世達賴 根敦珠巴傳 250

全套購書85折、單冊購書9折

（郵購請加掛號郵資60元）

全佛文化事業有限公司
新北市新店區民權路95號4樓之1
Buddhall Cultural Enterprise Co.,Ltd.
TEL:886-2-2913-2199
FAX:886-2-2913-3693
匯款帳號：3199717004240
合作金庫銀行大坪林分行
戶名：全佛文化事業有限公司

全佛文化白話佛經系列

白話華嚴經 全套八冊

國際禪學大師 洪啟嵩語譯　定價NT$5440

八十華嚴史上首部完整現代語譯！

導讀 + 白話語譯 + 註譯 + 原經文

《華嚴經》為大乘佛教經典五大部之一，為毘盧遮那如來於菩提道場始成正覺時，所宣說之廣大圓滿、無盡無礙的內證法門，十方廣大無邊，三世流通不盡，現前了知華嚴正見，即墮入佛數，初發心即成正覺，恭敬奉持、讀誦、供養，功德廣大不可思議！本書是描寫富麗莊嚴的成佛境界，是諸佛最圓滿的展現，也是每一個生命的覺性奮鬥史。內含白話、注釋及原經文，兼具文言之韻味與通暢清晰之白話，引領您深入諸佛智慧大海！

佛經即生活，生活即佛經，
圓滿覺悟諸佛菩薩的生命境界！

大中觀系列5

《寶性論》梵本新譯

譯　　著　談錫永
美術編輯　莊心慈
出　　版　全佛文化事業有限公司
永久信箱：台北郵政26-341號信箱
訂購專線：(02)2913-2199
傳真專線：(02)2913-3693
發行專線：(02)2219-0898
匯款帳號：3199717004240 合作金庫銀行大坪林分行
戶　　名：全佛文化事業有限公司
E-mail：buddhall@ms7.hinet.net
http://www.buddhall.com
門　　市　新北市新店區民權路95號4樓之1（江陵金融大樓）
門市專線：(02)2219-8189
行銷代理　紅螞蟻圖書有限公司
台北市內湖區舊宗路二段121巷19號（紅螞蟻資訊大樓）
電話：(02)2795-3656
傳真：(02)2795-4100

初版一刷　2006年01月
初版三刷　2015年06月
定　　價　新台幣320元
I S B N　978-957-2031-90-2（平裝）

國家圖書館出版品預行編目資料

《寶性論》梵本新譯 / 談錫永著. --初版.
--新北市：全佛文化, 2006〔民95〕
面；　公分. -(大中觀系列：05)

ISBN 978-957-2031-90-2(平裝)

1.論藏
222.1　　　　94025435

Buddhall

Published by BuddhAll Cultural Enterprise Co.,Ltd.